Ralph Hartmann

Die Liquidatoren

Der Reichskommissar und das wiedergewonnene Vaterland

edition ost

Das Buch

Die Regierung Hans Modrows rief per Verordnung am 1. März 1990 eine Anstalt zur treuhänderischen Verwaltung des Volkseigentums in der DDR ins Leben. Daraus machte die Nachfolgeregierung de Maizière eine Anstalt zur Privatisierung. Volksvermögen kam unter dem Hammer. Der Autor stellt eine Verbindung her zwischen der Funktion dieser Treuhandanstalt, den Intentionen des Forschungsbeirates für Fragen der Wiedervereinigung beim Bundesminister für Gesamtdeutsche Fragen aus dem Jahre 1952 und den Okkupationsplänen des Dritten Reiches im Osten. Es war wohl kein Zufall, daß der Präsident jenes »Forschungsbeirates« einst »Reichskommissar für die Verwaltung feindlichen Vermögens« war. Nicht nur beim Personal gab es offenbar Kontinuität, sondern auch bei den politischen Absichten der herrschenden Klasse in Deutschland.

Der Autor

Ralph Hartmann. Jahrgang 1935, geboren und aufgewachsen in Zwickau. Nach dem Abitur studierte er von1954 bis 1960 Außenpolitik in Moskau, anschließend war er im Diplomatischen Dienst der DDR tätig. Er arbeitete unter anderem als Presseattaché bzw. Botschaftsrat in Kuba und Jugoslawien tätig. Von 1982 bis 1988 vertrat er die DDR als Botschafter in Jugoslawien.
In den 90er Jahren war er wissenschaftlicher Mitarbeiter des Deutschen Bundestages in Bonn. Danach war Hartmann überwiegend publizistisch tätig, wobei er insbesondere die Entwicklung auf dem Balkan begleitet.

Inhalt

Vorwort

Von Hans Modrow

Mit steter Regelmäßigkeit werden in der Bundesrepublik Deutschland mit großem Aufwand die Jahrestage der »friedlichen Revolution« in Ostdeutschland und der »Wiedervereinigung« begangen. Die vermeintlichen Sieger der Geschichte haben das Wort. Antikommunisten predigen Haß auf den untergegangenen Staat. Schwarzzeichner der DDR-Vergangenheit und Schönfärber der bundesdeutschen Gegenwart haben Hochkonjunktur. Alles wird gewürdigt: der Fall der Mauer, der Freiheitswillen der Ostdeutschen, der Mut der Bürgerrechtler, die Rolle des »Kanzlers der Einheit« und seines Freundes Gorbatschow, der »Aufschwung Ost«, der keiner ist. Die »Stiftung zur Aufarbeitung der SED-Diktatur« und das Amt der »Bundesbeauftragten für die Unterlagen des Staatssicherheitsdienstes der DDR« finden anerkennende Erwähnung und tragen in ihrem Sinne zu den Gedenkfeierlichkeiten bei.

Eines aber fällt dabei kaum auf: Die Rolle der Treuhandanstalt wird weitgehend ausgeklammert. Das ist gewiß kein Zufall, hat sie doch entscheidend zur Zerschlagung des sich selbst tragenden ostdeutschen Industrie- und Wirtschaftsstandortes, zur Restauration kapitalistischer Eigentums- und Gesellschaftsverhältnisse, zu katastrophaler Massenarbeitslosigkeit und sozialer Not von Millionen Bürgerinnen und Bürgern beigetragen. Sie arbeitete nicht autonom, sondern gemäß dem ihr von der Bundesregierung erteilten Auftrag.

Als wir die Treuhand gründeten, war sie als Instrument zur Wahrung des Volkseigentums gedacht und sollte im Interesse der Bürgerinnen und Bürger der DDR tätig sein. Nach den Wahlen am 18. März 1990 erhielt sie dann eine Aufgabe, die im Gegensatz zur Absicht des Runden Tisches und meiner Regierung stand.

Angesichts des Bemühens der Herrschenden, die Treuhandanstalt mehr und mehr in Vergessenheit geraten zu lassen, ist es an der Zeit, an ihr übles Wirken nachdrücklich zu erinnern. Mit der ergänzten Neuauflage von »Die Liquidatoren« geschieht das zu Recht. Ralph Hartmanns Buch ist nach wie vor das einzige, das die Spur sichtbar macht, die von der frühen Planung der Annexion der DDR und der Umwandlung des Volks- in kapitalistisches Privateigentum durch den »Forschungsbeirat für Fragen der Wiedervereinigung Deutschlands« bis zur Enteignungsanstalt der Kohl-Genscher-Regierung führt. Das Buch ist heute so aktuell wie bei seinem Erscheinen im Jahre 1996. Es gab keinen Anlaß, es zu überarbeiten, statt dessen hat er es fortgeschrieben mit einem Kapitel, in dem einige Initiatoren und Akteure der Treuhand nahezu anderthalb Jahrzehnte nach deren offizieller Schließung Bilanz ziehen. Das geschieht in einer ungewöhnlichen und fesselnden Kombination von fiktiver Erzählung und sorgfältig dokumentierten Fakten.

Was für den Autor zutrifft, gilt auch für mich: An den Aussagen meines Vorwortes vom Dezember 1996 muß ich nichts verändern oder gar korrigieren. Leider ist meine darin zitierte Warnung vor dem ökonomischen und sozialen Niedergang in Ostdeutschland und den Folgen für das ganze Land, die ich 1991 im Bundestag an die Adresse von Kanzler Kohl richtete, von diesem wie von den anderen Verantwortlichen in den Wind geschlagen worden. Die Bundesregierung und die von ihr gesteuerte Treuhand beharrten auf dem eingeschlagenen Weg. Die Entwicklung hat leider meine Auffassung bestätigt, daß im Falle der Fortführung dieser Politik die von den Bürgern zu tragenden Lasten zu groß sein werden. Der Kanzler wollte ein »einig Deutschland« um jeden Preis – ich wollte und will ein neues, ein besseres Deutschland, in dem die Zukunft für eine neue sozialistische Perspektive offen bleibt. Ohne harte Auseinandersetzungen und ohne Wissen um die historische Wahrheit wird das nicht zu erreichen sein. Ein Grund mehr, das neu aufgelegte und aktualisierte Buch »Die Liquidatoren« den Lesern in Ost und West zur aufschlußreichen und spannenden Lektüre zu empfehlen.

Vorwort zur Erstausgabe

Politik ist die Kunst des Möglichen. Doch es gibt Situationen, in denen auch das schier Unmögliche versucht werden muß. Als 1989/90 die DDR in ihren Grundfesten erschüttert war und das Scheitern des sozialistischen Versuches auf deutschem Boden immer offenkundiger wurde, war die Politik der von mir geleiteten Regierung der Nationalen Verantwortung darauf gerichtet, die DDR zumindest zeitweilig zu stabilisieren, die Interessen und das Eigentum ihrer Bürgerinnen und Bürger zu schützen und einen schrittweisen, gleichberechtigten Übergang zu einem vereinigten Deutschland zu ermöglichen. Unsere Bemühungen scheiterten. Oberhand gewannen jene restaurativen politischen Kräfte und Akteure, die Ralph Hartmann die »Liquidatoren« nennt und die seinem Buch den Titel gaben.

Diese wenig freundliche, schroffe Überschrift war ihm gewissermaßen vorgegeben worden, als er sich, ohne den ambitiösen Anspruch auf Vollständigkeit zu erheben, anschickte, einige Aspekte der Beseitigung der DDR und ihrer Auswirkungen auf den Ausbruch der gegenwärtigen Finanz- und Gesellschaftskrise der größer gewordenen Bundesrepublik zu untersuchen.

Auf die Liquidatoren war er im Bericht des Treuhanduntersuchungsausschusses des 12. Deutschen Bundestages gestoßen. Darin wird in einem längeren Abschnitt die Tätigkeit einiger aus der Berufsgruppe beleuchtet, deren Auftrag die »Abwicklung«, die Liquidation der ehemals volkseigenen Betriebe der DDR war. Was hierbei an krimineller Energie, skrupellosem

Vorgehen und maßloser Bereicherung auf Kosten der Ostdeutschen und aller bundesdeutschen Steuerzahler öffentlich wird, kann einem aufmerksamen, politisch interessierten Leser schier den Atem verschlagen. Den Autor hat es bewogen, diesen und anderen »Liquidatoren« nachzuspüren. Auf der Suche nach ihnen beschränkt er sich weder auf die Treuhand und ihr unmittelbares Umfeld noch auf die Zeit nach dem Untergang der DDR. Er führt den Leser weit zurück in die Anfangsperiode der deutschen Zweistaatlichkeit nach dem Zweiten Weltkrieg und macht ihn bekannt mit weitgehend Vergessenem oder absichtlich Verschwiegenem: mit der Gründung und dem Wirken des von 1953 bis 1975 bestehenden »Forschungsbeirates für Fragen der Wiedervereinigung Deutschlands beim Bundesminister für gesamtdeutsche Fragen«, dessen Konzepte und Empfehlungen, u. a. zur Währungsumstellung in Ostdeutschland, zur Umwandlung der volkseigenen Betriebe in privatwirtschaftliche Unternehmen unter der Leitung einer »Oberen Behörde« sowie zum Prinzip »Rückgabe vor Entschädigung« in der Landwirtschaft eine frappante Ähnlichkeit mit der ab 1990 betriebenen Vereinigungspolitik aufweisen. Spiritus rector der »Wiedervereinigungsforscher« und erster Präsident des Forschungsbeirates war Dr. Friedrich Ernst, von 1939 bis 1941 Reichskommissar für die Verwaltung des »feindlichen Vermögens«.

Die Tatsache, daß ausgerechnet der Experte des Naziregimes für »feindliches Vermögen« mit der Planung der Einverleibung der DDR in die Bundesrepublik betraut wurde, war alles andere als ein Zufall. Sie war Symptom und Programm einer zutiefst reaktionären Politik. Die von Hitlers Reichskommissar in Polen und in Frankreich, in der Tschechoslowakei und auf dem Balkan gesammelten Erfahrungen bestimmten frühzeitig die Planungen für den Umgang mit dem von den Bürgerinnen und Bürgern der DDR aus den Ruinen des Zweiten Weltkrieges geschaffenen Vermögen. Als die Pläne Jahrzehnte später umgesetzt wurden, zeigte es sich, daß das Volksvermögen der DDR in der Tat als eine Art »feindliches Vermögen« betrachtet wurde, über das die Sieger im Kalten Krieg willkürlich und nach eigenem Belieben verfügten.

Das vorliegende Buch schildert das Vorgehen und die Folgen dieser Politik, die zu verhindern sich die Regierung der Nationalen Verantwortung nach Kräften bemüht hatte. Mit dem Sieg der rechtskonservativen »Allianz für Deutschland« in den Märzwahlen 1990, deren herkömmliche Betrachtung als »erste wirklich freie Wahlen nach 58 Jahren« der Autor bissig und faktenreich in Frage stellt, scheiterten diese Bemühungen.

Wie man die Märzwahlen auch immer betrachtet, es bleibt die Tatsache, daß sich die Bürgerinnen und Bürger der DDR für die Parteien entschieden, die die Periode des versuchten Überganges zur Konsolidierung der DDR und zu einer gleichberechtigten Vereinigung der zwei deutschen Staaten abbrachen und zur schnellen Übergabe der DDR an die Bundesrepublik schritten. Daß damit auch die Übergabe des in viereinhalb Jahrzehnten geschaffenen Volksvermögens verbunden war, wurde vielen erst bewußt, als die Regierenden der Bundesrepublik das Vermögen umverteilte, Millionen Arbeitsplätze vernichtete und den Industriestandort Ostdeutschland weitgehend liquidierte. Sie bediente sich dabei einer von meiner Regierung ins Leben gerufenen Einrichtung, die sie in beispielloser Weise in ihr Gegenteil verkehrte.

Hauptanliegen des am 1. März 1990 von der Regierung der Nationalen Verantwortung gefaßten Beschlusses über die Gründung der »Anstalt zur treuhänderischen Verwaltung des Volkseigentums«, deren Rechte und Pflichten vierzehn Tage später in einem Statut niedergelegt wurden, war es, den schrittweisen Übergang von der Plan- zur Marktwirtschaft so zu gestalten, daß die unausbleiblichen tiefgehenden strukturellen Veränderungen in der Volkswirtschaft strikt im Interesse der Allgemeinheit erfolgen.

Aus diesem Verständnis heraus betrachteten wir die Bildung der Treuhandanstalt als einen wesentlichen Schritt zu einer umfassenden Wirtschaftsreform, die angesichts der sich zuspitzenden ökonomischen Lage und des wachsenden politischen Druckes in Richtung einer Wirtschafts- und Währungsreform mit der Bundesrepublik keinen Aufschub duldete. Zumindest drei Ziele sollten mit der Schaffung der treuhänderischen Anstalt erreicht werden:

Erstens galt es, das Volkseigentum, die Eigentumsrechte des Volkes am Produktionsvermögen der DDR zuverlässig und dauerhaft zu schützen. *Zweitens* mußte ein Weg eingeschlagen werden, der es gestattete, Volkseigentum – nicht wesentlich anders als Privateigentum – unter den Bedingungen der Marktwirtschaft agieren zu lassen. *Drittens* schließlich wurde angestrebt, die Organisation der Wirtschaft so zu gestalten, daß ihre Attraktivität für neue, einschließlich ausländische, Kapitalinvestitionen und ihre Konkurrenzfähigkeit erhöht und die Gefahren von ersatzlosem Stellenabbau und Arbeitslosigkeit verringert werden.

Zur Verwirklichung dieser Hauptziele sollten die bisherigen volkseigenen Kombinate, Betriebe und Einrichtungen in Kapitalgesellschaften, in Gesellschaften mit beschränkter Haftung (GmbH) oder in Aktiengesellschaften (AG) umgewandelt werden, deren Geschäftsanteile bzw. Aktien von der Treuhand zu übernehmen waren. Als Verwalterin des Volkseigentums sollte die Anstalt, die in keiner Weise als wirtschaftsleitendes Administrativorgan gedacht war, unter strikte parlamentarische Kontrolle gestellt werden. Parallel dazu war vorgesehen, in den Betrieben Aufsichtsräte zu bilden, die in der Regel aus neun Mitgliedern bestehen sollten – vier von der Belegschaft entsandten, vier von den Anteilseignern bestimmten und einem von den erstgenannten gewählten.

Diese und andere Maßnahmen zur Reorganisation von Unternehmen, zur Schaffung marktwirtschaftlicher Strukturen und verschiedener Formen der Privatisierung bei Sicherung des Gemeineigentums in den Schlüsselbereichen der Wirtschaft, zur Emittierung von Wertpapieren und Förderung von Miteigentümern zielten auf die Sanierung der Unternehmen und auf die Herausbildung eines jahrzehntelang sträflich unterschätzten Eigentümerbewußtseins der Betriebsangehörigen. oberstes Ziel aber war, wie im Regierungsbeschluß explizit hervorgehoben wurde, die »Wahrung des Volkseigentums«.

Von diesem Anliegen ließ das von der nachfolgenden Regierung unter bundesdeutschem Druck am 17. Juni 1990 verabschiedete Treuhandgesetz nichts, aber auch gar nichts übrig. Statt der »Wahrung des Volkseigentums« wurde die »Privatisierung des volkseigenen Vermögens« zur Aufgabe der Treuhandanstalt erklärt; aus der »Verwaltung des volkseigenen Vermögens im Interesse der Allgemeinheit« wurde die Verschleuderung des Vermögens zu Nutz und Frommen einer kleinen Minderheit.

Auf einem entscheidenden Gebiet, in der Frage des Eigentums an den volkseigenen Betrieben und dem anderen Volksvermögen, war aus dem Übergang im Wortsinne eine Übergabe geworden. Der Ministerrat der DDR verwandelte sich von einer Übergangs- in eine Übergaberegierung.

Die Regierung unter meiner Leitung und der Runde Tisch hatten sich noch für eine neue Verfassung der DDR engagiert, als die Frage der Vereinigung beider deutschen Staaten bereits auf der Tagesordnung stand. Sie hätte einen Anschluß der DDR an die Bundesrepublik, eine Liquidierung des sich selbst tragenden Industrie- und Wirtschaftsstandortes verhindern und eine stufenweise Vereinigung der zwei Staaten und Wirtschaften zum Nutzen für beide Teile und für das Ganze ermöglichen können. Die Kräfte, die für den Anschluß eintraten, sabotierten die Annahme einer neuen Verfassung, da diese die Übergabe der DDR blockiert, den Weg für eine schrittweise Vereinigung geebnet und in der späteren Verfassungsdiskussion einen stärkeren Anspruch auf eine demokratische, plebiszitär zu verabschiedende neue Konstitution des vereinigten Deutschlands gegeben hätte.

Die Folgen der mit dem Einigungsvertrag vollzogenen Übergabe der DDR sind nicht zu übersehen: Sie liegen als Zentnerlast auf dem nun staatlich vereinigten Deutschland und seinen Bürgerinnen und Bürgern in allen Landesteilen. Auch für die ehemalige Sowjetunion, die Länder Mittel- und Osteuropas wäre der angestrebte, leider gescheiterte Übergang von großem Nutzen gewesen. Die vollzogene Übergabe der DDR lief auch deren politischen und nicht zuletzt ökonomischen Interessen zuwider – mit beträchtlichen negativen Rückwirkungen vor allem auf die ostdeutsche Wirtschaft.

An Warnungen vor dem überstürzten Anschluß und der vom Einigungsvertrag nur dürftig bemäntelten bedingungslosen Liquidierung der DDR, entstanden auch aus dem Kleinmut der ostdeutschen Wahlsieger vom 18. März und der Siegestrunkenheit ihrer bundesdeutschen Förderer, an warnenden Stimmen vor diesem Vereinigungskurs, der die Würde, die Arbeit von Generationen und das Eigentum der Ostdeutschen mißachtete, und den Folgen für ganz Deutschland hat es nicht gefehlt. Sie wurden in den Wind geschlagen.

Als ich wenige Monate nach dem Vollzug der staatlichen Einheit, Ende Januar 1991, in der Bundestagsdebatte zur Regierungserklärung des wiedergewählten Kanzlers vor dem weiteren ökonomischen und sozialen Niedergang in Ostdeutschland und den Folgen für das ganze Land warnte, wurde ich der Schwarzmalerei und der Brandstiftung bezichtigt.

Ich wollte, ich hätte schwarzgemalt, als ich zum Abschluß meines Debattenbeitrages ausführte: »Wenn Sie, Herr Bundeskanzler, gestern erklärten, daß es darum geht, Millionen Menschen in den neuen Bundesländern ermutigende Zukunftsperspektiven zu geben, dann kann man Ihnen nur zustimmen. Aber mit der Zerstörung der Wirtschaft und der Existenzgrundlagen von Millionen, mit Intoleranz, ›Abwicklung‹ und hunderttausendfachen Ausgrenzungen ist diese Perspektive nicht zu schaffen, weder im Osten noch in der gesamten Bundesrepublik. Halten Sie ein auf diesem Weg, die von den Bürgerinnen und Bürgern zu tragenden Lasten werden zu groß sein!«

Heute, sechs Jahre nach dem umjubelten Hissen der überdimensionalen Einheitsflagge vor dem Berliner Reichstagsgebäude, leidet ganz Deutschland unter diesen Lasten einer verfehlten Vereinigungspolitik. Die Politiker, die sich 1990 einander in Appellen zur schnellen Gestaltung der deutschen Einheit übertrafen, haben mit ihren Taten fortwährend neue Klüfte und Spaltungen geschaffen. Allen Warnungen zum Trotz haben sie Ostdeutschland aus einem Industrie- und Kulturland mit einem beachtlichen Niveau selbst erarbeiteter sozialer Sicherheit in eine unterentwickelte Region verwandelt, zu derem sozialen Überleben Jahr für Jahr Milliarden und Abermilliarden an Steuergeldern aufzubringen sind.

Diese enorme Belastung, deren Ende nicht abzusehen ist, ist die unmittelbare Folge der Zerstörung der industriellen Basis Ostdeutschlands – in einem Ausmaß, das in der internationalen Wirtschaftsgeschichte in Friedenszeiten beispiellos und in Kriegsperioden äußerst selten ist. In nur drei Jahren – von 1990 bis 1992 – stürzte das Volumen der Industrieproduktion eines Landes, das 1989 den 16. Platz im Welthandel einnahm und mit 39 Prozent eine höhere Exportquote als die alte BRD hatte, auf weniger als ein Drittel. Auch die Glaspaläste in einigen Großstädten, die Konsumtempel am Rande der Städte, die leuchtenden Fassaden renovierter Häuser, die deutlichen Verbesserungen in der Infrastruktur, in einigen Bereichen des Verkehrs- und im Nachrichtenwesen sowie bei Dienstleistungen können nicht darüber hinwegtäuschen, daß mit der DDR nicht nur ein selbständiger Staat, sondern ein sich selbst tragender Industrie- und Wirtschaftsstandort liquidiert wurde.

Es gehört zu den Vorzügen des vorliegenden Buches nachzuweisen, daß unter den Folgen des Wirkens der »Liquidatoren« nicht nur die Ostdeutschen leiden, die gedemütigt und entschädigungslos enteignet wurden und deren Aufbauwerk und Arbeitsplätze der Treuhand zum Opfer fielen, sondern die große Mehrzahl der Deutschen in Ost und West. Wenn es nach der jetzigen Regierung geht, sollen sie gemeinsam auf Jahrzehnte die Zeche für den von ihr und der Treuhand angerichteten materiellen und geistigen Schaden, den immens beschleunigten Ruin der Staatsfinanzen mit fortwährendem Sozialabbau und der Hinnahme immer neuer sozialer Grausamkeiten zahlen.

Und wer erwartet, daß die mit der Treuhandanstalt verbundene Wirtschaftskriminalität aufgedeckt und verfolgt wird, wird gewiß lange warten müssen. Seine Hoffnung auf Gerechtigkeit wird sich mit dieser Regierung wohl kaum erfüllen.

Die Erkenntnis, die Last der Folgen einer ausschließlich an den Interessen der Konzerne und Banken orientierten Vereinigungspolitik gemeinsam zu tragen, aber wächst. Sie kann gegenseitiges Verständnis befördern und helfen, das Miteinander, eine neue Solidarität der arbeitenden und der in Arbeitslosigkeit gedrängten Menschen in Ost und West zu begründen, die Deutschland so dringend braucht, um letztlich doch ein sozial gerechteres »einig Vaterland« zu werden.

Hans Modrow
Berlin, im September 1996

Die Forscher

Im Dezember 1960 verbreitete der »Forschungsbeirat für Fragen der Wiedervereinigung Deutschlands beim Bundesminister für gesamtdeutsche Fragen« eine mit doppelt breitem schwarzen Rand versehene Traueranzeige folgenden Inhalts:

Am 28. November 1960 verschied plötzlich und unerwartet Ministerialdirektor a. D. ***Dr. Friedrich Ernst***
Seit der Gründung im Jahre 1952 bis zum September 1958 war er Präsident des Forschungsbeirates. Auch nachdem er sein Amt niedergelegt hatte, nahm er aktiv und maßgeblich an den Arbeiten des Forschungsbeirates teil.
Dr. Friedrich Ernst hat sich selbstlos und unermüdlich dem Aufbau und der Arbeit des Forschungsbeirates gewidmet. Sein umfangreiches Wissen, seine Schaffenskraft, sein sachliches Urteil und sein lauteres Wesen haben entscheidend dazu beigetragen, daß sich im Forschungsbeirat Vertreter der verschiedensten Bereiche des öffentlichen Lebens zu fruchtbarer und gründlicher Vorarbeit für die Wiedervereinigung zusammengefunden haben. Sein von großer Verantwortung und innerer Verpflichtung getragenes Wirken fand volle Anerkennung von allen Seiten.
Anläßlich des Wechsels der Präsidentschaft hat der Herr Bundeskanzler in einer Sondersitzung des Plenums die Verdienste von Herrn Dr. Ernst um die Wiedervereinigungsarbeit mit eindrucksvollen Worten gewürdigt.

Das Andenken an Dr. Friedrich Ernst wird immer lebendig bleiben. Der Forschungsbeirat wird nach seinem Vorbild weiterarbeiten.[1]

Der Nachruf war unvollständig, den »Verdiensten« des dahingeschiedenen Ministerialdirektors a. D. wurde er nicht umfassend gerecht. Er wies ernste biografische und sachliche Lücken auf, die zu schließen auch heute nicht zu spät ist.

Der 1889 geborene Friedrich Ernst war promovierter Jurist und arbeitete von 1919 bis 1931 im preußischen Handelsministerium. 1931 wurde er Reichskommissar für das Bankgewerbe, und 1935 ernannte ihn der Führer und Reichskanzler Adolf Hitler zum Reichskommissar für das deutsche Kreditwesen, ein Amt, das er bis 1939 ausübte. Von 1939 bis 1941 oblag ihm als Reichskommissar die Verwaltung des »feindlichen Vermögens«, d. h. des beweglichen und unbeweglichen Vermögens der von Hitlerdeutschland überfallenen und okkupierten europäischen Staaten. In dieser Eigenschaft wirkte er maßgeblich an der Ausarbeitung der »Richtlinien für die Führung der Wirtschaft in den neubesetzten Ostgebieten« vom 16. Juni 1941 mit, die als Hermann Görings »Grüne Mappe« bekannt wurden. Sie bildeten die Grundlage für die Tätigkeit des »Wirtschaftsstabes Ost«, der die Ausplünderung der kurz nach ihrer Verabschiedung überfallenen Sowjetunion plante und leitete. Dr. Friedrich Ernst war daran nicht mehr unmittelbar beteiligt. Als Teilhaber des Bankhauses Schickler, Delbrück und Co. in Hamburg kümmerte er sich um seine eigenen Finanzgeschäfte.

Nachdem das Dritte Reich den Zweiten Weltkrieg und damit auch das »feindliche Vermögen« verloren hatte, begann die zweite Karriere von Dr. Friedrich Ernst. Von 1949 bis 1957 war er Vorsitzender des Verwaltungsrates der Berliner Zentralbank, und 1951 avancierte er unter Konrad Adenauer zum Geschäftsführer des Kabinettsausschusses für Wirtschaft und damit faktisch zum Leiter der zeitweise im Bundeskanzleramt bestehenden »Wirtschaftsnebenregierung«.

Adenauer persönlich war es, der Dr. Ernst 1951 beauftragte, aufgrund seiner vielfältigen Erfahrungen und Verdienste die Vorbereitungen für die Wiedervereinigung Deutschlands in die Hand zu nehmen. Und dieser ließ sich nicht lange bitten, hatte er doch schon seit längerem dafür plädiert, vorbereitende Maßnahmen für eine Wiedervereinigung zu ergreifen und dafür einen »Mobilmachungsplan« aufzustellen. Das paßte hervorragendend zu jener Politik, die das »Offenhalten der deutschen Frage« auf ihr Banner geschrieben hatte.

Wenige Monate nach des Kanzlers Auftrag war es soweit: Am Vormittag des 24. März 1952 eröffnete Jakob Kaiser, Bundesminister für gesamtdeutsche Fragen, hinter den verschlossenen Türen des Bundessaales des sogenannten Bundeshauses in Westberlin die konstituierende Sitzung des »Forschungsbeirates für Fragen der Wiedervereinigung Deutschlands«. Vorsitzender des Beirates war Dr. Friedrich Ernst, ehemaliger Reichskommissar für das »feindliche Vermögen«.

Am 12. Dezember 1952 wurden die Pläne des Forschungsbeirates von der Regierung abgesegnet. Im Protokoll der Kabinettssitzung wurde vermerkt: »Dr. Ernst unterrichtet das Kabinett im einzelnen über die Organisation, Ziele und Methoden des Forschungsbeirates. Das Kabinett beschließt den in der Vorlage formulierten Beschlußentwurf. Es besteht Einverständnis darüber, daß Presseverlautbarungen über das Vorhandensein und die Tätigkeit des Forschungsbeirates zwar grundsätzlich nicht ausgeschlossen seien, aber doch nur selten herausgegeben werden sollen. Der Bundeskanzler bringt Dr. Ernst den Dank des Kabinetts für seine notwendige und verdienstvolle Arbeit zum Ausdruck.«[2]

Gemäß der bestätigten Vorlage bestand die Aufgabe des Forschungsbeirates darin, »Empfehlungen auf wirtschaftlichem Gebiet einschließlich der Landwirtschaft, des Verkehrs und der Finanzen auszuarbeiten, die den Bundesministerien in Fragen der Wiedervereinigung Deutschlands als Unterlagen für ihre Erwägungen dienen können«.[3] Als ein vordringliches Arbeitsgebiet wurde dabei »die wissenschaftliche Behandlung der bei der Wiedervereinigung Deutschlands voraussichtlich erforderlichen Sofortmaßnahmen«[4] genannt.

Nunmehr, befreit von ökonomischer Detailarbeit, konnte sich das Bundesministerium für gesamtdeutsche Fragen verstärkt seinem eigentlichen Auftrag zuwenden. Dieser war in der ersten Vorlage des Ministeriums für das Kabinett, datiert vom 30. September 1949, mit folgenden Worten umrissen worden: »Die Arbeit des Ministeriums soll der Pflege und Förderung einer Volksgesinnung dienen, die zu einer einheitlichen politischen Willensbildung, dem Willen zur Einheit der Nation in Freiheit führt.«[5]

Der Forschungsbeirat beim Bundesminister für gesamtdeutsche Fragen bestand aus einem engen Kreis von Staats- und Wirtschaftswissenschaftlern und einem erweiterten Kreis von delegierten Mitgliedern aus den Spitzengremien des Staates, der im Bundestag vertretenen Parteien und der Wirtschaft. Mitglieder des Plenums des Beirates waren u.a. Vertreter des Bundesverbandes der Deutschen Industrie, der Bundesvereinigung der Deutschen Arbeitgeberverbände, des DGB, der Interessengemeinschaft der in der Zone enteigneten Betriebe – IOB – e. V., der Interessengemeinschaft kriegsgeschädigter Wirtschaft e. V., der Deutschen Bundesbank und des Bundesverbandes des privaten Bankgewerbes, die vom Bundesminister für gesamtdeutsche Fragen namentlich berufen wurden. Die endgültige Entscheidung über jede einzelne Berufung lag bei Dr. Ernst.

Die Forschungsarbeit zur Vorbereitung der Wiedervereinigung erfolgte im Plenum, in sieben Ausschüssen, u.a. für volkswirtschaftliche Bilanzierung, gewerbliche Wirtschaft, Landwirtschaft und Finanzwesen sowie in insgesamt 35 Arbeitsgruppen. An den Arbeiten des Beirates nahmen regelmäßig leitende Vertreter der Bundesministerien teil.

Unter der Leitung von Dr. Ernst und seinem Nachfolger, dem ehemaligen Vertriebenenminister und CDU-Bundestagsabgeordneten Dr. Johann Baptist Gradl, erarbeitete der Beirat fleißig und hingebungsvoll Konzepte für die Einverleibung der DDR und die Restauration des Kapitalismus im Osten Deutschlands. Die Herren Dr. Ernst und Dr. Gradl sowie ihre Auftraggeber waren erfahren genug, um dieses Ziel mit pseudodemokratischen Floskeln zu umhüllen und das Kind nicht beim Namen zu nennen. In den wenigen für die Öffentlichkeit bestimmten Verlautbarungen wiederholten sie gebetsmühlenartig, daß »die Entscheidung über die endgültige Regelung der Eigentumsverhältnisse, namentlich hinsichtlich der seit 1945 in der SBZ (*Sowjetisch Besetzte Zone – R. H.*) vorgenommenen Enteignungen, dem gesamtdeutschen Gesetzgeber vorbehalten bleiben muß.«[6] Doch solche Bekundungen waren eine höchst überflüssige Tarnung für die eigentlichen Absichten. Diese hat Dr. Gradl 1965 in einem Bericht über den Forschungsbeirat und seine Aufgaben in die schmucklosen, aber doch recht offenherzigen Sätze gekleidet: »Mit einer freiheitlichen Ordnung wären die zentralistische Zwangswirtschaft und kommunistische Plan- und Wirtschaftsbürokratie unvereinbar. Vorbereitende wirtschafts- und sozialpolitische Überlegungen der Wiedervereinigung müssen deshalb davon ausgehen, daß die deutsche Wirtschaft nach der Wiedervereinigung entsprechend den Grundsätzen der Markt- und Wettbewerbswirtschaft zu ordnen sein wird, natürlich unter starker Berücksichtigung moderner sozial- und gesellschaftspolitischer Notwendigkeiten. Entsprechend hat der Forschungsbeirat für seine Arbeit als Leitbild die Prinzipien der sozialen Marktwirtschaft der Bundesrepublik gewählt ... Auch wenn die notwendigen politischen Voraussetzungen geschaffen sind bzw. deren Entwicklung gesichert ist, wird die wirtschaftliche Umgestaltung und Verschmelzung eine gewisse Zeit des Übergangs brauchen. Die Dauer dieser Transformation und Integration ist nicht vorauszusagen, sie soll so kurz wie möglich sein.«[7]

Schon Jahre zuvor hatte sich der Forschungsbeirat darüber Gedanken gemacht, welche Übergangsregelungen in dieser Transformationszeit zu treffen seien. In einem am 16. Dezember 1960 vom Plenum des Forschungsbeirates verabschiedeten Dokument unter der Überschrift »Empfehlung zur Einfügung der ›volkseigenen‹ Industriebetriebe der SBZ in die nach der Wiedervereinigung zu schaffende im Grundsatz marktwirtschaftliche Ordnung« wurden folgende Einzelschritte angeraten:

* Die Struktur und die Stellung der volkseigenen Betriebe werden so verändert, daß sie als selbständige Unternehmen in eigener Verantwortung tätig sein können (»modifizierte VEB«).

* Zum Stichtag des Inkrafttretens der Übergangsregelung haben die »modifizierten VEB« eine Eröffnungsbilanz zu erstellen.

* Mit der Verwirklichung der Übergangsregelung wird eine »Obere Behörde« beauftragt, die unmittelbar den zuständigen Zentralbehörden untersteht.

* Zur Beratung der »Oberen Behörde« ist ein Beirat aus sachkundigen Persönlichkeiten zu bilden. Er soll vor generellen Entscheidungen von grundsätzlicher Bedeutung gehört werden.

* Die »Obere Behörde« hat Aufsichtsräte für die »modifizierten VEB« zu errichten.

* Die »Obere Behörde« kann die »modifizierten VEB« auflösen, teilen oder mit anderen vereinen, wenn dadurch für den Marktwettbewerb bessere Voraussetzungen geschaffen werden.

* Nach dem 8. Mai 1945 aus Mitteln des Staatshaushaltes geschaffene Betriebe können von der »Oberen Behörde« verkauft werden.[8]

Eine gewisse Ähnlichkeit dieser in bundesdeutschen Forschungszentren entworfenen »Übergangsstrukturen« mit den nach der politischen Wende 1989/90 in Ostdeutschland geschaffenen ist nicht zu übersehen. Diese wird geradezu frappierend, wenn man sich dem lustigen Spiel eines Wortaustausches hingibt. Die Regeln sind einfach: Für »modifizierter VEB« setze man GmbH, für »Obere Behörde« Treuhandanstalt, für »zuständige Zentralbehörden« Bundesministerium der Finanzen und Bundeswirtschaftsministerium, für »Beirat der Oberen Behörde« Treuhandverwaltungsrat. »Aufsichtsrat« bleibt Aufsichtsrat und dem Wort »Eröffnungsbilanz« sind nur die Buchstaben DM voranzusetzen.

Die »Übergangsregelungen« für die volkseigenen Betriebe wurden 1960 entworfen, zu einem Zeitpunkt, an dem noch niemand ahnen konnte, daß 30 Jahre später in den Stürmen des Untergangs der DDR eine Treuhandanstalt (THA) zum Schutz des Volkseigentums geschaffen werden sollte, die einen prächtigen Tarnnamen für den entgegengesetzten Zweck liefern würde. So mußte sich, was später den rechtschaffenen Namen Treuhandanstalt tragen sollte, vorerst mit dem beamtendeutschen »Obere Behörde« begnügen.

Allerdings waren die Wiedervereinigungsforscher, denen man vieles, aber keineswegs einen Mangel an einer gewissen Weitsicht vorwerfen kann, auch hier der späteren Realität in beeindruckender Weise nahegekommen. Sie rechtfertigt ein längeres Zitat aus dem 1954 vom Bundesministerium für gesamtdeutsche Fragen auszugsweise veröffentlichten 1. Tätigkeitsbericht des Forschungsbeirates. Hier hieß es unter Punkt 7: »Ein weiterer wichtiger Gesichtspunkt für die Erörterungen im Forschungsbeirat ergab sich aus der Prüfung der Gestaltung der Eigentumsverhältnisse nach der Wiedervereinigung. Der Forschungsbeirat war sich darüber im klaren, daß gerade auf diesem Gebiet die letzte Entscheidung dem gesamtdeutschen Gesetzgeber vorbehalten bleiben müsse. Trotzdem glaubte er, sich unter dem Gesichtspunkt der wirtschaftlichen Prüfung dieser Probleme auch diesen Fragen nicht versagen zu dürfen. Dies war insbesondere im Zusammenhang mit der Bodenreform nötig.

In engem Zusammenhang mit der Gestaltung der Eigentumsverhältnisse ergab sich die Einsicht, daß jedenfalls für eine Übergangszeit die **Einsetzung von Treuhändern in weitem Umfange** (*Hervorhebung R. H.*) notwendig werden würde. Die Ausgestaltung der Befugnisse dieser Treuhänder, auf deren Entschlußfähigkeit und Arbeitsmöglichkeit es gerade in der Übergangszeit viel ankommt, die Auswahl der geeigneten Persönlichkeiten, die Frage, wer die Bestellungen vorzunehmen habe, bildeten weitere wichtige Punkte der Erörterungen.«[9]

Erörtert, und das besonders ausführlich, wurden Fragen der Umgestaltung der Landwirtschaft in der DDR. Die »Forschungsergebnisse« wurden im Januar 1964 in einer vom Beiratsplenum beschlossenen »Empfehlung für eine Umwandlung der ›Landwirtschaftlichen Produktionsgenossenschaften‹ (LPG) in Übergangsgemeinschaften und ihre Auflösung« zusammengefaßt. Diese sahen vor, die LPG als »wesentliche Elemente der sowjetzonalen Zwangswirtschaft« so bald als möglich aufzulösen und durch »Betriebsformen einer freiheitlichen Wirtschaft« zu ersetzen. Von einer abrupten Beseitigung der LPG wurde abgeraten, denn »die nach Westdeutschland geflüchteten Bauern und die Alteigentümer aus der Zeit vor dem 25. Mai 1945 würden durch die Abwesenheit bei der Regelung der Übergangsverhältnisse Gefahr laufen, benachteiligt zu werden.« Als erster Schritt wurde deshalb vorgesehen, die LPG in »Übergangsgemeinschaften«, die den »Grundsätzen einer freiheitlichen Gesellschafts- und Wirtschaftsordnung« entsprechen, umzugestalten. Deren ausschließlicher Zweck sollte es sein, die LPG in einem geordnetem Verfahren der Auflösung entgegenzuführen. Die Freisetzung von Arbeitskräften in der Landwirtschaft wurde eingeplant und fürsorglich empfohlen: »Nötigenfalls wird zur Erhaltung der wirtschaftlichen Existenz der ehemaligen LPG-Mitglieder Vorsorge für einen reibungslosen Übergang von landwirtschaftlicher zu anderer Beschäftigung zu treffen sein.«

Über die Alteigentümer wurde vermerkt, daß diese die Herausgabe der am 8. Mai 1945 im Grundbuch verzeichneten Grundstücke verlangen bzw. mit den Übergangsgemeinschaften Bewirtschaftungsverträge abschließen können, wobei Personen, denen durch die Bodenreform der Besitz entschädigungslos entzogen worden ist, bevorzugt berücksichtigt werden sollten. Entsprechendes sollte für die Erben gelten. Nicht vergessen wurden auch die Altschulden, zu denen kurz und knapp festgestellt wurde: »Verpflichtungen der ehemaligen LPG gegenüber der Landwirtschaftsbank und dem sowjetzonalen Staatshaushalt werden zunächst gestundet.«[10]

Ähnlichkeiten dieser Wiedervereinigungsempfehlungen aus dem Jahre 1964 mit der im Osten praktizierten Agrarpolitik der Bundesregierung des vereinten Vaterlandes sind – wie könnte es auch anders sei – rein zufällig.

Keinesfalls ein Zufall war es, daß sich die im Regierungssold stehenden Wiedervereinigungsforscher sehr frühzeitig mit Währungsfragen beschäftigten. 1954 wurde dafür ein spezieller Arbeitskreis gegründet, der erstmals am 21. Juni in der Bank der Deutschen Länder zusammentraf. In diesem »kleinen Währungskreis«[11] spielte der Spezialist für »feindliches Vermögen«, Dr. Friedrich Ernst, eine Schlüsselrolle. Er allein entschied über die Auswahl der Mitglieder, einschließlich der Vertreter des Finanz-, Wirtschafts- und gesamtdeutschen Ministeriums. Die Sitzungen standen unter seiner Leitung, und er sorgte dafür, daß alle Beratungsergebnisse mit höchster Vertraulichkeit behandelt wurden. Sogar die anderen Wiedervereinigungsforscher des Beirates wurden nicht informiert.

Der »kleine Währungskreis« befaßte sich mit den Fragen einer Währungsumstellung in Ostdeutschland, der Angleichung der ostdeutschen Löhne, Gehälter, Renten und privaten Sparguthaben an die der Bundesrepublik sowie der Versorgung der ostdeutschen Industrie mit Kapital nach dem Tag X. Bereits ein Jahr zuvor hatte sich der Finanzausschuß des Forschungsbeirates mit Fragen der Währungsumstellung beschäftigt und festgestellt, daß diese im Verhältnis von 1:1 zu erfolgen habe. Allerdings seien dabei, so fügte man weitsichtig hinzu, »vorübergehende, partielle, restriktive Maßnahmen wie eine zeitweilige Sperrung von Sparguthaben und Buchkonten, ein Umtausch nur nach Kopfquoten und zu späterer Zeit Umstellung der über die Kopfquoten hinausgehenden übrigen Bargelder denkbar.«[12]

Auch das klingt wahrlich nicht unbekannt, bei letzterem fehlten eigentlich nur die in Aussicht zu stellenden Anteilscheine am Privatisierungserlös der volkseigenen Betriebe für nicht im Verhältnis 1:1 umgestellte Sparguthaben. Darauf war man 1953 noch nicht gekommen. Aber 37 Jahre bis zur Realisierung der Währungsunion am 1. Juli 1990 waren schließlich ein ausreichender Zeitraum, um sich noch einige Finessen einfallen zu lassen.

Neben den Grundfragen ihres Forschungsauftrages – der Währungsumstellung, der Umwandlung der volkseigenen Betriebe in privatkapitalistische Unternehmen unter der Leitung der »Oberen Behörde« sowie der Beseitigung der LPG und der Rückgabe des Bodens an die Bodenreformopfer und Alteigentümer – befaßten sich die Beiratsmitglieder mit wahrhaft deutscher Gründlichkeit mit den zahllosen Details, die es aus ihrer Sicht im Zuge der Wiedervereinigung zu lösen galt. In Hunderten von sogenannten Feststellungen und Empfehlungen unterbreiteten sie Überlegungen und Konzeptionen zu Einzelfragen. So zur umgehenden Auflösung der Betriebs- und Abteilungsgewerkschaftsleitungen, zum Aufbau einer Arbeitsvermittlung und Arbeitslosenversicherung nach westdeutschen Standards, zur Wiedereinführung der Niederlassungsfreiheit der Ärzte und zur Umbildung von Polikliniken und Ambulatorien in »Gemeinschaften privater Ärzte«, zur »Umwandlung der VEB Kommunale Wohnungsverwaltungen nach Grundsätzen marktwirtschaftlicher Ordnung« und zur Förderung »gemeinnütziger Wohnungsbaugesellschaften und privater Bauherren«, zur Einführung einer »privatwirtschaftlichen Betriebsführung« für den »früheren Privatwald« und zur Errichtung eines Systems der Sozialhilfe auf der Grundlage des westdeutschen Fürsorgegesetzes. Bei letzterem wurde in der Begründung für die Einführung des bundesdeutschen Systems sinnigerweise angeführt, daß in der Sozialfürsorge der SBZ »an vorderster Stelle der Maßnahmen auf diesem Gebiet Arbeitsplatznachweis, Umschulung und Berufsausbildung« stehen würden. Schon damals hielt man es für erforderlich, diesen untragbaren Zustand zu verändern.[13]

Akribie und Scharfsinn ließen die Forscher weit in die Zukunft und in das ostdeutsche Land, das sie mitteldeutsches nannten, blicken. Wie es scheint, entging ihnen auch Bischofferode nicht. In »Richtlinien für Übergangsmaßnahmen im Bereich der Düngemittel«, die das Plenum des Beirates am 17. Oktober 1956 verabschiedete, wurde festgestellt, daß in der »sowjetisch besetzten Besatzungszone bei Kali jetzt Kapazitäten (existieren), die im Falle der Wiedervereinigung eine Ausweitung [...] nicht erfordern«, da sich »Überkapazitäten für Gesamtdeutschland ergeben würden«.[14]

1975 wurde der Forschungsbeirat unter dem Druck der Sowjetunion von Egon Franke in dessen Eigenschaft als »Bundesminister für innerdeutsche Fragen«, zu denen sich die vordem »gesamtdeutschen« in der Zwischenzeit gewandelt hatten, für aufgelöst erklärt. Der Forschungsbeirat für Fragen der Wiedervereinigung und Empfehlungen für die Art und Weise der Einverleibung der

DDR in die Bundesrepublik paßten nicht mehr in die politische Landschaft. Es war die Zeit, in der die Verträge der Bundesrepublik mit der UdSSR, der VR Polen und der CSSR sowie der Vertrag über die Grundlagen der Beziehungen zwischen beiden deutschen Staaten abgeschlossen waren und in Helsinki die KSZE-Schlußakte vereinbart wurde. Die Bundesrepublik hatte die DDR als souveränen Staat anerkannt und die Respektierung ihrer Hoheitsgewalt auf ihrem Staatsgebiet zugesichert. Den Anspruch auf Wiedervereinigung gab sie gleichwohl nicht auf. Das hehre nationale Ziel, die Beseitigung der DDR, sollte nicht mehr im direkten Zugriff, sondern schrittweise erreicht werden. »Wandel durch Annäherung« hieß die Formel.

Auch der Forschungsbeirat hatte in der letzten Phase seines rastlosen Wirkens öffentlich ungewöhnlich sanfte Töne angeschlagen, die heutzutage, nach sechs Jahren Kohlscher und Schäubelscher Vereinigungspolitik, wie Musik von einem anderen Stern klingen. Bereits im 1969 verabschiedeten 5. Tätigkeitsbericht, es sollte der letzte sein, hatte der Präsident des Beirates Dr. Johann Baptist Gradl erklärt, daß ein Anschluß Mitteldeutschlands an die Bundesrepublik als Mittel der Wiedervereinigung ausscheidet: »1. [...] Es gibt friedliche Wege, die zu einer wirtschaftlichen und gesellschaftlichen Kooperation, zur Wiederannäherung und schließlich zum Zusammenwachsen führen können, wenn nur auf beiden Seiten der Wille dazu wirksam wird. Keineswegs muß sich einer der beiden Teile im Sinne eines ›Entweder-Oder‹ einseitig dem anderen anpassen.

2. Bejahung freiheitlich-demokratischer Ordnung und Ablehnung von Befehls- und Zwangswirtschaft bedeuten nicht, daß notwendige und unterschiedslos alle Einrichtungen des wirtschaftlichen und sozialen Lebens

im kommunistisch beherrschten Teil Deutschlands abgelehnt und verworfen werden müssen. Die Möglichkeit einer Weiterführung ›Volkseigener Betriebe‹, landwirtschaftlicher und handwerklicher Produktionsgenossenschaften beispielsweise hat der Forschungsrat in seine Überlegungen seit langem einbezogen. Fachlich geeignete Führungskräfte würden selbstverständlich in ihren Führungspositionen bleiben. Auch verdienen Regelungen anerkannt zu werden, die sich bei unvoreingenommener Betrachtung wirklich als sozialer Fortschritt erweisen.

3. Die Frage des Eigentums an Produktionsmitteln ist wichtig und schwierig, aber sie ist jedenfalls eine spätere Frage. Die endgültige Regelung muß der Zukunft und zumal dem frei geäußerten demokratischen Willen des vereinten Volkes überlassen werden. Heute stehen viele Formen und Kombinationen öffentlichen und privaten Eigentums sowie der Mitbestimmung zur Verfügung […]«[15]

Als der Realsozialismus in Osteuropa zusammenbrach und die DDR sich kläglich aus der Geschichte verabschiedete, waren solche Sirenengesänge vergessen. Nun konnten die Regierenden am Rhein zum eigentlichen Programm der Wiedervereinigung, zum Anschluß der DDR und zur Beseitigung all dessen zurückkehren, was diese in 41 Jahren hervorgebracht hatte. Die Konzepte dafür lagen in den Schubfächern, man brauchte sie nur zu entstauben und der neuen Situation anzupassen.

Die Wiedervereinigungsforscher hatten nicht umsonst gearbeitet, und – Ehre, wem Ehre gebührt – selbst das hatten sie vorausgesehen. Natürlich hatten sie Zweifel am Sinn ihrer Arbeit geplagt, als die Jahrzehnte ins Land gingen und der zweite deutsche Staat partout keine Anstalten machte, das Zeitliche zu segnen. Aber das Ziel behielten sie fest im Auge. 1965 wandte sich Dr. Johann Baptist

Gradl gegen alle Zweifler: »Seit 1952 arbeitet der Forschungsbeirat an der Vorbereitung der Wiedervereinigung West- und Mitteldeutschland in wirtschaftlicher und sozialer Hinsicht. Hat solches Arbeiten für eine Aufgabe, deren Vollzug seit so vielen Jahren auf sich warten läßt, noch einen Sinn? Läßt man sich nicht von einer Illusion leiten? Sollte man nicht einfach abwarten, bis es durch irgendeine Gunst des Schicksals irgendwann einmal soweit ist? Der Forschungsbeirat hat sich von solchen Zweifeln in seiner Arbeit nicht lähmen lassen, ebensowenig wie die Bundesregierung, die ihm den Auftrag gegeben hat und die Arbeitsmöglichkeiten sichert.

Es genügt nicht, allgemein die deutsche Einheit zu beschwören und die Wiedervereinigung zu fordern. Man muß konkret auf sie hinarbeiten und sie konkret vorbereiten ... Den Weg zu öffnen, gangbar zu machen und zum Ziel zu führen, das ist Sache der Politik. Wann sie Erfolg hat, weiß niemand. Die Pessimisten sind da nicht klüger als die Optimisten. Aber vorbereitet müssen wir auf die Wiedervereinigung sein, wie wenn sie morgen geschähe. Hierzu im wirtschaftlichen und im sozialen Bereich beizutragen, ist der Sinn des Forschungsbeirates.«[16]

Vier Jahre später, 1969, wurde Johann Baptist Gradl, die »Vorarbeit des Forschungsbeirates« charakterisierend, noch konkreter: »Ihr eigentlicher Sinn war und ist, vorbereitende Denkarbeit für praktische Lösungen und Varianten zu leisten. Wenn es einmal zu realer Wiedervereinigungsarbeit kommt, finden sich die Problematik und eine Skala praktikabler Verfahrensweisen aufbereitet vor. Sollten sich die Verhältnisse in einem oder in beiden Teilen Deutschlands wesentlich ändern, so können die bisherigen Stellungnahmen des Forschungsbeirates ohne allzu große Mühe neuen Situationen angepaßt werden.«[17]

Nach dem endgültigen Niedergang der SED, der inneren Auszehrung der DDR und der politischen Wende, die später in Umkehrung ihres historischen Gehaltes in den Rang einer »friedlichen Revolution« erhoben wurde, konnte die Anpassung »ohne allzu große Mühe« erfolgen. Der in allen Oppositionsparteien, von der PDS bis zu den Grünen, bis heute erhobene Vorwurf, die Bundesregierung habe kein Konzept für die Vereinigung gehabt, ist unbegründet. Ein schlechtes Konzept zu haben, heißt noch lange nicht, kein Konzept zu haben.

1 Dritter Tätigkeitsbericht des Forschungsbeirates für Fragen der Wiedervereinigung Deutschlands, herausgegeben vom Bundesministerium für gesamtdeutsche Fragen, Bonn und Berlin 1961, S. 5
2 Die Kabinettsprotokolle der Bundesregierung, Band 5, 1952, Harald Boldt Verlag, S. 742 und 743
3 siehe »Anfänge des Forschungsbeirates für Fragen der Wiedervereinigung Deutschlands« von Bernd Adolph, *DeutschlandArchiv*, 1996, S. 1058
4 Ebd., S. 1058
5 Alfred Adam, »Das Bundesministerium für innerdeutsche Beziehungen«, Boldt Verlag Bonn, Bonn 1971, S. 40
6 Dritter Tätigkeitsbericht des Forschungsbeirates für Fragen der Wiedervereinigung Deutschlands, Bonn und Berlin 1961, S. 166
7 Vierter Tätigkeitsbericht des Forschungsbeirates für Fragen der Wiedervereinigung Deutschlands, Bonn und Berlin 1965, S. 18
8 Dritter Tätigkeitsbericht des Forschungsbeirates für Fragen der Wiedervereinigung, Bonn und Berlin 1961, S. 165-172
9 Erster Tätigkeitsbericht des Forschungsbeirates für Fragen der Wiedervereinigung Deutschlands, Bonn 1954, S. 14
10 Vierter Tätigkeitsbericht des Forschungsbeirates für Fragen der Wiedervereinigung Deutschlands, Bonn und Berlin, S. 267-274
11 siehe »Anfänge des Forschungsbeirates für Fragen der Wiedervereinigung Deutschlands« von Bernd Adolph, *DeutschlandArchiv*, 1996, S. 1063f.
12 Ebd.
13 siehe dazu Einzelempfehlungen im Dritten Tätigkeitsbericht des Forschungsbeirates, Bonn und Berlin 1961
14 »Richtlinie für Übergangsmaßnahmen im Bereich Düngemittel«, enthalten im Zweiten Tätigkeitsbericht des Forschungsbeirates, Bonn 1956, S. 29
15 5. Tätigkeitsbericht des Forschungsbeirates, Bonn und Berlin 1969, S. 16
16 4. Tätigkeitsbericht des Forschungsbeirates, Bonn und Berlin 1965, S. 15f.
17 5. Tätigkeitsbericht des Forschungsbeirates, Bonn und Berlin 1969, S. 17f.

Die Praktiker

Dr. Friedrich Ernst, dem Spezialisten für »feindliches Vermögen« und ersten Chef der Wiedervereinigungsforscher, war es nicht vergönnt, das Ende der DDR mitzuerleben. Doch die von ihm und seinen Nachfolgern hinterlassenen Feststellungen, Plenarbeschlüsse, Schlußfolgerungen und Empfehlungen lagen bereit, handhabbar gemacht und in praktische Handlungsschemata, Verträge und Verordnungen gegossen zu werden.

1990 war es endlich soweit. Die Pläne zur Liquidierung der DDR als Staat und als ein sich selbst tragender Industriestandort konnten Eilschritt für Eilschritt in die Tat umgesetzt werden. An die Stelle der Forscher traten die Praktiker: die »Treuhänder« und die »Sanierer«, die »Privatisierer« und die »Aufbauhelfer«. Alle im feinsten Nadelstreifen, die weißen Westen waren freilich längst aus der Mode gekommen.

Über ihr Wirken existiert ein Dokument mit dem Titel »Beschlußempfehlung und Bericht des 2. Untersuchungsausschusses ›Treuhandanstalt‹ nach Artikel 44 des Grundgesetzes«, das der 12. Deutsche Bundestag am 31. August 1994 unter der Drucksachen-Nr. 12/8404 registrierte. Darin werden Einschätzungen, authentische Dokumente, Protokolle, Schriftwechsel zwischen Treuhand und Regierung, Erklärungen und Zeugenaussagen wiedergegeben. Sie geben Aufschluß über die Liquidierung der ostdeutschen Industrie und von Millionen Arbeitsplätzen, die Verschleuderung des Volksvermögens der Bürgerinnen und Bürger der DDR und von mehreren hundert Milliarden DM Steuergeldern, die haarsträubende Bereicherung einer kleinen vermögenden Minderheit und deren Duldung und Förderung durch die Regierung. Dessen ungeachtet stieß der Bericht des Untersuchungsausschusses nur auf ein vergleichsweise schwaches Echo. Gemessen an der Berichterstattung einiger Medien über die Finanznöte derer von Thurn und Taxis oder das Herzeleid einer Tennisspielerin, wurde ihm nur eine bescheidene Aufmerksamkeit zuteil. Die Tatsache, daß es sich dabei um den Bericht über einen Jahrhundertskandal handelt, an dessen Folgen die ganze Bundesrepublik noch Jahrzehnte laborieren wird, blieb unterbelichtet.

Der Treuhand-Untersuchungsausschuß war am 30. September 1993 auf Antrag der SPD-Fraktion mit dem Auftrag eingesetzt worden, um zu »untersuchen, ob und in welchem Umfang durch Maßnahmen oder Unterlassungen der Bundesregierung und der Treuhandanstalt

* überlebensfähige Treuhandbetriebe geschlossen und

* in noch existierenden Betrieben, die zur Treuhandanstalt gehören oder gehört haben, Arbeitsplätze vernichtet wurden, die hätten erhalten werden können.«[18]

In diesem Zusammenhang sollte der Ausschuß prüfen,

»* inwieweit die Treuhandanstalt ihre Aufgaben nach dem Treuhandgesetz erfüllt hat;

* ob und inwieweit die zuständigen Ressorts der Bundesregierung ihre Rechts- und Fachaufsicht gegenüber der Treuhandanstalt ordnungsgemäß wahrgenommen haben; [...]

* ob und in welchem Umfang durch vertragswidrige oder strafbare Handlungen im Zusammenhang mit der Privatisierung, Sanierung und Abwicklung von Treuhandvermögen der Bundesrepublik Deutschland Schaden zugefügt worden ist [...];

* wie die Treuhandanstalt das ihr anvertraute Vermögen verwaltet hat und wie das heutige Gesamtdefizit der Treuhandanstalt zustande gekommen ist.«[19]

Weitergehende Anträge der PDS/Linke Liste und von Bündnis '90/Die Grünen zum Untersuchungsauftrag waren von der SPD abgelehnt worden. CDU/CSU und FDP hatten sich lange Zeit gegen die Einsetzung des Ausschusses überhaupt gesträubt. Erst als im Frühjahr 1993 im bis dahin bestehenden Bundestagsausschuß »Treuhandanstalt« nicht mehr zu verdecken war, daß das Bundesfinanzministerium und die Anstalt dem Parlament außergewöhnlich wichtige Informationen vorenthielten, mußten sie ihren Widerstand aufgeben und dem ungeliebten Kind ihren parlamentarischen Segen geben. Wie widerwillig das geschah, ließ der Parlamentarische Staatssekretär im Bundesfinanzministerium Dr. Grünewald erkennen, als er nach einer entscheidenden Beratung über die Informationsverweigerung des Breuel-Amtes die aktenkundige Feststellung traf, daß »durch solch ein Verhalten der Treuhandanstalt ein Untersuchungsausschuß provoziert werde, den man bislang erfolgreich habe vermeiden können«.[20]

Unter dem Vorsitz des SPD-Abgeordneten Otto Schily ist der THA-Untersuchungsausschuß 54mal zusammengetreten, davon 22 mal nichtöffentlich und 32 mal öffentlich. Die in 277 Stunden vorgenommenen öffentlichen Vernehmungen und Anhörungen sind auf 9.203 Seiten festgehalten. Auf der Grundlage dieser Protokolle und anderen umfangreichen Beweismaterials, darunter 1.137 Aktenordnern bzw. -kartons, erarbeiteten die Mitarbeiterinnen und Mitarbeiter des Sekretariates des Ausschusses, sämtlich Beschäftigte der Bundestagsverwaltung, einen 600seitigen Bericht, Anlagen nicht eingerechnet. Da dieser trotz des Bemühens seiner

Verfasser um Objektivität nicht die Zustimmung der CDU/CSU und der FDP fand, stellten diese einen eigenen geschönten Bericht zusammen, den sie dank ihrer parlamentarischen Mehrheit am 21. September 1994 verabschiedeten. Die SPD und die PDS/Linke Liste legten abweichende Berichte vor, wobei erstere den Bericht des Ausschußsekretariates im Wortlaut in ihr Minderheitenvotum aufnahm, »um sicherzustellen, daß die wahrheitsgemäße Ausbreitung der Beweisergebnisse nicht dem Plenum des Deutschen Bundestages und der Öffentlichkeit vorenthalten wird«.[21] Mehrheits- und Minderheitenvoten sind in der genannten Bundestagsdrucksache enthalten. Auf 1.150 Seiten führt sie vor Augen, wie die Nachfolger der Wiedervereinigungsforscher – die »Treuhänder«, die »Sanierer«, die »Privatisierer« und die »Wirtschaftskriminellen« – vorgegangen sind. Doch ehe sie in Aktion treten konnten, mußten ihnen andere den Weg planieren.

18 Bericht des Sekretariates des 2. Untersuchungsausschusses »Treuhandanstalt«, enthalten im »Minderheitenvotum des Berichterstatters der SPD-Fraktion«, Bundestagsdrucksache 12/8404, (fortan: »Bundestagsdrucksache 12/8404«), S 148

19 Ebd. S. 148-150

20 Ebd. S. 155

21 Ebd. S. 144

Die Wahlhelfer

Die bundesdeutschen Wahlhelfer zogen nach Osten, als es galt, der arg ins Schlingern geratenen DDR politisch den Garaus zu machen und den Boden für ihren Anschluß an die BRD zu bereiten. Sie scheuten weder Zeit und Mühe noch Kraft und Geld, und ihre Anstrengungen zahlten sich aus.

Nach nur fünf Wochen Wahlkampf hatten am 18. März 1990 von den 12.426.443 wahlberechtigten Bürgerinnen und Bürgern der DDR 11.604.418 in streng geheimen Wahlen über die Kandidatinnen und Kandidaten von 24 Parteien und Gruppierungen entschieden und die 402 Abgeordneten der Volkskammer bestimmt.

Das Ergebnis war so überraschend wie eindeutig: Die mit einem deutschnationalen konservativen Programm aufgetretene »Allianz für Deutschland« errang mit 5.544.474 Stimmen 47,79 Prozent. Da mit der Sozialdemokratischen Partei Deutschlands eine weitere Partei, die sich, wenn auch mit einigen Zögerlichkeiten, für eine schnelle Vereinigung Deutschlands aussprach, mit 2.525.534 Stimmen 21,76 Prozent errang, war das Schicksal des »ersten Arbeiter- und Bauernstaates auf deutschem Boden« besiegelt. Nach 14.762 Tagen Deutsche Demokratische Republik hatte sich ihr Staatsvolk in großer Mehrheit der Sache nach für das Modell der kapitalistischen Bundesrepublik entschieden. Die Mehrheit allerdings glaubte, zum sozialen Besitzstand der DDR die Wohltaten der Marktwirtschaft der Bundesrepublik hinzugewählt zu haben. Ein kleiner Irrtum mit großen Folgen.

Bundeskanzler Helmut Kohl jedenfalls konnte sich am Abend des Wahltages zufrieden zurücklehnen und gegenüber ARD und ZDF erklären: »Diese erste wirklich freie und direkte Wahl in der DDR ist ein historisches Ereignis. Man muß das insbesondere unseren Zuhörern und Zuschauern aus dem Ausland immer wieder sagen. Es ist die erste wirklich freie Wahl seit 58 Jahren. Die Ereignisse in der DDR – die wohl friedlichste Revolution in der Geschichte der Deutschen – hat es möglich gemacht, daß es zu dieser freien Wahl kam.«[22]

Dorothee Wilms, Bundesministerin für innerdeutsche Beziehungen, Amtsnachfolgerin von Jakob Kaiser, Ernst Lemmer, Rainer Barzel, Erich Mende, Johann Baptist Gradl, Herbert Wehner, Egon Franke und Nachlaßverwalterin des »Forschungsbeirates für Fragen der Wiedervereinigung Deutschlands«, assistierte dem Kanzler und bescheinigte den Deutschen zwischen Ostsee und Thüringer Wald, »ein großartiges demokratisches Bekenntnis zur deutschen Einheit geleistet« zu haben.[23]

Doch wie »frei und demokratisch« waren diese Wahlen? Die DDR-Regierung unter Hans Modrow und der Runde Tisch hatten sich dafür eingesetzt, daß die Schicksalswahlen in stürmischer Umbruchszeit friedlich und demokratisch, ohne äußere Einmischung und als ein Akt wahrer Selbstbestimmung des Volkes verlaufen sollten. Zwar hatte der zentrale Runde Tisch energisch gefordert, daß keine Politiker der Bundesrepublik am Wahlkampf in der DDR teilnehmen sollten, um das Recht der DDR-Bürgerinnen und -Bürger auf Selbstbestimmung zu wahren. Aber weder CDU/CSU und FDP noch SPD hielten sich an dieses elementare Gebot demokratischer Wahlen. Sie leisteten ihren Bruder- und Schwesterparteien massive Wahlhilfe und lieferten sich auf dem Boden der noch immer souveränen DDR eine vorgezogene Wahlschlacht zum nächsten Bundestag. Die laut Helmut Kohl »erste wirklich freie Wahl seit 58 Jahren« wurde laut Egon Bahr zu den »schmutzigsten Wahlen, die ich je in meinem Leben beobachtet habe«.[24]

Kaum daß der Staatsrat der DDR am 6. Februar 1990 die für den 16. Mai vorgesehenen Volkskammerwahlen auf den 18. März des Jahres vorgezogen hatte, fielen die bundesdeutschen Wahlhelfer, namhafte auf den Bühnen und namenlose im Hinter- und Untergrund, in die ostdeutschen Gefilde ein. Nach kurzer Zeit konnten selbst die Nachrichtenagenturen nicht mehr der Forderung gerecht werden, zu nennen all die Parteien und die Namen, die wahlkämpferisch hier zusammenkamen. Auch am 14. März wurde ein Zählversuch unternommen: Kanzler Kohl sprach in Leipzig, Otto Graf Lambsdorff, FDP-Vorsitzender, in Eisenhüttenstadt und Fürstenwalde, Anke Fuchs, Bundesgeschäftsführerin der SPD, in Luckau. Alfred Dregger, Vorsitzender der Bundestagsfraktion der CDU/CSU, Gerold Tandler, Finanzminister des Freistaates Bayern, und Karl Lammers, außenpolitischer Sprecher der CDU/CSU-Bundestagsfraktion, sprachen im Bezirk Dresden; Claus Demke, Staatssekretär, Christian Wagner, hessischer Kulturminister, und Hartmut Nassauer, Vorsitzender der CDU-Landtagsfraktion in Hessen, traten im Bezirk Erfurt auf; Lothar Späth, ehemaliger Ministerpräsident von Baden-Württemberg, kämpfte in Görlitz, Hans-Dietrich Genscher, Außenminister, in Zwickau. Die Übersicht ist unvollständig.

Die Gastredner hatten ein leichtes Spiel. Hunderttausende jubelten ihnen zu. Enttäuscht von den Zuständen und der innerstaatlichen Entwicklung, die die Partei- und Staatsführung seit dem VIII. SED-Parteitag 1971 unverdrossen als »die erfolgreichste in der Entwicklung der DDR« bezeichnete, jahrzehntelang entwöhnt parlamentarisch-demokratischer Gepflogenheiten und fasziniert von der Aussicht, nicht nur hundert DM Begrüßungsgeld, sondern künftig den ganzen Lohn in harter Westmark zu erhalten, lauschten sie hoffnungsvoll, ergeben und gläubig den Verheißungen der Politiker aus dem Westen. Die Fehler und das Versagen der Sozialistischen Einheitspartei hatten den Boden gedüngt, auf dem vor allem die antisozialistische CDU/CSU ihre Saat ausbringen und von dem sie wenige Wochen später reiche Ernte in die Scheuer fahren konnte.

Die Wahlhelfer gingen miteinander konkurrierend und arbeitsteilig vor. Kanzler Kohl hob im Westberliner Gästehaus der Bundesregierung die »Allianz für Deutschland« aus der Taufe. In ihr hatte er die ehemalige Blockpartei Christlich-Demokratische Union Deutschlands (CDU) unter Lothar de Maizière, die Deutsche Soziale Union (DSU) unter Hans-Wilhelm Ebeling und den Demokratischen Aufbruch (DA) unter Wolfgang Schnur zum gemeinsamen Kampf zusammengeschlossen. Es war ein zauberhaftes, Augen, Verstand und Herz gleichermaßen berührendes Bild, das die vier einige Wochen danach boten, als sie ihr gemeinsames Wahlprogramm am Ort seiner Entstehung, in Bonn, auf der Bundespressekonferenz vorstellten. Im Vordergrund standen erwartungsfroh und devot die zum Kampf angetretenen Ostvorsitzenden Schnur, Ebeling und de Maizière, im Hintergrund der sie um Haupteslänge überragende, in sich ruhende Kanzler. Ein Bild, wie für die Geschichte gemalt! Leider nicht für spätere Wahlkämpfe, zu unrühmlich sind die drei ostdeutschen Allianzführer danach von der politischen Bühne abgetreten. Allen voran Wolfgang Schnur, der sich schon als DDR-Ministerpräsident sah und ganz vergessen hatte, daß er 17

Jahre eng mit dem Ministerium für Staatssicherheit der DDR, und das in einem nicht gerade sonderlich sympathischen Bereich, zusammengearbeitet hatte.

Am 1. März 1990, dem Tag der Programmverkündung, waren sie noch Freunde und Brüder im Anschlußgeist. Ihr Motto hieß »Freiheit und Wohlstand – Nie wieder Sozialismus!«, und ihr Ziel war der Anschluß der DDR nach Artikel 23 des Grundgesetzes der Bundesrepublik. Der Jurist de Maizière meinte gar, welcher Weg gegangen werde – ob über Artikel 23 oder 146 des Grundgesetzes – sei den DDR-Bürgern »weitgehend egal«.[25]

Es waren unvergeßliche Stunden im großen Pressekonferenzsaal am Bonner Tulpenfeld, unweit der Amtssitze von Bundespräsident, Bundestagspräsidentin und Bundeskanzler, und unvergeßliche Tage gemeinsamen Wahlkampfes östlich von Elbe und Werra. Dem Kanzlern wärmten sie das Herz dermaßen, daß er am Abend des siegreichen Wahltages, Schnurs Sturz ins Bodenlose nach der Enttarnung kurz vor dem 18. März vergessend, den schon erwähnten Fernsehstationen erklärte: »Ich brauche Ihnen nicht zu sagen, daß dies für den Vorsitzenden der Christlich-Demokratischen Union Deutschlands eine glückliche Stunde ist. Denn es ist gerade sieben Wochen her, als wir nach intensiven Diskussionen die Entscheidung getroffen haben, gemeinsam mit Partnern – und inzwischen Freunden – in der Allianz für Deutschland diese Wahl gemeinsam zu gestalten, den Wahlkampf gemeinsam zu führen – mit der Christlich-Demokratischen Union in der DDR, mit dem Demokratischen Aufbruch und der Deutschen Sozialen Union. Ich selbst habe in sechs Kundgebungen mit den Vorsitzenden und Beauftragten der Allianz-Parteien gesprochen vor über einer Million Menschen; ich habe beobachten können, wie viele, viele Tausende von Mitarbeitern, engagierten Mitgliedern der Allianz-Parteien wirklich gekämpft haben um jede Stimme. Ich bin auch dankbar meinen politischen Freunden aus der Union, aus CDU und CSU, für die Hilfe, die sie ganz persönlich und spontan unseren Partnern und Freunden in diesem Wahlkampf von knapp vier Wochen gegeben haben.«[26]

Unvergessen bleiben auch jene geschichtsträchtigen Stunden, die die bayrische CSU, die das Patronat über die Deutsche Soziale Union übernommen hatte, mit deren Vorsitzenden Hans-Wilhelm Ebeling am Aschermittwoch in der Nibelungenhalle in Passau erleben durfte. Der ehemalige Pfarrer an der Leipziger Thomaskirche übertraf seine Gastgeber Streibl und Waigel, als er in schwärzesten Farben das grausige Leben in der DDR beschrieb. Dort, so meinte er, würden »die Menschen mit einem Gesicht durch die Welt laufen, als wenn die Welt schon tot wäre«.[27] Diese Situationsbeschreibung durch Ebeling war offenkundig so überzeugend, daß sie noch heute das DDR-Bild der CSU zu prägen scheint. Kein Wunder, hatte der hochgeschätzte Leipziger Pfarrer doch trotz aller Freude über seine Einladung bei seiner Vorstellung den offenkundig ihn zutiefst schmerzenden Umstand nicht verschweigen können, daß er aus »der leider noch immer existierenden DDR« komme.[28]

Wenige Wochen zuvor hatte Ebeling in Leipzig eine Abordnung der CSU auf dem DSU-Wahlparteitag begrüßen dürfen. Schon hier hatten sich die bayrischen Gäste heimisch fühlen können, denn einige Delegierte hatten sich im Vorgriff auf die deutsche Einheit mit alpenländischen Trachtenhüten und weißblauen Rauten-Buttons am Revers geschmückt. Der DSU-Vorsitzende bat die Delegation von Theo Waigel inständig: »Helft uns, der Sohn wird den Rat des Vaters annehmen.«[29]

Natürlich ward die Bitte erhört. Noch vor dem eigentlichen Wahlkampfhöhepunkt sandte die CSU 25 Tonnen Propagandamaterial in die DDR, darunter zwei Millionen Flugblätter und eine Million DSU-Grundsatzprogramme, deren Übereinstimmung mit dem Wunsch der Spediteure niemand überraschen konnte.

Während die bundesdeutsche SPD ihre Wahlhilfe nur ihrer Namensvetterin angedeihen ließ, folgten die Liberalen dem Beispiel der CDU/CSU. Ebenfalls in Westberlin riefen sie ein eigenes Wahlbündnis, »Bund Freier Demokraten« genannt, ins Leben. In seinem Grundsatzdokument verpflichtete sich die FDP der Bundesrepublik, den Wahlkampf der Parteien in der DDR, die sich liberal nannten oder als solche empfanden – also vornehmlich LDPD und NDPD –, finanziell und organisatorisch zu unterstützen. Unterschrieben wurde das Bündnis von Otto Graf Lambsdorff. Den Vorsitz im zentralen Koordinierungsausschuß übernahm Wolfgang Mischnick, FDP-Fraktionsvorsitzender im Bundestag.

Die bundesrepublikanisch gesteuerten Wahlbündnisse und die bündnislose Westpartei arbeiteten, was das Zeug hielt. Sie stützten sich auf die Funk- und Fernsehzentralen in Köln, Mainz und Hamburg, deren konservative Exponenten den Wahlkampf in Dresden, Rostock und Berlin aufpeitschten, als gelte es, das letzte Gefecht gegen die Weltkommune zu führen. In Bundes- und Landtagswahlkämpfen gestählte Koordinatoren und Manager aus Düsseldorf und München, aus Bonn und Westberlin lenkten und leiteten die unerfahrenen DDR-Wahlkämpfer vor Ort. Die CSU entsandte, wie der *Spiegel* berichtete, für vier Wochen gar alle zwölf hauptamtlichen Wahlkreisgeschäftsführer in die DDR. Selbstverständlich blieb auch die Regierung nicht untätig.

Das Arbeitsministerium stellte dem Demokratischen Aufbruch eine komplette Druckmaschine nebst Zubehör zur Verfügung, und das Bundesministerium für innerdeutsche Beziehungen steckte, wie in einer am 15. März veröffentlichten Antwort auf eine parlamentarische Anfrage mitgeteilt werden mußte, 7,5 Millionen DM über parteinahe Stiftungen in den DDR-Wahlkampf. Über die Konrad-Adenauer-Stiftung der CDU, die Hans-Seidel-Stiftung der CSU und die Jakob-Kaiser-Stiftung der CDU-Arbeitnehmerschaft erhielt die »Allianz für Deutschland« mit 4,5 Millionen DM die größte Unterstützung. Die restlichen drei Millionen mußten sich die Friedrich-Naumann-Stiftung der FDP und die Friedrich-Ebert-Stiftung der SPD teilen.[30]

Mit den Rednern der Westparteien kamen deren Parteifahnen und -fähnchen, Winkelemente, Wahlzeitungen, Flugblätter, Sticker und Plakate. Für letztere konnten zweieinhalb Tonnen Westkleister verwandt werden, die der Chemiekonzern Henkel zur dauerhaften Befestigung der Wahlplakate zur Verfügung gestellt hatte. Deren Farben waren unterschiedlich, die Parolen – ähnlich. Alle setzten auf die Zukunft. Die Sozialdemokraten teilten mit schwarz-rot-goldener Garnierung mit: »Die Zukunft hat wieder einen Namen. SPD«, und die christlichen Demokraten ließen westdeutsche Unionsfahnen mit dem seit 1986 verwendeten Aufdruck »CDU – Zukunft« im stürmischen Vorfrühlingswind wehen.

Viele waren zukunftsfroh, so, wie ein Teilnehmer der Leipziger Montagsdemonstration vom 26. Februar: »Jetzt geht es wirklich um die Zukunft. Wir freuen uns auf die Demokratie ... Wir freuen uns darauf, daß wir ein freies Leben führen können.« »Wohlstand für alle« war angesagt, wer sollte da nicht hoffnungsvoll in die Zukunft blicken? Allerdings, nur wer CDU wählen würde, so wurde landauf, landab, und auch von de Maizière während der Vorstellung des Wahlaufrufes der »Allianz für Deutschland« in Bonn im Beisein des Kanzlers, verbreitet, konnte mit einer schnellen Einführung der DM in der DDR, mit einer Sicherung der Sparguthaben im Verhältnis 1:1 und mit einer »Gründerwelle« für Klein- und Mittelbetriebe rechnen.[31]

Dem »beliebtesten deutschen Politiker«, Hans-Dietrich Genscher, gingen solche Verheißungen nicht weit genug, und so versprach er tags darauf in Rostock gleich ein »deutsches Aufbauwunder«[32] nach der Vereinigung. Volker Rühe, Generalsekretär der CDU, ließ auf der »Allianz«-Veranstaltung in Grevesmühlen die im Bonner Adenauer-Haus entworfenen Flugblätter »Nie wieder Sozialismus! Nie wieder menschenverachtenden Kollektivismus! Nie wieder Unterdrückung der Freiheit!« verbreiten und versicherte zugleich, die Union werde Rücksicht auf das nehmen, was in der DDR entstanden sei.

Ähnliches war auch vom Ehrenvorsitzenden der SPD, Willy Brandt, zu hören, der in Leipzig, Dresden, Karl-Marx-Stadt, Gera und in Erfurt auftrat, wo er es sich nicht nehmen ließ, sich wie zwanzig Jahre zuvor am Fenster des Hotels »Erfurter Hof« feiern zu lassen. Als er auf dem Karl-Marx-Platz in Leipzig sprach, warf bei starken Sturmböen, fernsehgerecht inszeniert, ein Hubschrauber Flugblätter zum Thema »Zwangsvereinigung von SPD und KPD« ab. Mit einer solchen Themenwahl versuchten die Brandt-Anhänger, der von der CDU propagierten These von einer sozialdemokratischen Mitschuld am »SED-Unrechtsregime« zu begegnen. Diese wurde auch von Lothar de Maizière vertreten, der der SPD vorwarf, 1946 »freiwillig in die SED eingetreten« zu sein und daher »für die vergangenen 40 Jahre zu einem ganz erheblichen Teil Verantwortung zu tragen.«[34]

Und schon damals konterte die SPD diesen Vorwurf mit dem Hinweis auf die Wendehälse in der einstigen Blockpartei CDU. »Früher folgte die CDU Ulbricht, dann Honecker und jetzt Kohl«[35], erklärte Stephan Hilsberg, Geschäftsführer der SPD-Ost.

Einig waren sich bundesdeutsche Wahlhelfer und ostdeutsche Wahlhilfeempfänger aller Parteien nur dann, wenn es darum ging, die SED-Nachfolger, die PDS, die »Partei der Schuldigen«, zu verdammen und mit allen Mitteln zu bekämpfen. Deren Appelle, in der heißen Phase des Wahlkampfes den politischen Gegner nicht zu verleumden und den Bürgern ein sachliches Abwägen der Argumente zu ermöglichen – die Partei hatte dazu auf ihrem Wahlparteitag einen Aufruf[36] beschlossen – blieben ebenso wirkungslos wie das vorher schon mit gleichen Zielen vereinbarte Abkommen des Runden Tisches.

Die Wahlhelfer aus der Bundesrepublik, allen voran die der CDU/CSU, bestimmten das Klima im Wahlkampf. Wie es in der Tat war, können ungezählte Zeugen berichten. Hier sollen nur zwei von ihnen, ein namhafter Politiker aus der Alt-Bundesrepublik und eine namenlos gebliebene Bürgerin aus dem Wahlkampfgebiet Ost zu Wort kommen.

Der bereits erwähnte Egon Bahr, damaliges Präsidiumsmitglied der bundesdeutschen SPD, erklärte am 18. März 1990 unmittelbar nach Schließung der Wahllokale gegenüber einem TASS-Sonderkorrespondenten: »Was ich in dieser Zeit in der DDR gesehen habe, hat mich zutiefst empört [...] Die gesamte Wahlkampagne wurde zu einer von der CDU/CSU gesteuerten Aktion gemacht. Das war eine unwürdige Aktion, auf die sich keine einzige seriöse politische Partei in der BRD eingelassen hätte. Bezahlte Gruppen von Jugendlichen entfernten und überklebten Wahlplakate der SPD. Es ging so weit, daß Lautsprecherwagen mit Münchner Nummern, wo bekanntlich die CSU ihren Sitz hat, die Leipziger Straßen überfluteten und über starke Lautsprecher aufgefordert wurde, nicht zu der Kundgebung mit Willy Brandt zu gehen [...] In kleineren Städten in Thüringen und Sachsen wurden vielen bekannten Mitgliedern der SPD und der PDS heimlich Drohbriefe bis hin zu physischer Abrechnung zugestellt. In Suhl wurden einem Jugendlichen, der dazu aufrief, die SPD zu wählen, beide Beine gebrochen, und er lag auf dem Platz, bis er Hilfe erhielt. Auch Kinder mußten herhalten. Man gab ihnen Westgeld, damit sie durch die Höfe laufen und Flugblätter der Deutschen Sozialen Union, der Tochterpartei der westdeutschen CSU, verteilen. Das war reinster psychischer Terror nach Goebbels Manier. Ich möchte wiederholen, daß dieser politische Schmutz aus der BRD exportiert wurde.«[37]

Welche Folgen dieser in die DDR importierte Wahlkampfstil für nicht wenige ihrer Bewohner hatte, schilderte eine aus nachvollziehbaren Gründen namenlos gebliebene Cottbusser Bürgerin in einem Leserbrief an das *Neue Deutschland*, eines der wenigen Blätter, das es damals überhaupt noch wagte, derartigen Stimmen Raum zu geben. Sie schrieb: »Cottbus – Helmut Kohl kommt [...] Heute ist der 13. 3. 90, 18.45 Uhr. Nun ist es also raus: Ich bin eine ›Rote Sau‹, ›eine, die auf den Strich geht‹, ›eine, die man nach Sibirien schicken muß‹, ›eine, der man die Kinder wegnehmen muß‹, ›eine rote Verbrecherbande, der man die Wohnung wegnehmen muß‹. Wir sind ›Kommunistenschweine und Verbrecher, die man nach China verbannen muß‹! [...] so ein Meer von Menschenköpfen im Chor schreiend vor unserem Fenster. Warum? Weil ich am 13. 3. 90 um 18.00 Uhr eine Fahne, beschrieben von der Verfassung der DDR mit Schwarz-Rot-Gold und Ährenkranz, Hammer und Zirkel, am Fenster befestigt habe und die selbe trotz Drohrufen und massenhafter Schreie, ›den Fetzen sofort reinzunehmen‹, ›die Klappe (Fenster) zuzumachen‹, ›den Lappen sofort runterzureißen‹ [...] nicht entfernt habe. Ich bin entsetzt, eiskalt lief es mir den Rücken herunter. Ist das die Freiheit des Andersdenkenden, die sie meinen?

Es hat doch alles so hoffnungsvoll angefangen, einzigartig diese friedliche Revolution, vom Volke ausgehend, im November '89. Ich bin auch das Volk! Und ich habe das Recht auf meine freie persönliche Meinungsäußerung, auch wenn sie nicht jedem paßt. Nie habe ich andere Menschen beleidigt, nur weil sie nicht meiner Meinung waren. Die Menschen waren doch für Freiheit, Humanismus, Gerechtigkeit auf die Straße gegangen. Mein jüngster Sohn weint, er kann nicht schlafen, sagt er, weil er Angst hat. Angst ›vor den lauten Männern da draußen‹. M. L. (Name und Anschrift liegen der Redaktion vor).«[38]

Wie alle bundesdeutschen Wahlhelfer war Kanzler Kohl in Cottbus eingefallen, als habe es nie einen Grundlagenvertrag über die Beziehungen zwischen beiden deutschen Staaten und nie eine KSZE-Schlußakte von Helsinki gegeben, in der sich die Teilnehmerstaaten feierlich verpflichteten, sich »jeder direkten oder indirekten, individuellen oder kollektiven Einmischung in die inneren oder äußeren Angelegenheiten (zu) enthalten«.[39]

»Was BRD-Politiker im DDR-Wahlkampf in der DDR unter Ausnutzung der Notlage und der Ängste der DDR-Bevölkerung vorgeführt haben«, so konstatierten die *Blätter für deutsche und internationale Politik* im Mai 1990, »übertrifft in vielen Beziehungen die Einmischungspraxis imperialistischer Vormächte gegenüber sogenannten Bananenrepubliken. Die Staatsführung der BRD und die sie darin unterstützenden gesellschaftlichen Kräfte der BRD haben damit einmal mehr bekundet, daß sie die ihnen im Rahmen des KSZE-Prozesses gemachte Offerte, durch Normalisierung des Verhältnisses zur DDR langfristig auch zu einer staatlichen Einheit Deutschlands zu gelangen, nur mit dem Vorbehalt angenommen hatten, jederzeit nach Maßgabe des machtmäßig Möglichen aus der Normalisierung wieder auszusteigen. Nachdem der ursprünglich unter der Voraussetzung länger fortdauernder Systemunterschiede angesetzte KSZE-Prozeß sich wegen der im Osten eingetretenen Systemveränderungen selbst qualitativ verändert hat, veranstalten die seit dem November 1989 [...] in jenem ›unseren‹ Lande herumstampfenden westdeutschen Politikerherden ein wahrlich grandioses Finale der Selbstentblößung deutschnationalen Völkerrechtsdenkens.«[40]

Einen Höhepunkt erreichte die Einmischung mit einer Tagung des Vorstandes der CDU/CSU-Bundestagsfraktion zehn Tage vor dem Wahltermin in Dresden. In einer »Dresdner Erklärung« wurden die deutschnationalen Leidenschaften noch einmal angefacht und, deutscher ging es schon nicht mehr, erklärt, daß »der einheitliche deutsche Bundesstaat Deutschland« auf dem Weg des Grundgesetzartikels 23, also durch Anschluß, verwirklicht werden solle.[41] Zu jenem Zeitpunkt war die von innen eingetretene Agonie der DDR bereits so weit fortgeschritten, daß deren Organe und Einrichtungen nicht einmal mehr in der Lage waren zu versuchen, diese provokatorische völkerrechtswidrige Aktion und in der europäischen Geschichte einmalige Einmischung in das Wahlgeschehen eines souveränen Nachbarstaates wirksam zu unterbinden. Das PDS-Vorstandspräsidium beschränkte sich darauf, mit Empörung zur Kenntnis zu nehmen, daß nach der Besetzung der

DDR durch westdeutsche Politiker während des Wahlkampfes nun auch die völkerrechtswidrige Einverleibung der DDR beginne. Die Regierung unter Hans Modrow war in dieser Frage schon weitgehend handlungsunfähig. In ihr saßen nicht wenige, die die Wahlhelfer aus der Bundesrepublik gerufen und sich ihnen untergeordnet hatten. Für den Bündnispartner im Kreml war der unverbrüchliche Bruderbund bereits zerbrochen, und der Generalsekretär der KPdSU sah keinen Anlaß, die aufkeimende neue Freundschaft zum deutschen Kanzler zu gefährden. Das einzige, was dem DDR-Regierungschef möglich erschien, war, Blutvergießen zu vermeiden und allen Provokationen zum Trotz die Durchführung der Wahlen zu gewährleisten. Daß die Provokateure diese verantwortungsbewußte Politik des Augenmaßes später vergessen machen wollten, steht auf einem anderen Blatt.

Natürlich war die massive bundesdeutsche Einmischung in Moskau nicht verborgen geblieben. Sogar dem moderaten Michail Gorbatschow war sie aufgefallen, und er wandte sich dagegen, »auf die Menschen in der DDR im Interesse von Parteien und politischen Überlegungen Druck auszuüben«. »Ich sehe«, so erklärte er am 6. März in einem Interview mit *ARD* und *ZDF*, »wie viele Besucher aus der Bundesrepublik kommen, wie sie sich in die Angelegenheiten der DDR einmischen – als ob die DDR kein souveräner Staat mehr wäre«.[42] Allerdings beließ er es bei dem zaghaft erhobenen Zeigefinger.

Vierzehn Tage später hatte die DDR im Prinzip tatsächlich aufgehört, ein souveräner Staat zu sein. Die Wahlhelfer hatten entscheidend dazu beigetragen, daß im Ergebnis der »ersten freien Wahl seit 58 Jahren« im Osten Deutschlands ein Kabinett gebildet wurde, das die Einverleibung der DDR in die BRD zum Regierungsprogramm machte und die Bonner Regierung in die einzigartige Lage versetzte, über die Anschlußbedingungen de facto mit sich selbst zu »verhandeln«. Der neue Regierungschef Lothar de Maizière und sein Staatssekretär Günter Krause standen bereit zu helfen, aus den Empfehlungen des »Forschungsbeirates für Fragen der Wiedervereinigung« bindende Verträge zu machen.

Als Wahlsieger waren sie indes nur zweite Garnitur. Die eigentlichen Gewinner saßen woanders. In Frankfurt am Main schnellten die Aktienkurse in die Höhe, und eine große amerikanische Nachrichtenagentur berichtete, die Börse habe »den überraschend klaren Wahlsieg der konservativen Allianz in der DDR mit einem Kursfeuerwerk im Aktien- und Devisenhandel gefeiert«.[43]

22 Texte zur Deutschlandpolitik, Reihe III/ Band 8a – 1990, Deutscher Bundes-Verlag Bonn, 1991, S. 143
23 Ebd. S. 146
24 *TASS*-Korrespondentenbericht, 19. März 1990
25 *dpa*, 1. März 1990
26 Texte zur Deutschlandpolitik, Reihe III/Band 8a – 1990, Deutscher Bundesverlag Bonn, 1991, S. 144 und 145
27 *Neues Deutschland*, 2. März 1990
28 Ebd.
29 *Der Spiegel*, 9/1990, S. 80
30 *dpa*, 15. März 1990
31 *ADN*, 1. März 1990
32 Ebd. 3. März 1990
33 »Argumente zur Wahl am 18. März«, CDU-Dokumentation 6/1990
34 *Der Spiegel*, 10/1990, S. 19
35 Ebd. S. 20
36 »Wahlparteitag der PDS«, Dietz Verlag Berlin, 1990, S. 78
37 *TASS*-Korrespondentenbericht, 19. März 1990
38 *Neues Deutschland*, 16. März 1990
39 »Schlußakte der Konferenz über Sicherheit und Zusammenarbeit in Europa«, Dokumentation zur Ostpolitik der Bundesregierung, herausggb. vom Presse- und Informationsamt der Bundesregierung, 13. Aufl. 1990, S. 161
40 Helmut Ridder »Was nicht zusammengehört, kann auch nicht zusammenwachsen«, in: *Blätter für deutsche und internationale Politik*, Mai 1990, S. 567
41 *dpa*, 9. März 1990
42 *ADN*, 6. März 1990
43 *AP*, 19. März 1990

Die Währungsspezialisten

Die Währungsspezialisten und Nachfolger der Herren aus dem »kleinen Währungskreis« des Dr. Friedrich Ernst traten in Aktion, als die Mauer von innen aufgebrochen und mit den Staatsgrenzen die staatliche Souveränität der DDR zur Disposition gestellt worden war. Durch das Brandenburger Tor zog nach den Wahlen vom 18. März nicht die Bundeswehr mit klingendem Spiel – sie kam später –, sondern die Bundesbank mit klingender Münze.

Doch auch die Ideengeber und Organisatoren der Währungsunion spielten munter auf, zum doppelten Spiel. Sie verhießen den Ostdeutschen eine glänzende Zukunft in Freiheit und Wohlstand. Denkwürdig bleiben die Worte Helmut Kohls vom 21. Juni 1990, die, inzwischen tausendfach zitiert, zum Inbegriff leerer Versprechungen geworden sind: »Nur die rasche Verwirklichung der Währungs-, Wirtschafts- und Sozialunion bietet die Chance, daß Mecklenburg-Vorpommern, Sachsen-Anhalt, Brandenburg, Sachsen und Thüringen bald wieder blühende Landschaften sein werden [...] Den Deutschen in der DDR kann ich sagen [...]: Es wird niemanden schlechter gehen als zuvor – dafür vielen besser [...] Für die Deutschen in der Bundesrepublik gilt: Keiner wird wegen der Vereinigung auf etwas verzichten müssen.«[44] Diese Worte sind dem Kanzler nicht unbedacht entschlüpft. Sie waren nicht die Folge eines falschen Zungenschlages, denn anderthalb Wochen später, am 1. Juli, am Tag des Inkrafttretens des Vertrages über die Währungsunion, hat er sie Wort für Wort wiederholt.

Nicht nur Helmut Kohl versprach das Blaue vom Himmel herunter, die Mitglieder seines Kabinetts wetteiferten, hinter den Prognosen ihres Chefs nicht zurückzubleiben. Finanzminister Waigel berief sich wie so häufig auf anonymen ökonomischen Sachverstand und erklärte in der Ratifizierungsdebatte zur Währungsunion im Bundestag: »Fast alle wirtschaftlichen Sachverständigen halten in den kommenden Jahren einen enormen Wachstumsschub in der DDR für wahrscheinlich. Innerhalb weniger Jahre können sich die Produktivität der DDR-Volkswirtschaft und damit auch Einkommen und soziale Leistungen verdoppeln [...]«[45]

Alle Warnungen vor einer überstürzten Währungsunion wurden in den Wind geschlagen. Und auch die SPD sprang, was sie heute verständlicherweise vergessen lassen möchte, der Regierung bei der Abwehr der Zweifler und Warner zur Seite. Richard Schröder, Fraktionsvorsitzender in der Volkskammer, machte sich über die PDS-Abgeordneten lustig, als diese die Ablehnung des ökonomischen Abenteuers vor allem mit dem Hinweis auf die »Gefahr von Massen- und Dauerarbeitslosigkeit« begründeten. Der Theologe wörtlich: »Wir rechnen nicht mit Dauerarbeitslosigkeit, sondern mit einer Arbeitslosigkeit der verlängerten Arbeitsplatzsuche.« Und angesichts des Widerspruches bei der PDS fügte er hinzu: »Da brauchen sie nicht zu lachen, das wird so sein.«[46]

Wie es geworden ist, wissen die Ostdeutschen inzwischen aus der Wirklichkeit. Millionen befinden sich auf »verlängerter Arbeitsplatzsuche«, und alle suchen mit: die Regierung und die etablierten Parteien. Sie alle würden sich noch einmal ein Armutszeugnis ausstellen, wenn sie auch heute vorgeben würden, damals aus fester innerer Überzeugung gesprochen zu haben. Nein, so dumm, wie sie sich stellten, waren sie nicht. Sie wußten sehr wohl, was sie taten.

Die bundesdeutsche SPD war kritischer als die ostdeutsche. Sie benannte die Risiken und die zwangsläufigen Folgen einer blitzartigen Währungsunion ohne Übergangsregelungen und Schutzmaßnahmen für die ostdeutsche Wirtschaft, ohne wirtschafts- und finanzpolitische Harmonisierung zwischen beiden Teilen Deutschlands. In der Bundestagsdebatte über den Staatsvertrag benannte der SPD-Fraktionsvorsitzende Hans-Jochen Vogel die ernsten Bedenken und die Streitpunkte mit der Regierungskoalition: »Das ist der abrupte, unflankierte Übergang von einem System in das andere, das ist die Frage, ob es richtig ist, die Schleusen von einem Tag auf den anderen mit einem Ruck zu öffnen; ob die Schutz- und Anpassungsmaßnahmen ausreichend sind; ob es als Folge des von Ihnen (*der Regierungskoalition – R. H.*) gewählten Weges nicht zu tieferen sozialen Brüchen und Erschütterungen kommen wird als unvermeidbar; ob nicht mehr Betriebe zusammenbrechen und mehr Menschen arbeitslos werden, als das ohnehin unvermeidlich ist.«[47] Wenige Stunden später wandelte sich der Bedenken- in einen Verantwortungsträger – Hans-Jochen Vogel stimmte mit der Mehrheit der Mitglieder seiner Fraktion für die Währungsunion.

Der Beschluß der Bundesregierung zur Währungsunion vom 7. Februar 1990 und die Annahme des Vertrages durch Bundestag und Volkskammer am 21. Juni 1990 waren eine durch und durch politische Entscheidung. Getroffen mit dem Ziel, die DDR um jeden Preis heim in das deutsche Vaterland zu führen. Daraus haben die Währungsspezialisten und die, die glaubten, es zu sein, nie einen Hehl gemacht. Theo Waigel erinnerte sich offenbar auch an die richtungsweisenden Ausführungen seines Parteifreundes und letzten Präsidenten des Forschungsbeirates für Fragen der Wiedervereinigung, Johann Baptist Gradl, aus dem Jahr 1965, daß niemand wisse, »wann sich die Chance« zur Wiedervereinigung »eröffne«, auf die man aber vorbereitet sein müsse, »wie wenn sie morgen geschähe«, als er, den Staatsvertrag begründend, feststellte: »Die Geschichte ist ein offener Prozeß, der keiner naturgesetzlichen Entwicklung entspricht. Deshalb war immer klar: Die Herstellung der Einheit Deutschlands ist weder von der Form noch vom Datum her planbar [...] Die friedliche Revolution in der DDR, das eindeutige Votum am 18. März 1990 bei den Volkskammerwahlen, die übereinstimmende Haltung unserer Freunde und Nachbarn, insbesondere der vier Siegermächte, haben die historische Chance jetzt eröffnet. Wer den Staatsvertrag platzen lassen will, wer in dieser politischen Konstellation die ökonomische und politische Einheit Deutschlands – aus welchen Gründen auch immer – auf die lange Bank der Geschichte legen will, der verweigert Solidarität, der stellt sich neben den eindeutigen Auftrag unserer Verfassung und der verkennt die Chance des Augenblicks und die Gunst der Stunde.

Niemand weiß, ob in einigen Jahren die politische Konstellation von heute noch Bestand hat. Die innenpolitische Situation in der DDR ist nach wie vor noch labil. Niemand vermag vorherzusehen, ob die Reformen im Ostblock von dauerhaftem Bestand sein werden. Und niemand kann mit Sicherheit sagen, ob und wie lange Gorbatschows neues Denken in der Sowjetunion anhalten wird.«[48]

Waigel scheute auch nicht davor zurück, den »Eisernen Kanzler« zu bemühen. Er erinnerte an Bismarcks Erklärung aus dem Jahre 1869: »Wir können die Uhr vorstellen, die Zeit geht aber deshalb nicht rascher, und die Fähigkeit zu warten, während die Verhältnisse sich entwickeln, ist eine Vorbedingung praktischer Politik«, um fortzufahren: »Diese Feststellung gilt auch umgekehrt: Wer die Uhr künstlich anhalten will, wer das Rad der Geschichte festhalten will, der läuft Gefahr, der verlorengegangenen Chance auf ewig hinterherzulaufen. Wer dann zu spät kommt, den bestraft bekanntlich die Geschichte.«[49] Eigentlich hätte er der Deutlichkeit halber eine Erklärung vom 11. März 1867 anführen müssen, die Bismarck im Norddeutschen Reichstag, als es darum ging, die Vereinigung unter Preußens Führung voranzupeitschen, abgab: »Meine Herren, arbeiten wir rasch! Setzen wir Deutschland, sozusagen, in den Sattel! Reiten wird es schon können.«

Der Staatsvertrag setzte Deutschland tatsächlich in den Sattel, doch der Gaul darunter war beim Schwanze aufgezäumt und lahmte zudem vom ersten Tage an. Dennoch fühlten sich die Herrenreiter pudelwohl.

Mit der Währungsunion wurde die Einführung der DM, die das Ergebnis einer Anpassungsphase hätte sein müssen, an den Anfang gestellt, die »reine Lehre« von der Marktwirtschaft exekutiert und die Wirtschaft der DDR schlagartig und ungeschützt der Konkurrenz des bundesdeutschen und des Weltmarktes ausgeliefert. Die Auswirkungen der Geldaufwertung waren verheerend. Die auf den Export orientierte Industrie eines ganzen Landes wurde hingerichtet, im Wortsinne gevierteilt. Für den Erlös eines Exportes von einer DM in das kapitalistische Ausland, zu dem bis dahin auch die BRD gehörte, erhielt sie von einem Tag zum anderen bei gleichbleibenden Kosten nur noch weniger als ein Viertel: statt wie nach dem bisher bestehenden internen Verrechnungskurs 4,40 Mark der DDR – nur noch eine DM.

»Das war eine Roßkur, die keine Wirtschaft aushält«[50], schätzte Karl-Otto Pöhl, ehemaliger Bundesbankpräsident, 1993 ein. Als Folge dieser Roßkur stürzte die ostdeutsche Industrieproduktion im zweiten Halbjahr 1990 im Vergleich zu 1989 auf 50,3 Prozent und 1991 schließlich auf knapp über 30 Prozent. Einen solchen Rückgang hat es in der deutschen Wirtschaftsgeschichte nicht einmal in Kriegszeiten, ganz zu schweigen von Friedensperioden, gegeben.

Mit der Währungsunion wurde die staatliche Vereinigung eingeleitet. Kurz nach ihrem Vollzug wurde das Wirtschaftsdesaster im Osten wie zum Hohn für die Leidtragenden – die Ostdeutschen, die ihren Arbeitsplatz verloren, und die Westdeutschen, deren Steuer- und Sozialkassen geplündert wurden – mit dem Etikett »Aufschwung Ost« versehen.

44 Texte zur Deutschlandpolitik, Reihe III/Band 8a, Deutscher Bundes-Verlag Bonn, Juli 1991, S. 395 und 396

45 Ebd. S. 302

46 »Auf dem Weg zur deutschen Einheit«, Band III, Hrsg.: Deutscher Bundestag, Referat Öffentlichkeitsarbeit, Bonn 1990, S. 31

47 Ebd. S. 356

48 Ebd. S. 81

49 Ebd. S. 83

50 Anhörung vor dem THA-Untersuchungsausschuß, 11. Sitzung, Dezember 1993

Die Aufbauhelfer Ost

Die ersten »Aufbauhelfer Ost« kamen aus der Bundesrepublik, als die Mauer gefallen war, ihr Strom schwoll an, als die Konservativen die Volkskammerwahlen gewonnen und die Währungsunion die letzten Schutzzäune für eine eigenständige ostdeutsche Wirtschaft niedergerissen hatten. Sie schöpften, jeder auf eigene Art, ihre Kraft, ihren Ideen- und Einfallsreichtum aus dem Gefühl der Freude über die nach dem 9. November 1989 heraufziehende und nach dem 2. Oktober 1990 wiedererlangte nationalstaatliche Einheit. Es war ein Glück ohne Ende, das nach dem Hissen der Einheitsflagge und dem nächtlichen Freudenfeuerwerk vor dem Reichstag am 3. Oktober auf dem vom Bundespräsidenten angeordneten Staatsakt in der Berliner Philharmonie wieder und wieder gefeiert wurde.

Sabine Bergmann-Pohl wurde als Ex-Präsidentin der Volkskammer, in dieser Eigenschaft war sie – Personifizierung des schmachvollen Staatsunterganges – auch letztes amtierendes Staatsoberhaupt der DDR gewesen, die Ehre zuteil, die festliche Veranstaltung zu eröffnen und den »sehr geehrten Herrn Bundespräsidenten«, die »sehr geehrte Frau Bundestagspräsidentin«, den »sehr geehrten Herrn Bundeskanzler«, den »sehr geehrten Herrn Bundesratspräsidenten« und die »verehrte Festversammlung« zu begrüßen und festzustellen: »Es ist der glücklichste Tag der Deutschen!« Sie bekannte sich zu den »Revolutionen des Sommers und des Herbstes 1989 im östlichen Mitteleuropa«, zu den Menschen, die »ihr unverlierbares Recht auf Suche nach dem Glück« gefordert hatten und verkündete: »Was sich heute vollendet, die Deutsche Einheit in Frieden und Freiheit, hatten viele schon zu erhoffen aufgegeben. Sie ist für die Deutschen ein Geschenk der Geschichte. Die Christen unter uns werden darin die Gnade Gottes erkennen.«[51]

Die Präsidentin des Deutschen Bundestages, Rita Süssmuth, konnte da nicht nachstehen: »Wir sind dankbar, diesen Tag miterleben zu dürfen, diese Nacht der Freude und Begeisterung, in der spontan bei vielen der Wunsch aufkam zu singen: ›Nun danket alle Gott‹.«[52] Bundespräsident Richard von Weizsäcker schließlich sah neben der Freude und der Dankbarkeit auch die staatsbürgerliche Pflicht: »Für unsere Aufgabe sind wir uns der Verantwortung vor Gott und den Menschen bewußt. Aus ganzem Herzen empfinden wir Dankbarkeit und Freude – und zugleich unsere große ernste Verpflichtung.« Er prägte den historischen Satz: »Sich zu vereinen, heißt teilen lernen« und ließ am Schluß seiner Ausführungen den allgemeinen Freudengesang noch einmal zum Himmel steigen: »Und die Freude, wir haben es gestern abend gehört, die Freude, die wir empfinden, sie ist ein Götterfunken.«[53]

Für nicht wenige in der Alt-Bundesrepublik war der göttliche Freudentaumel schon lange zuvor zum irdischen Goldrausch geworden. Sie dachten weniger an das Teilen, sondern mehr an das Teilhaben am Einheitsgewinn. Die untergehende DDR und die entstehenden neuen Bundesländer hatten sich in ein Dorado für Geschäftemacher aller Art verwandelt. Jeder von ihnen versuchte, sich ein möglichst großes Stück aus dem Vereinigungskuchen herauszuschneiden. Für die gen Osten gezogenen fliegenden Händler mit ihren von den DDR-Bürgern lange vermißten bunten Tand und Tinnef, mit ihren Schinken und Würsten aus Holstein, mit ihren

Taschenrechnern und Walkmans aus Hongkong fielen nur Krümel ab. Erfolgreicher waren da schon die Autohändler, die die Halden ihrer Gebrauchtwagen abbauen konnten, die Versicherungsanstalten, die innerhalb eines Jahres in Ostdeutschland fünf Millionen Verträge abschlossen, die Wirtschaftsberater, die für Schulbuchwissen und Gemeinplätze dicke Honorare und staatliche Zuschüsse einstrichen, die Handelskonzerne, die im Handstreich den staatlichen Einzelhandel übernahmen und die DDR-Produkte aus den Geschäften kehrten, die Anlagefirmen, die einzigartige Gewinne versprachen und den ostdeutschen Brüdern und Schwestern die letzten Spargroschen aus der Tasche zogen, die Immobilienmakler, die ein wahres Goldgräberfieber gepackt hatte. Sie konnten das offizielle Ende der DDR gar nicht abwarten. Einer der ersten, Herr Lucks von der Münchner Immobilienfirma »Lucks & Co.«, sah sich bereits unmittelbar nach dem Fall der Mauer in Leipzig und anderswo um und veröffentlichte Mitte Januar 1990 in der *Frankfurter Allgemeinen Zeitung* eine Annonce, in der Grundstücksareale an der Ostsee, an der Brandenburger Seenplatte, im Erzgebirge, im Thüringer Wald, in Berlin, Potsdam, Leipzig, Zwickau und in anderen Noch-DDR-Städten für »Hotel- und Freizeitanlagen, Büro- und Industrieanlagen, Gewerbeparks, City-Hotel-Anlagen« angeboten wurden.

Andere mußten etwas länger warten. Beate Uhse zum Beispiel. Erst nach der Währungsunion konnte sie in das Ostgeschäft einsteigen, und zur Jahreswende 1990/91 hatte sie drei Erotik-Shops eröffnet, zwei in der ehemaligen Hauptstadt der DDR und einen in Jena. Es blieb ihr ein Trost: Bei jeder Eröffnung brach der Verkehr (auf den Straßen) in der Umgebung zusammen, und die Geschäfte mußten wegen Überfüllung schließen.

Sie alle, Händler und Spekulanten, Firmenberater und Anlagebetrüger, halfen im Osten das alte System zu beseitigen und der neuen Ordnung die Bahn zu ebnen. Dorothee Wilms, Bundesministerin für innerdeutsche Beziehungen, konnte sich bestätigt fühlen. Bereits eine Woche nach den Wahlen zur letzten Volkskammer hatte sie vor dem Politischen Club der Evangelischen Akademie Tutzing erklärt, daß in der DDR die Stunde für risikobereite Unternehmer schlagen würde: »Eine Vielzahl von Menschen mit Verantwortungssinn und unternehmerischem Geist in der DDR wartet nur darauf, endlich ihre Chance zu bekommen, und nicht wenige aus der Bundesrepublik Deutschland wollen sich an diesem Neuanfang beteiligen. Die westdeutsche Wirtschaft steht bereit, mit ihren Mitteln in der DDR aktiv zu werden – und dies heißt nicht nur finanzielles Engagement, sondern auch Beratung, Information und Schulung auf allen Gebieten der Wirtschaft und der Arbeitswelt.«[54]

Eine Begründung blieb sie nicht schuldig: »Nach mehr als 40 Jahren anerzogener Unmündigkeit und staatlicher Reglementierung fällt es daher manchen Menschen noch schwer, Vertrauen in die eigenen Fähigkeiten zu entwickeln, um sich den gravierenden Problemen mit Tatkraft und Optimismus zuzuwenden […] Denn viele drüben sind unsicher, weil sie sich aufgrund der leidigen DDR-Vergangenheit nicht für eine Zukunft in Freiheit gerüstet fühlen. Es fehlt an Erfahrungen mit den gesellschaftlichen und politischen Prozessen in einer pluralistischen Demokratie, und nicht wenige stehen deshalb der neugewonnenen Freiheit manchmal hilflos gegenüber.«[55]

So wurde denn die Hilfe verordnet und organisiert. Die eigentlichen »Aufbauhelfer Ost« kamen schon nicht mehr auf Privatinitiative, sie folgten staatlicher Order.

Die ersten wurden unmittelbar nach dem Wahlsieg der »Allianz für Deutschland« in Marsch gesetzt, als es galt, die de-Maizière-Regierung und ihre Ministerien zu beraten, ihre Arbeit in die von Bonn gewünschte Richtung zu lenken und die Machtübernahme nach der Vereinigung vorzubereiten. Noch ehe die Staatsflaggen der DDR eingeholt waren und an den Gebäuden der staatlichen Einrichtungen die Schilder mit Hammer und Zirkel im Ährenkranz denen mit dem Bundesadler weichen mußten, zogen die bundesdeutschen Berater in die Ministeretagen und anderen Schaltstellen der Verwaltung in Ostberlin. Mit ihrer Hilfe begann die Abwicklung der DDR noch vor dem 2. Oktober, dem Tag, an dem die Mitarbeiter des liquidierten Staates in die »Warteschleife« geschickt wurden.

Nach dem Inkrafttreten des Einigungsvertrages und dem Überstülpen des bundesdeutschen Rechts- und Verwaltungssystems mit seinem Wildwuchs an Gesetzen, Verordnungen und Vorschriften, in denen sich zurechtzufinden schon die geübten Beamten im bisherigen Bundesgebiet ihre Mühe hatten, war »Aufbauhilfe Ost« unverzichtbar. Wer, wenn nicht Westbeamte, konnte das Steuer- und Finanzsystem im Osten einführen, das Arbeitslosen- und Wohngeld berechnen, die plötzlich so wichtig gewordenen Grundbücher nach bundesdeutschen Gesichtspunkten ordnen, die Anträge auf Rückerstattung von Immobilien bearbeiten? Wer, wenn nicht bundesdeutsche Generale, Verfassungsschützer und BND-Experten, Staatsanwälte und Richter, konnte die »Armee der Einheit« schmieden, das neue Gerichtswesen formieren und »demokratisch kontrollierte« Geheimdienste aufbauen? Wer, wenn nicht westdeutsche Politiker und Evaluierer, vermochte die wissenschaftlichen und kulturellen Einrichtungen nach politischen Kriterien zu säubern, »abzuwickeln« oder nach BRD-Muster zu restrukturieren? Wer, wenn nicht bundesdeutsche Spezialisten, konnte das mißratene und flügellahme DDR-System des Massen-, Nachwuchs- und Leistungssportes auf die Höhen der weltweit anerkannten »Sportmacht BRD« führen?

Bereits in den ersten Monaten deutscher Einstaatlichkeit marschierten Tausende von westdeutschen Staatsdienern ostwärts. Ende März 1991 hatte allein das Bundesfinanzministerium rund 800 und das Bundesinnenministerium rund 400 entsandt. Die Bundesländer halfen kräftig mit: Nordrhein-Westfalen schickte 750 Beamte nach Brandenburg, Baden-Württemberg 400 nach Sachsen, Bayern 500 nach Thüringen, Niedersachsen 500 nach Sachsen-Anhalt, Bremen und Hamburg über 100 nach Mecklenburg-Vorpommern. Ein »Arbeitsstab neue Länder« unter der Leitung des Staatssekretärs im aufgelösten Ministerium für innerdeutsche Fragen Walter Priesnitz bemühte sich mit 100 Beamten um eine Koordinierung der »Aufbauarbeit« im Anschlußgebiet. Doch die von diesem Ministerium betriebene Forschungsarbeit für die Fragen der Wiedervereinigung war leichter gewesen als die Praxis der Schaffung funktionierender Verwaltungsstrukturen. Die in den »Warteschleifen« verbliebenen ostdeutschen Staatsangestellten nahmen die »Aufbauhelfer Ost« verständlicherweise nicht gerade mit offenen Armen auf.

Die bundesdeutschen Beamten verspürten ihrerseits wenig Neigung, ihre vertrauten Amtsstuben zu verlassen und in den »maroden Osten« zu ziehen. Da der Verweis auf die Versetzungspflicht von Beamten mit Ausnahme von Armee, Grenzschutz und Zoll wirkungslos blieb und Appelle an national-patriotisches Bewußtsein schon gar nicht fruchteten, blieb als Ausweg nur, den »Einsatz Ost«

zu vergolden: Großzügige Regelungen bei Reisekosten, Trennungsgelder, Heimfahrten und Familienbesuche, Zusagen schnellerer Beförderung und größere Rentenansprüche machten die »Aufbauhilfe Ost« erträglicher.

Einträglich wurde sie durch Aufwandsentschädigungen bis zu monatlich 2.500 DM netto, die ursprünglich nicht von den Ostdeutschen, sondern von den Leihbeamten selbst als »Schmutzzulage Ost« oder als »Buschgeld« bezeichnet wurden. Daß dieser Begriff aus Wilhelminischer Zeit stammte, als der Kaiser mit solchen Prämien für den Kolonialdienst warb, war alles andere als ein Zufall. Wer Gelegenheit hatte, 1991 in der Feuerwehrhalle des militärischen Teils des Flughafens Köln/Bonn, der provisorischen Abfertigungshalle für den täglichen Beamten-Shuttle-Flug nach Berlin, die Fluggäste aus der Nähe zu betrachten und einige Gesprächsfetzen aufzufangen, der vermißte bei einem Teil von ihnen nur noch den Tropenhelm, um den historischen Vergleich perfekt zu machen.

Aber auch ohne diese Kopfbedeckung ackerten sie emsig und zuverlässig, meist nicht gerade selbstlos, doch stets sehr selbstbewußt, was sie vor allem vor den Eingeborenen im Osten auszeichnete. Besonders ihre Bilanz als »Abwickler« und »Evaluierer« kann sich sehen lassen: Von den etwa zwei Millionen Hoch- und Fachschulabsolventen der DDR – rund 400.000 von ihnen befanden sich bereits in der Rente – wurde über eine Million, darunter anerkannte Wissenschaftler, Forscher und Lehrer, verdienstvolle Mediziner, Sporttrainer und -wissenschaftler, vom Publikum geschätzte Künstler und Moderatoren, erfahrene Diplomaten, Außenhändler und Dolmetscher, aus dem Berufsleben ausgegrenzt. Weitere Hunderttausende wurden in soziale Unsicherheit und Angst oder in Tätigkeiten mit niedrigen Qualifikationsmerkmalen und Einkommen getrieben. Wann hat es je, von Kriegen abgesehen, einen so rücksichts- und kulturlosen Umgang mit der Intelligenz eines ganzen Landes gegeben?

Die »Geschichte der Aufbauhelfer Ost« muß noch geschrieben werden, darin aufgenommen zu werden, verdienen viele, darunter:

* der frühere Schleswiger Oberlandesgerichtspräsident Eberhard Kuthning, der die Aufgabe hatte, mehrere Hundert Richter und Staatsanwälte in Mecklenburg-Vorpommern zu überprüfen und zu entscheiden, ob sie für den Staatsdienst im geeinten Deutschland zu gebrauchen sind;

* der 38jährige Finanzrichter Manfred Kolbe aus Bayern, der noch nie in seiner Laufbahn für ein politisches Wahlamt kandidiert hatte und zwei Monate nach dem Vollzug der staatlichen Einheit im sächsischen Grimma direkt gewählter Bundestagsabgeordneter der CDU wurde;

* der von Kanzler Kohl persönlich ausgewählte CSU-Journalist Rudolf Mühlfenzel, der in kompromißloser Erfüllung des Artikel 36 des Einigungsvertrages als Rundfunkbeauftragter Funk und Fernsehen der DDR auflöste, den größten Teil ihrer Mitarbeiter und Publikumslieblinge in die Wüste schickte und in den ostdeutschen elektronischen Medien für duale bundesdeutsche Verhältnisse sorgte;

* die West-CDU-Politiker Werner Münch, Hartmut Perschau, Werner Schreiber sowie ihr West-FDP-Kollege Horst Rehberger, die für drei Jahre »Aufbauhilfe« als Ministerpräsident, Innen-, Sozial- und Wirtschaftsminister in Sachsen-Anhalt ein überaus üppiges Salär bezogen und mit miesen Tricks nebenbei insgesamt 900.000 DM zuviel an Gehältern einstrichen;

* Kurt Biedenkopf, ehemaliger CDU-Generalsekretär, der in die Rolle des sächsischen »Landesvaters« schlüpfte und das südliche der ostdeutschen Länder zum Spitzenreiter der »Abwicklung« kultureller Einrichtungen, der Industrievernichtung, der Stasi-Hysterie und Ausgrenzung Andersdenkender machte.

Die »Aufbauhelfer Ost« Münch und Biedenkopf bildeten den personellen Brückenkopf zu den Praktikern der Wiedervereinigung, mit denen sich der Treuhand-Untersuchungsausschuß des Bundestages befaßte. Als Ministerpräsidenten von Sachsen-Anhalt bzw. Sachsen waren sie, ebenso wie ihre Kollegen aus Brandenburg, Manfred Stolpe, aus Thüringen, Josef Duchac und Bernhard Vogel, und aus Mecklenburg-Vorpommern Alfred Gomolka und Berndt Seite, Mitglieder des THA-Verwaltungsrates, der den Präsidenten sowie die übrigen Vorstandsmitglieder der Treuhand bestellte und alle wesentlichen Entscheidungen zur Privatisierung und Deindustrialisierung absegnete.

Kurt Biedenkopf war es auch, der am 21. September 1994 argumentations- und wortgewaltig in die Bundestagsdebatte zum Bericht des Untersuchungsausschusses eingriff und endlich Klarheit über die Ursachen des wirtschaftlichen Desasters im Osten des Vaterlandes schuf, indem er unter anhaltendem Beifall der CDU/CSU und der FDP feststellte: »Die ehemalige DDR wurde durch ihre eigene SED-Regierung deindustrialisiert. Nach der deutschen Einheit wurde diese Deindustrialisierung offenbar. Ich möchte zum Schluß sagen: Ich bin überzeugt davon, daß das, was in den ersten vier Jahren zum Aufbau Ost, zur Privatisierung etc. geleistet worden ist, einmal als eine sehr bedeutende politische Leistung gewürdigt werden wird.«[56]

Der Wunsch des Herrn Biedenkopf nach einer Würdigung dieser »sehr bedeutenden Leistung« darf nicht ungehört verhallen! Es ist nur recht und billig, das Wirken der Leistungsträger – der »Treuhänder«, der »Sanierer«, der »Privatisierer« und der »Wirtschaftskriminellen« – ein wenig näher zu betrachten.

51 Texte zur Deutschlandpolitik, Reihe III/Band 8b, Deutscher Bundes-Verlag Bonn, 1991, S. 709

52 Ebd. S. 711

53 Ebd. S. 717-731

54 Texte zur Deutschlandpolitik, Reihe III/Band 8a, Deutscher Bundes-Verlag Bonn, 1991, S 149

55 Ebd. S. 147

56 Deutscher Bundestag, 243. Sitzung, 21. September 1994, Plenarprotokoll 12/243

Die Treuhänder

Die »Treuhänder« waren die umtriebigsten »Aufbauhelfer Ost«. Frühzeitig, viele Monate vor der staatlichen Vereinigung, hatten sie die Vorbereitungen für ihren Osteinsatz begonnen. Im Auftrag der Bundesregierung kümmerten sie sich beflissen darum, aus der Treuhandanstalt der Modrow-Regierung zur Wahrung des Volkseigentums ein Instrument seiner entschädigungslosen Enteignung zu machen.

Ministerialdirigent Bubinger aus dem Bundesministerium der Finanzen bekannte vor dem Untersuchungsausschuß des Bundestages: »Mit Treuhandangelegenheiten bin ich seit März 1990 befaßt. Also gleich nach der Gründung der Treuhandanstalt (*der Modrowschen mit dem entgegengesetzten Auftrag – R. H.*) wurde schon das Treuhandgesetz, der Entwurf, in Bonn besprochen.«[57] Zu jenem Zeitpunkt war die aus den Volkskammerwahlen vom 18. März 1990 hervorgegangene DDR-Übergabe-Regierung noch nicht im Amt. Der letzte Ministerpräsident wurde erst später einbezogen.

Am 10. Mai 1990 traf de Maizière mit Vertretern westdeutscher Banken zusammen. Diese redeten mit ihm Tacheles. Eine Kreditgewährung an die Treuhandanstalt machten sie von deren eindeutiger Ausrichtung auf eine Privatisierung der Staatsbetriebe, einschließlich Grund und Boden, abhängig. Eine Woche später forderten die Großbanken auf einem weiteren Treffen mit de Maizière ein entsprechendes Volkskammergesetz. Nach intensiven Beratungen in Bonn und Berlin wurde es am 17. Juni 1990 vom letzten Parlament der DDR verabschiedet und später mit dem Einigungsvertrag Teil des Bundesrechtes. Sein Auftrag lautete klar und unmißverständlich: »Das volkseigene Vermögen ist zu privatisieren.«[58]

Damit war die Aufgabe der Treuhandanstalt in ihr glattes Gegenteil verkehrt: Statt das ihr unterstellte volkseigene Vermögen im Interesse der Allgemeinheit zu verwalten und zu bewahren, wurde die Anstalt bevollmächtigt, es zu verkaufen und in privaten Besitz zu überführen. Eine Entschädigung der bisherigen Eigentümer – der Bürgerinnen und Bürger der DDR – wurde im Gesetz nicht vorgesehen. Daß der Vertrag über die Währungsunion und der Einigungsvertrag »Möglichkeiten« vorsahen, »daß den Sparern zu einem späteren Zeitpunkt für den bei der Umstellung 2:1 reduzierten Beitrag ein verbrieftes Anteilsrecht am volkseigenen Vermögen eingeräumt werden kann«, ändert nichts an der Tatsache, daß es sich um eine entschädigungslose Enteignung der bisherigen Eigentümer handelte, die zudem die größte und rigoroseste in der deutschen Geschichte war.

Erstens waren nicht nur die mit der Währungsunion geschädigten Sparer Miteigentümer am volkseigenem Vermögen, sondern ohne Unterschied alle Bürgerinnen und Bürger der DDR, mit und ohne Sparguthaben, und zwar, wie die *Frankfurter Allgemeine Zeitung* bereits vor der Währungsunion berechnet hatte, mit einem Pro-Kopfanteil von etwa 40.000 Mark.[59] Zweitens handelte es sich um eine schwammige Kann-Bestimmung, die mit einer rechtmäßigen Entschädigungsverpflichtung etwa ebensoviel zu tun hatte wie die gesäuselten Versprechungen eines Heiratsschwindlers mit einem notariell beglaubigten Ehevertrag. Drittens schließlich – und das ist letztlich das Entscheidende – wollte die Bundesregierung nach dem Vollzug der staatlichen Vereinigung nichts mehr von »Anteilsrechten« hören. Offenkundig gibt es im staatlich vereinigten Deutschland zwei Kategorien von Eigentum: west- und ostdeutsches. Rückübertragungsansprüche werden konsequent durchgesetzt, in harter Arbeit redlich erworbenes Eigentum bleibt ungeschützt. Kurzum: Der von der Übergaberegierung unter de Maizière mit der Regierung, den Banken und Konzernen der Bundesrepublik ausgehandelte Auftrag der Treuhandanstalt bestand in der Enteignung der Bürgerinnen und Bürger der DDR ohne jegliche Entschädigung. Das war ein doppelter Verfassungsbruch. Gebrochen wurde die Verfassung der im Juni 1990 noch bestehenden DDR, nach deren Artikel 10 das »gesamtgesellschaftliche Volkseigentum« zu schützen ist und deren Artikel 16 festlegte: »Enteignungen sind nur für gemeinnützige Zwecke auf gesetzlicher Grundlage und gegen angemessene Entschädigung zulässig.«

Niemand kann ernsthaft bestreiten, daß in der DDR wie in allen realsozialistischen Ländern nicht das Volk über das seinen Namen tragen Eigentum verfügte, sondern der Staat, die Plankommission, das Politbüro und am Schluß faktisch ein einziges Mitglied dieses Gremiums. Politisch war dem Volk das Verfügungsrecht über das ihm gehörende Eigentum weitgehend genommen, was verheerende Folgen für die Entwicklung des Eigentümerbewußtseins, für die ökonomische Effizienz und demokratische Verhältnisse in Wirtschaft, Staat und Gesellschaft hatte. Im rechtlichen Sinne dagegen war der Charakter des Volkseigentums als Eigentum aller DDR-Bürgerinnen und -Bürger jedoch verfassungsmäßig dokumentiert und unbezweifelbar.

Grob verstoßen wurde auch gegen das Grundgesetz der Bundesrepublik, der beizutreten sich die untergehende DDR anschickte, und das auch noch in seinem sakrosankten Kernbereich, der den Schutz des Eigentums bestimmt. Dieser allerheiligste Artikel, er trägt die Ziffer 14, lautet:

»(1) Das Eigentum und das Erbrecht werden gewährleistet. Inhalt und Schranken werden durch die Gesetze bestimmt.

(2) Eigentum verpflichtet. Sein Gebrauch soll zugleich dem Wohle der Allgemeinheit dienen.

(3) Eine Enteignung ist nur zum Wohle der Allgemeinheit zulässig. Sie darf nur durch Gesetz oder aufgrund eines Gesetzes erfolgen, das Art und Ausmaß der Entschädigung regelt. Die Entschädigung ist unter gerechter Abwägung der Interessen der Allgemeinheit und der Beteiligten zu bestimmen. Wegen der Höhe der Entschädigung steht im Streitfalle der Rechtsweg vor den ordentlichen Gerichten offen.«

Zweifellos steht der »Rechtsweg vor den ordentlichen Gerichten« auch dann offen, wenn die Höhe der Entschädigung, wie im Falle der Treuhandenteignungen, gleich Null ist. Die Frage ist nur, wer die »Beteiligten«, die mittlerweile ehemaligen Bürgerinnen und Bürger der DDR, nach dem Verschwinden ihres Staates in diesem Streitfall vertreten soll? Wo kein Kläger ist, ist auch kein Richter. Es sei denn, die ostdeutschen Länder, die laut Einigungsvertrag dazu berufen wären, oder die Parteien, die sich immer dann ostdeutscher Interessen besinnen, wenn sie um ihre eigenen Pfründe fürchten, erinnerten sich, daß der Eigentumsschutz des Grundgesetzes auch für die Enteigneten in den neuen Bundesländern gelten müßte. Das allerdings dürfte Illusion bleiben, zu dezidiert und forsch hatten sich die etablierten Parteien 1990 für die Restauration privatkapitalistischer Eigentumsverhältnisse in Ostdeutschland und für die totale Umkehrung des Treuhandauftrages stark gemacht.

Das Einzige, was die Schöpfer des neuen Gesetzes unverändert übernahmen, war der Name. »Treuhand« – das klang verläßlich, vertrauenerweckend, verhieß dem Volk als dem Treugeber, daß sein Vermögen tatsächlich in »treue Hände« übergeben wurde. Eine arglistige, folgenschwere Täuschung.

Den »treuen Händen« waren anvertraut: 8.500 Kombinate und Betriebe, 20.000 große und kleine Einzelhandelsgeschäfte, 7.500 Betriebe der Gastronomie, 900 Buchläden, 1854 Apotheken, 3,68 Millionen Hektar land- und forstwirtschaftliche Flächen und 25 Milliarden Quadratmeter Immobilien. Die »Treuhänder« wären durchaus in der Lage gewesen, mit diesem riesigen volkswirtschaftlichen Vermögen sorgsam umzugehen, auch in der Marktwirtschaft wertvolle ökonomische Substanz zu erhalten und einen die Konkurrenz belebenden, vom Grundgesetz gestatteten und in der Bundesrepublik noch immer bestehenden Eigentumspluralismus durch eine Stärkung des Bundes-, Landes- und kommunalen Eigentums zu fördern.

Das ist keine nachträgliche Erkenntnis von Besserwissern, die erst dann rufen, den Brunnen abzudecken, wenn das Kind hineingefallen ist. Wie nicht wenige andere Politiker und Wirtschaftler hatte auch Michael Geuenich, Mitglied des Bundesvorstandes des DGB, noch vor der Währungsunion einen sorgsamen Umgang mit dem Produktivkapital in der DDR angemahnt und nahezu beschwörend erklärt: »Es wäre fatal, wenn in der DDR ein ungeordneter und übertrieben ideologisch gesteuerter Privatisierungsprozeß in Gang käme, von dem 80 v. H. der Arbeitsplätze betroffen wären [...] Man sollte sich bei der Neuordnung des Produktivkapitals in der DDR von der Erkenntnis leiten lassen, daß alle real existierenden marktwirtschaftlichen Systeme durch gemischte Eigentums- und Unternehmensformen gekennzeichnet sind [...] Ausschließlich privates Eigentum an den Produktionsmitteln ist keine notwendige Funktionsbedingung einer Marktwirtschaft.«[60]

Zu denen, die vor überhasteter Privatisierung warnten, gehörte auch der Treuhandspezialist und Mitglied des wissenschaftlichen Beirates beim Bundeswirtschaftsministerium, Hans-Werner Sinn, nach dessen Auffassung es »nicht sinnvoll« sein konnte, »die ostdeutsche Wirtschaft unter den gegebenen Bedingungen auf einem Schlag veräußern zu wollen. Wenn die Treuhandanstalt ihre Objekte schnell verkaufen will, dann müssen die Finanzierungskonditionen des Marktes noch schlechter werden, als sie es [...] ohnehin sind. Die Ertragswerte der Treuhandobjekte liegen dann bei Null oder gar darunter, und wenn überhaupt, so sind nur Schleuderpreise erzielbar.«[61]

Als Rainer Maria Gohlke nach nur sieben Wochen Amtszeit wegen tiefgehender Meinungsverschiedenheiten mit der Bundesregierung im August 1990 als erster Präsident der Treuhandanstalt zurücktrat, gab er eine Erklärung ab, die aus vielerlei Gründen jahrelang vor der Öffentlichkeit geheimgehalten wurde. Ihr erster Punkt lautete: »Es gibt für mich keinen Zweifel, daß die Sanierung der DDR-Wirtschaft eine der größten Herausforderungen ist. Ich bleibe bei meiner optimistischen Auffassung, daß diese Wirtschaft aufgrund ihrer Ressourcen, insbesondere bei den vorhandenen Ingenieur- und Technikerkapazitäten, eine große Chance hat. Die immer wiederholte Auffassung, daß das nationale und internationale Interesse, sich an DDR-Firmen zu beteiligen, sie zu übernehmen oder in sie zu investieren, gering ist, teile ich nicht. Es wird Aufgabe der Treuhandanstalt sein, die Kontakte mit den vielen Interessenten und die abschlußreifen Verträge so zu kanalisieren, daß dies gesamtwirtschaftlich zum Vorteil gereicht und kein allgemeiner Ausverkauf erfolgt.«[62]

Das Gegenteil geschah. Die Volkswirtschaft eines ganzen Landes wurde privatisiert, überstürzt, nahezu fiebrig, so, als befürchtete man, daß die Russen oder die Kommunisten vor Abschluß der Restauration des Kapitalismus wiederkommen könnten.

Die einseitige Orientierung auf die Privatisierung war weder Konzeptionslosigkeit noch einer Fehlkalkulation geschuldet. Hier muß man die Regierenden und die »Treuhänder« vor Vorwürfen der Linken in Schutz nehmen. Der radikale Kurs entsprach dem politischen Auftrag, dem alles andere, auch ökonomische Vernunft, untergeordnet war. Laut dem Bericht des THA-Untersuchungsausschusses hat der Staatssekretär im Bundesfinanzministerium Dr. Köhler freimütig darauf hingewiesen, daß es sich bei der Treuhandanstalt wegen der weitreichenden wirtschaftlichen und sozialen Auswirkungen ihrer Entscheidungen um – und allen Beteiligten sei dies bewußt gewesen – eine »politische Veranstaltung« handelte.[63]

Mit der Umwandlung des »staatlichen Eigentums an Produktionsmitteln in privates, unternehmerisches Eigentum« (Theo Waigel vor dem Bundestag), im Klartext: mit der Enteignung des Volkes und der Wiederherstellung privatkapitalistischer Produktionsverhältnisse mit all ihren sozialen Folgen, erfüllte die Treuhandanstalt eine politische Aufgabe, die die demokratisch gewählten und nach Wiederwahl strebenden Politiker nicht übernehmen konnten. Otto Graf Lambsdorff, ehemaliger Bundeswirtschaftsminister, gestand das unumwunden ein: »Für die Politik war es angenehm, daß viel von der Kritik, die ihr gegolten hätte, von der Treuhandanstalt aufgefangen wurde.«[64]

Aber der der Treuhandanstalt übertragene politische Auftrag war so brisant, daß es ihren Konstrukteuren ratsam erschien, weitere Vorkehrungen zu treffen. Nachzulesen ist das ebenfalls im Bericht des Untersuchungsausschusses: »Daß die Arbeit der Treuhandanstalt in der Tat eine hochpolitische Veranstaltung ist, war schon früh in einem Vermerk des Bundesfinanzministeriums festgehalten worden (Vermerk vom 25.11.1990 [...]) Dort heißt es: ›Ihre unternehmensnahe Organisation mit einem eigenverantwortlichen, möglichst unternehmerisch handelnden Vorstand und Verwaltungsrat kann und soll politischen Druck von der konkreten Arbeit der Treuhandanstalt wegnehmen. Damit verschwindet dieser Druck aber nicht, er wird vielmehr auf die Bundesregierung und dort, wie zu befürchten ist, insbesondere auf den BMF (Bundesminister der Finanzen – R. H.) umgeleitet. Damit dieser Druck nicht in vermeidbaren Verschleiß mündet, sollte die Öffentlichkeit bis hin zu Verbänden und Abgeordneten von Anfang an mit System dahingehend ›erzogen‹ werden, daß einzelfallbezogene Eingriffe, ja selbst Meinungsäußerungen zu Einzelfällen, die absolute Ausnahme bleiben müssen.‹«[65]

Das auf der »politischen Veranstaltung« mit dem Namen Treuhandanstalt auftretende Ensemble war nicht gerade klein. Ende 1993 zählte es 4.839 Mitarbeiterinnen und Mitarbeiter. Sie waren mehrheitlich Mitwirkende. Die Stars der »Veranstaltung« waren führende Vertreter der Konzerne, Banken und Versicherungen.

Die 100 Treuhanddirektoren gehörten zur Elite der bundesdeutschen Wirtschaft, kein einziger stammte aus Ostdeutschland. Die Treuhandpräsidenten Detlev Karsten Rohwedder und Birgit Breuel waren zuvor Vorstandsvorsitzender der Hoesch AG bzw. Aufsichtsrat der Preußen Elektra AG. Zu dem von ihnen geleiteten

THA-Vorstand gehörten Hans Krämer, Vorstandsvorsitzender der STEAG AG, Essen, Alexander Koch, Vorstandsmitglied der Vereinigten Haftpflichtversicherung V.a.G., Hero Brahms, Finanzvorstand der Hoesch AG, Klaus Schucht, Vorstandssprecher der Ruhrkohle Westfalen AG. Ihre »Partner« in den ehemaligen DDR-Kombinaten waren aus der Alt-BRD entsandte Aufsichtsratsvorsitzende: im Stahl- und Walzwerk Brandenburg Hans-Joachim Gottscholl, Inhaber der Gottscholl Aluminium GmbH, Präsident des Arbeitgeberverbandes Gesamtmetall; in der Halleschen Mitteldeutschen Bau AG Günter Herion, Mitinhaber eines Bauunternehmens und Vizepräsident des Bundesverbandes der Deutschen Bauindustrie; im Eisen- und Hüttenwerk Thale Ernst Albrecht, ehemaliger CDU-Ministerpräsident von Niedersachsen; in den Mitteldeutschen Braunkohlewerken Klaus Murmann, Präsident der Bundesvereinigung der Deutschen Arbeitgeberverbände …

Die Crème de la Crème des deutschen Kapitals hatte das Geschäft der Liquidierung des Volkseigentums in der Industrie und seiner Verwertung nach den eigenen Bedürfnissen in die eigenen Hände genommen.

Großgrundbesitzer und ihre Interessenvertreter in Politik und Wirtschaft wollten ihnen bei der Rückgewinnung der der Treuhand unterstellten riesigen Agrarflächen und Waldbestände nicht nachstehen. Ihr Ziel war und ist es auch heute noch, die Ergebnisse der demokratischen Bodenreform in Ostdeutschland rückgängig zu machen und auch hier das Rad der Geschichte zurückzudrehen. Nicht zufällig fiel der Startschuß in Bayern. Nur wenige Tage nach den Jubelfeiern am Reichstag und am Brandenburger Tor, am 16. Oktober 1990, schrieb Ministerpräsident Max Streibl an den »sehr geehrten Bundesfinanzminister« und »lieben Theo«

und forderte, vor allem mit dem Blick auf die Bodenreform, die Bundesregierung auf, der Tatsache Rechnung zu tragen, »daß das Eigentum eine Grundfeste unseres Rechtsstaates und der sozialen Marktwirtschaft ist«. Wörtlich fabulierte er weiter: »Ein großer Teil des bis 1949 enteigneten Vermögens unterliegt dem Zugriff der Treuhandanstalt nach Artikel 25 des Einigungsvertrages. Die Aufsicht über diese Treuhandanstalt obliegt seit 3. Oktober 1990 Dir in Deiner Funktion als Bundesminister der Finanzen. Ich bitte Dich sicherzustellen, daß die in den Jahren 1945 bis 1949 Enteigneten durch Zwischenverfügungen und Verpachtungen keinen Schaden erleiden und nicht vor vollendete Tatsachen gestellt werden.«[66]

Der also Gebetene tat das ihm Mögliche. Am 13. Mai 1993 konnte einer seiner Stellvertreter, der parlamentarische Staatssekretär im Bundesfinanzministerium Jürgen Echternach, bei der Begründung des sogenannten Entschädigungs- und Ausgleichleistungsgesetzes vor dem Bundestag nun schon öffentlich und ziemlich unverblümt erklären: »Für die Opfer der Bodenreform hat die Bundesregierung außerhalb der formalen Gesetzesebene die Möglichkeit eines Rückerwerbes im Rahmen des Landerwerbs- und Siedlungsprogrammes geschaffen. Soweit der enteignete Boden noch für den Bund verfügbar ist, erhalten damit die Opfer der Bodenreform eine Chance, wieder in der angestammten Heimat als Landwirte tätig zu werden und das zu besonders günstigen Bedingungen. Wir brauchen ihren Einsatz und ihren Idealismus für den Wiederaufbau.«[67]

Im Unterschied zu anderen Bereichen der Wirtschaft stieß der »Idealismus« der enteigneten Alteigentümer in der Landwirtschaft auf beträchtliche Hindernisse. Im Vereinigungsprozeß gegebene internationale Zusagen, klare Bestimmungen des Einigungsvertrages, Widerstand unterschiedlicher politischer Kräfte und der Selbstbehauptungswillen der LPG-Nachfolger ließen den Versuch der Großgrundbesitzer und ihrer Erben, verlorene Ländereien und Wälder im ersten Zugriff zurückzugewinnen, vorerst scheitern.

Doch das Ziel, alte Macht- und Besitzverhältnisse im ostdeutschen ländlichem Raum wiederherzustellen, haben sie nicht aufgegeben. Und Schritt für Schritt gewinnen sie im wahrsten Sinne des Wortes an Boden.

Bei der langfristigen Pachtung und beim Kauf der ehemals volkseigenen land- und forstwirtschaftlichen Flächen werden sie gegenüber den LPG-Nachfolgeeinrichtungen privilegiert. 70 Prozent der bisher verkauften Flächen der früheren volkseigenen Güter gingen in die Hände von westdeutschen Käufern, vor allem in die der Junker, nur 23 Prozent konnten von Ostdeutschen erworben werden. Für die Bevorteiligung der blaublütigen Alteigentümer sorgt die Bodenverwertungs- und -verwaltungs GmbH (BVVG), die fest im Griff westdeutscher Landwirtschaftsbanken und ihrer Klientel ist. In dieser GmbH, die inzwischen zu einer der Nachfolgeeinrichtungen der Treuhandanstalt mutierte, ist Graf Stauffenberg für die Privatisierung der Forsten zuständig. Er kümmert sich treuhänderisch darum, daß die Wälder in die richtigen Hände geraten. Symptomatisch dafür war, daß in Mecklenburg-Vorpommern das erste privatisierte Waldgebiet an den Herzog Christian Ludwig zu Mecklenburg vergeben wurde. Mitgesellschafter seines Forstwirtschaftsunternehmens ist kein Geringerer als Franz Albrecht Metternich Sandor Prinz von Ratibor und Corvey aus Höxter an der Weser. Wahrlich weit ist es in Ostdeutschland gekommen. Die »Treuhänder« haben daran einen großen Anteil.

57 Minderheitenvotum des Berichterstatters der SPD-Fraktion, Bundestagsdrucksache 12/8404, S. 755
58 §1, Abs.1, S.1 des Treuhandgesetzes
59 *Frankfurter Allgemeine Zeitung*, 15. Juni 1990
60 *Handelsblatt*, 19./20. Juni 1990
61 *WirtschaftsWoche*, 8. Februar 1991
62 Protokoll der 5.Sitzung des THA-Untersuchungsausschusses des Bundestages am 11. November 1993
63 Bundestagsdrucksache 12/8404, S. 217
64 Pressedienst der FDP-Bundestagsfraktion, Nr. 34 vom 19. Januar 1994
65 Bundestagsdrucksache 12/8404
66 Jesko Graf zu Dohna, »Bodenreformen in Deutschland«, Bonn 1990, Anlage
67 zitiert nach Hans Modrow in: »Blickpunkt Eigentum. Materialien der Konferenz ›Gegen Vereinigungsunrecht – gleiche Rechte für die Ostdeutschen‹«, Leipzig, 30. April 1994«, Eggersdorf 1994, S. 16

Die Sanierer

Die »Sanierer« fanden 1990 ein weites Betätigungsfeld. Die ostdeutsche Industrie, die nach ihrem Produktionsvolumen und dem Ausbildungsstand der in ihr Beschäftigten auf einem der vorderen Plätze in Europa lag, befand sich infolge der seit Jahren zurückgehenden Investitionen, ihres wachsenden technischen Rückstandes, ihrer ungenügenden ökonomischen Effektivität und vor allem ihres Absturzes nach der Währungsunion in einer tiefen Krisensituation. Sanierung, Gesundung, »(Wieder-)Herstellung einer nachhaltigen Ertragskraft krisenbefallener Unternehmungen« (Gabler Wirtschaftslexikon) tat not.

Und die »Sanierer« ließen nicht auf sich warten. In Marsch gesetzt wurden sie von der Treuhandanstalt, die dazu einen gesetzlichen Auftrag hatte. Paragraph 2, Abs. 6 des Treuhandgesetzes schrieb vor: »Die Treuhandanstalt hat die Strukturanpassung der Wirtschaft an die Erfordernisse des Marktes zu fördern, indem sie insbesondere auf die Entwicklung sanierungsfähiger Betriebe zu wettbewerbsfähigen Unternehmen und deren Privatisierung Einfluß nimmt.«[68]

Hier schon ist der Pferdefuß. Bei der Sanierung der in Not geratenen volkseigenen Betriebe ging es weniger um deren Gesundung als vielmehr um deren Privatisierung. Sanierung war nur das Mittel zum Zweck. THA-Präsident Rohwedder hatte das in seinem Schreiben vom 27. März 1991 an seine Mitarbeiter noch unmißverständlicher ausgeplaudert: »Sanierung ist ständiger Auftrag der Treuhandanstalt für die Unternehmen auf dem Weg zur Privatisierung.«[69]

In diesem Verständnis – das Rohwedder-Schreiben wurde später sogar mit der Gloriole eines Testaments versehen – waren die »Sanierer«, die Wirtschaftsexperten mit dem sympathischen Namen, nur Dienstleistende für die Privatisierung, Hilfssheriffs für die Privatisierer. Sie sollten die volkseigenen Betriebe nicht retten, sondern nur privatisierungsfähig machen. Sie verstanden ihre Aufgabe nicht darin, den Ertrinkenden aus dem Wasser zu ziehen und ihm dann das Schwimmen beizubringen. Entweder ließen sie ihn einfach absaufen oder warfen ihm einen Schwimmring zu. Letzteres jedoch nur, um dem ums Überleben Kämpfenden noch bei lebendigem Leib das Fell über die Ohren zu ziehen. Ob und wie er wieder Boden unter die Füße bekam, das war schon seine Sache. Dieses Verhalten, das mehr dem eines Totengräbers als dem eines Lebensretters gleichkam, entsprach den Vorgaben der Treuhand, die eine sogenannte dezentrale Sanierungskonzeption verfolgte. Nach ihr mußte eine Sanierung durch die Unternehmen selbst erfolgen, die Treuhand beschränkte sich auf »sanierungsbegleitende Maßnahmen«, d. h. auf die Vergabe von Finanzmitteln und eine »Managementhilfe«.

In den Genuß von »Sanierungsbegleitung« kamen freilich nur die Unternehmen, die als sanierungsfähig eingeschätzt wurden. Die Entscheidung darüber, ob der Rettungsring geworfen wurde oder nicht, traf die Beratergruppe U 1 U, der sogenannte Leitungsausschuß, ein vom Bundesfinanzminister berufenes und bezahltes »unabhängiges Gremium«, das in dessen Auftrag den Treuhandvorstand beriet.

Vom Leitungsausschuß, bestehend aus 100 Mitarbeitern und vom ersten THA-Präsidenten Gohlke als »Sanierungsgruppe« bezeichnet, wurden die ostdeutschen Unternehmen begutachtet. Wie einst bei den Gladiatorenkämpfen im alten Rom ging der Daumen nach oben oder nach unten, nach einem unkomplizierten Klassifikationssystem, das im Bericht des THA-Untersuchungsausschusses wie folgt wiedergegeben wird:

»1. Unternehmen arbeitet rentabel. Kein weiterer Sanierungsbedarf. Privatisierung zügig vorantreiben.

2. Unternehmen erreicht die Rentabilitätsschwelle voraussichtlich im Jahr [...] Kaum Sanierungsbedarf. Privatisierung zügig vorantreiben.

3. Unternehmenskonzept scheint erfolgreich.

3.1.1 Verbindlicher Übernahmepartner muß vorgewiesen werden, sonst Umstufung nach Gruppe 5 oder 6.

3.1.2 Hoher Liquiditätsbedarf. Nachweis eines Partners innerhalb einer kurzen Frist erforderlich.

3.2 Unternehmenskonzept ist auch ohne Übernahmepartner erfolgreich, unabhängig davon ist die Privatisierung zügig voranzutreiben.

4. Sanierungsfähigkeit erscheint gegeben, das Konzept ist noch nicht ausreichend, Alternativkonzepte sollten erstellt werden.

4.1 Eine Rettung erscheint für das Gesamtunternehmen möglich.

4.2 Voraussichtlich lassen sich wesentliche Bereiche des Unternehmens retten.

5. Sanierungsfähigkeit erscheint zweifelhaft. Eingehende Untersuchung erforderlich.

6. Unternehmen ist nicht sanierungsfähig. Entscheidung, ob Konkurs oder stille Liquidation muß getroffen werden.

6.1 Stille Liquidation.

6.2 Gesamtvollstreckung.«[70]

Nach dieser Klassifizierung fiel die Entscheidung über Tausende von Unternehmen und Hunderttausende von Arbeitsplätzen. Viel Federlesen wurde dabei nicht gemacht. Der ehemalige Leiter der Sanierungsgruppe, ein Herr Plaschna, hat das vor dem Untersuchungsausschuß mit dankenswerter Offenheit bestätigt: »Mir liegen die Arbeitsplätze dabei immer sehr am Herzen. Aber Regionalpolitik und Industriestrukturpolitik, das ist nicht meine Aufgabe. Wenn aus betriebswirtschaftlichen Gründen ein Abbau erforderlich ist, muß er durchgeführt werden, auch wenn das für die Region furchtbar ist. Strukturpolitik ist nicht unser Auftrag.«[71]

An die so zustandegekommenen Empfehlungen des Leitungsausschusses hat sich der THA-Vorstand, wie der Generalbevollmächtigte der Treuhand, Dr. van Scherpenberg, vor dem Ausschuß deutlich machte, nur in Ausnahmefällen nicht gehalten. Herr Plaschna galt in der Treuhandanstalt ganz offenkundig als eine Autorität, über deren Herangehen und Geisteshaltung sich auch der Untersuchungsausschuß ein eigenes Bild machen konnte. Als Zeuge vor dem Ausschuß erklärte er: »Meine Damen und Herren, ich bin der Sanierer der Deutschen Anlagen-Leasing. Das war einer der größeren Sanierungsfälle in den alten Bundesländern. Als ich damit Anfang 1990 zu Ende kam, hat mich Herr Dr. Rohwedder angerufen und gefragt, ob ich Zeit und Lust habe, bei der Bewältigung der Aufgaben, die sich bei der Treuhandanstalt abzeichneten, mitzuwirken. Ich hatte Zeit, und ich hatte Lust und habe am 11. Juli 1990 in Berlin angefangen [...] Meine Aufgabe war es, die Erfahrungen als Unternehmer und Sanierer einzubringen und die Aufgaben des Leitungsausschusses zu koordinieren[...]«[72]

Mit welchem ökonomischen Sachverstand und Fingerspitzengefühl der Leitungsausschuß unter seiner Führung über die »Sanierungswürdigkeit« der ostdeutschen Unternehmen befand, verriet der Zeuge Plaschna mit folgenden Worten: »Sanierungswürdigkeit ist davon abhängig, daß ein Unternehmen bereits ein im Westen absetzbares Produkt hat. Es sollte damit zum Ausdruck gebracht werden: Wenn es das nicht hat, dann ist es von vornherein nicht sanierbar. Denn wir waren nicht aufgerufen, mit deutschen Steuergeldern neue Produkte zu entwickeln. Denn das wäre gegen den westlichen Wettbewerb verzerrend.«

Auf Nachfrage des Ausschußvorsitzenden, der offenkundig seinen Ohren nicht ganz traute, präzisierte Herr Plaschna: »Wir haben nicht starr gedacht, sondern wir haben von vornherein feststellen wollen, daß zu Lasten des Steuergeldes keine Wettbewerbsverzerrung eintritt. Das heißt, wenn ein Unternehmen ein Produkt hat, das ausschließlich Rußland oder damals die Sowjetunion abnimmt, das im Westen keiner haben will oder das im Westen nicht verkäuflich ist auch aus anderen Gründen, dann war das Unternehmen nicht sanierungswürdig und ist von uns nicht empfohlen worden, fortgeführt zu werden.«[73] (Nebenbei: Zu dem Zeitpunkt, an dem diese Kriterien angelegt wurden, waren die Ostmärkte durch die Folgen der Währungsunion ernsthaft gefährdet, aber noch nicht weggebrochen, noch immer herrschte eine beträchtliche Nachfrage nach Ersatzteilen, Nach- und Neulieferungen, vor allem aus dem ostdeutschen Maschinenbau).

Herr Plaschna, in dessen Hände der Bundesfinanzminister das Schicksal eines großen Teiles der ostdeutschen Industrie gelegt hatte, sorgte im Untersuchungsausschuß nicht nur für bemerkenswerte sachdienliche Hinweise, sondern auch für eine Atmosphäre höchster intellektueller Anspannung. So, als er ein Schema des Leitungsausschusses für die Analyse und Beurteilung der Unternehmen vorlegte und es als »hoch sophistiziert« bezeichnete. Originalton: »Wir haben Standartsysteme entwickelt, um die Masse bewältigen zu können. Wenn wir die Zeiteinschränkung konzedieren, dann haben wir das nach höchst professionellen Kriterien gemacht. Was ich Ihnen hier habe – Was Sie haben verteilen lassen, dazu wird jeder Experte sagen: Dazu müssen wir überhaupt kein Wort diskutieren; das ist hoch sophistiziert.«[74]

Der Bericht des Untersuchungsausschusses gibt keine Auskunft darüber, ob seine Mitglieder Herrn Plaschna nach dem Sinn von »hoch sophistiziert« gefragt haben. Sollten sie, was nicht ausgeschlossen werden kann, zu Hause im Duden nachgeschlagen haben, dürften sie nicht fündig geworden sein. »Sophistizieren«, »sophistiziert« sind in keinem Nachschlagewerk enthalten. Zu finden sind nur »Sophismus, der;-, ...men (Trugschluß; Spitzfindigkeit); Sophist, der; -en, en (jmd., der spitzfindig, haarspalterisch argumentiert, Wortverdreher; urspr. griech. Wanderlehrer); Sophisterei (spitzfindige Argumentation, Haarspalterei) [...] sophistisch (spitzfindig, haarspalterisch).«

»Die Sprache ist verräterisch«, hatte einst schon Kanzler Kohl erkannt. Wie wahr! Wörter können verdunkeln und vernebeln. Der zum »Aufschwung« erhobene Absturz Ost hat viele Zwillingsbrüder: Warteschleife statt Entlassung, Mietanpassung statt -steigerung, Rentenabschmelzung statt -kürzung, Programm für Wachstum und Beschäftigung statt Sparpaket, Um- statt Abbau des Sozialstaates, Dynamisierung statt Kürzung des Arbeitslosengeldes [...] Herr Plaschna ging einen Schritt weiter, er perfektionierte die zum System gewordene Methode und erfand gleich ein völlig neues Wort. Das gelingt nicht jedem. Aber wie dem auch sei, der »Obersanierer« und seine Leute haben ihre Arbeit getan.

Der Bericht des Untersuchungsausschusses macht keine Angaben darüber, wieviel Betriebe durch die Treuhand saniert wurden. Er enthält nur unterschiedliche Zahlen über die Milliardenbeträge, die für die Sanierung als Vorbereitung zur Privatisierung verausgabt wurden. Sie schwanken zwischen 268 Milliarden DM, wie die Treuhandanstalt angab, und 155 Milliarden DM, wie Finanzminister Waigel meinte. Der THA-Untersuchungsausschuß mußte konstatieren, daß aus den ihm vorliegenden Unterlagen »nicht eindeutig hervor(geht), welche finanziellen Mittel die Treuhandanstalt für Sanierungsleistungen insgesamt sowie für die einzelnen von ihr eingesetzten Sanierungsmaßnahmen aufwendet. Auch die mündliche Beweisaufnahme hat in dieser Hinsicht letztlich keine Klarheit gebracht«.[75]

Die Käufer der Betriebe mußten die »Sanierungsaufwendungen« nicht, und nicht einmal teilweise, zurückerstatten. Sie erhielten sie gewissermaßen als Zubrot zum Kauf zum häufig symbolischen Preis. In der Praxis sah das so aus: Die Kvaerner Deutschland GmbH kaufte die Warnow-Werft für 1 Million DM und erhielt eine Sanierungshilfe von 1.528 Millionen DM; die VIAG-Tochter SKW Trostberg AG erwarb die Stickstoffwerke AG Piesteritz für 1 DM und kassierte 953 Millionen DM; die Fritz Werner Werkzeugmaschinen AG in Westberlin übernahm die Niles Werkzeugmaschinen GmbH für 50.000 DM und empfing mehr als das Hundertfache als Gegenleistung. Über den Milliardenbetrag aus der EU- und aus der Staatskasse, den der Bremer Vulkan Verband den ostdeutschen Werften entzog, erregte sich das ganze Land; über welche Kanäle er »verschwand«, darüber wird man noch lange rätseln dürfen.

Eine Gesamtübersicht über derartige »Sanierungshilfen« wurde nie gegeben. Auch der THA-Untersuchungsausschuß mußte im Dunkeln tappen. Fest steht lediglich: Es war ein teures Geschäft, das die »Sanierer« als Wegbereiter für die Privatisierung der volkseigenen Unternehmen betrieben – zu Lasten des ehemaligen Eigentümers, der ostdeutschen Bevölkerung, und der Steuerzahler in ganz Deutschland.

68 Ebd. S. 347
69 Ebd. S. 349
70 Ebd. S. 363
71 Ebd.
72 Ebd. S. 358
73 Ebd.
74 Ebd. S. 364
75 Ebd. S. 375

Die Privatisierer

Die Privatisierer erledigten das eigentliche Geschäft der Treuhandanstalt, die Umwandlung der volkseigenen Betriebe in privatkapitalistische Unternehmen. Innerhalb von vier Jahren verkauften sie 6.546 Unternehmen sowie 22.340 Gaststätten, Hotels und Verkaufseinrichtungen, 1.734 Apotheken, 481 Kinos und 475 Buchhandlungen. Der Erlös betrug 73 Milliarden DM, von denen bis zur Auflösung der Treuhand 37 Milliarden DM tatsächlich eingegangen waren.[76] Laut dem Bericht des THA-Untersuchungsausschusses wurden, abgesehen von geringfügigen Restbeständen, die Energiewirtschaft und die Bergbaubetriebe für 1.946 Millionen DM, die Chemieindustrie für 4.752 Millionen DM, die Stahlindustrie und der Maschinenbau für 2.059 Millionen DM und die Elektrotechnik und Feinmechanik für 1.872 Millionen DM verkauft, die Immobilien stets eingeschlossen.[77] Berücksichtigt man, daß die Aufwendungen der Treuhand 332.000 Millionen DM betrugen, dann schloß sie mit einem Defizit von 256.000 Millionen DM ab. Wahrlich ein einmaliges Verkaufsergebnis eines Treuhänders, das dem Treugeber, der ostdeutschen Bevölkerung und dem Steuerzahler in Ost und West, zudem als großartiger Erfolg präsentiert wurde!

Im Untersuchungsausschuß kamen nicht wenige Ursachen dieses »großartigen Verkaufserfolges« der Privatisierer zur Sprache: oberflächliche Wertermittlung, fehlende Dokumentationen, Verzicht auf »echte Bieterkonkurrenz«, mangelhafte Prüfung der Bonität der Erwerber, generelle Nichtbeachtung des an sich schon lückenhaften THA-Regelwerkes. Das Verkaufsmanagement war zum Gotterbarmen, und einige Zeugen riefen angesichts des Treuhandelends auch den Herrgott an. So Frau Rechtsanwältin Krüger-Knief aus Köln, die 30 ostdeutsche Unternehmen betreut hatte und, zu ihren Erfahrungen befragt, zu Protokoll gab: »Und da sage ich ganz deutlich: [...] ich habe in all diesen Unternehmen in 100 Prozent der Fälle dieser begrenzten Anzahl gesehen, daß alle, aber auch alle Spielregeln für eine regelrechte Privatisierung verletzt worden sind... In den Fällen, in denen ich bereits privatisierte Unternehmen in die Verwaltung bekommen habe, war – ich meine das so laut und deutlich – die Inkompetenz der Erwerber offenkundig. Die war für jedermann offenkundig. Ich könnte Sie mitnehmen, Sie in diese Unternehmen setzen, Ihnen die Leute vorführen, und Sie würden nach zwei Stunden sagen: Oh Gott!«[78]

Nichtsdestotrotz muß man der Gerechtigkeit halber auch die Privatisierer zumindest teilweise in Schutz nehmen. Die Hauptursache für das grandiose Minusgeschäft, die Verschleuderung der volkseigenen Betriebe, ist nicht in Mißmanagement und Schlamperei der Treuhandanstalt, sondern in dem ihr erteilten politischen Auftrag zu suchen. Dieser zwang sie, in kürzester Frist eine komplette Volkswirtschaft zu verkaufen, auf einem Markt, der nicht vorhanden war, und zu Preisen, die statt vom tatsächlichen Substanzwert von dem nach der Währungsunion de facto auf Null gesenkten Ertragswert bestimmt wurden. Würde man heute die DM von einem Tag zum anderen um das Drei- oder Vierfache aufwerten und anschließend die Industrie der Alt-Bundesrepublik zum Ertragswert, d. h. entsprechend dem zu erwartenden Gewinn, verkaufen, dann würde sie trotz zweifellos höherer Arbeitsproduktivität ein ähnliches Schicksal wie die der DDR erleiden. Allein schon eine Aufwertung der DM gegenüber dem Dollar um fünf bis zehn Prozent hat das Flaggschiff der deutschen Industrie, Daimler-Benz, in Seenot gebracht. Was würde geschehen, wenn die Aufwertung das Dreißigfache betragen würde?

Natürlich wußte man auch in den für die Treuhandanstalt zuständigen Bundesministerien von dem Zusammenhang zwischen politisch vorgegebenem Tempo der Privatisierung einerseits und deren Verlauf und Ergebnissen andererseits. In einem internen Vermerk des Bundesministeriums der Finanzen vom 23. Juni 1993 heißt es: »In diesem Zusammenhang sollte auch nicht übersehen werden, daß die jetzt aufgetretenen Mängel der Privatisierungsvorgänge von allgemeinen politischen Forderungen an die THA nach einem möglichst hohen Privatisierungstempo in einem gewissen Maße begünstigt worden sind.«[79] Ein halbes Jahr später kam das Bundeswirtschaftsministerium in einem Vermerk vom 14. Januar 1994 zum gleichen Schluß: »Der Bundesregierung war angesichts der drängenden Probleme in den neuen Bundesländern an einer sehr raschen Privatisierung gelegen, wobei Mängel in der Qualität der Verträge bewußt in Kauf genommen und mit einer späteren Nachbesserungsphase gerechnet wurde.«[80]

Im Wissen um die Risiken der »sehr raschen Privatisierung« hatte das Finanzministerium zwar nicht die Beschäftigten der volkseigenen Betriebe, aber dafür umso großzügiger deren Privatisierer abgesichert. Ohne Zögern übernahm es das volle Kostenrisiko. Staatssekretär Köhler schrieb am 9. Oktober 1990 an THA-Präsident Rohwedder: »Vielen Dank für Ihr Schreiben vom 20. September 1990. Unter Bezugnahme auf die mit dem Vorstand geführten Gespräche über Kreditaufnahmen bestätige ich Ihnen, daß die Bundesregierung sich der ihr obliegenden Anstaltslast gegenüber der Treuhandanstalt bewußt ist. Dies bedeutet, daß die Bundesrepublik Deutschland die wirtschaftliche Basis der Treuhandanstalt sichern, sie für die gesamte Dauer ihres Bestandes funktionsfähig halten und im Falle finanzieller Schwierigkeiten durch Zuführung liquider Mittel oder in anderer geeigneter Weise in die Lage versetzen wird, fällige Verbindlichkeiten fristgerecht zu erfüllen. Dieses Schreiben kann ihren derzeitigen und künftigen Gläubigern bei Bedarf zur Kenntnis gebracht werden.«[81]

Damit hatte das Finanzministerium eine Bürgschaft für alle finanziellen Verpflichtungen der Treuhandanstalt übernommen. Die Treuhand konnte wirtschaften, wie sie wollte, die Bundeskasse, die Steuerzahler mußten dafür geradestehen.

Doch damit nicht genug: Seitens des Finanzministers wurden die Spitze und die leitenden Angestellten der Treuhandanstalt ausdrücklich von ihrer persönlichen Haftung gegenüber der Anstalt und gegenüber Dritten für einfache und grobe Fahrlässigkeit freigestellt. Als diese skandalöse Freistellung auf Fälle einfacher Fahrlässigkeit beschränkt wurde, pochte THA-Präsidentin Frau Breuel in einem Schreiben vom 18. Dezember 1991 an den »sehr geehrten Herrn Minister« auf die »Fürsorgepflicht gegenüber unseren leitenden Mitarbeitern« und verlangte zumindest eine »Zwischenlösung«, denn »ausgeschlossen werden sollte die Befürchtung, daß angesichts der Werte, mit denen in der Treuhandanstalt umgegangen wird, im Falle einer Haftung die bürgerliche Existenz des oder der Verantwortlichen ausgelöscht werden könnte«.[82]

Wie fürsorglich und rührend! Mit diesem Freibrief wurden die Treuhandchefs kuschelweich abgesichert. Noch besser, als es die Fürsorgepflicht des Staates gegenüber dem Berufsbeamtentum vorschreibt, wo nach Artikel 34 des Grundgesetzes bei Amtsverpflichtungen der Staat als Verantwortlicher gegenüber Dritten grundsätzlich haftet und wo lediglich »bei Vorsatz oder grober Fahrlässigkeit [...] der Rückgriff vorbehalten (bleibt)«.

Aber wer hat sich um die »bürgerliche Existenz« der Millionen Ostdeutschen geschert, die durch das Wirken der von der Haftung freigestellten THA-Manager ihren Arbeitsplatz, die Grundlage einer gesicherten Existenz, verloren?

Nach Angaben der Bundesregierung waren Ende 1989/ Anfang 1990 in den von der Treuhand übernommenen Unternehmen 4,08 Millionen Mitarbeiter beschäftigt. Ende 1994 waren es noch 104.000, und die Treuhandanstalt erklärte 1,5 Millionen Arbeitsplatzzusagen in den privatisierten Betrieben zu einem weiteren Erfolg ihrer Arbeit. Selbst wenn man unberücksichtigt läßt, daß diese Zusagen zeitlich befristet und außerdem nur zu einem Teil vertraglich vereinbart waren, bleibt die Tatsache, daß die Treuhandanstalt in vier Jahren 2,5 Millionen Arbeitsplätze vernichtet hat.

Hinter dieser Zahl stehen Millionen Einzelschicksale, das langsame oder schnelle Sterben von Tausenden von Betrieben. Ein Beispiel für das segensreiche Wirken der Privatisierer und ihrer aktiven Sterbehilfe soll für viele sprechen: Die Bagger-, Bugsier- und Bergungsreederei GmbH Rostock war zu DDR-Zeiten das größte maritime Baggereiunternehmen an der gesamten Ostseeküste. Anfang 1990 zählte es 2.522 Mitarbeiterinnen und Mitarbeiter, es verfügte über eine Flotte von 138 Schiffen. Trotz Erneuerungsbedarfes galt es als sanierungsfähig. Mit Zustimmung des THA-Vorstandes wurde es für drei Millionen DM an eine GmbH aus Buchholz in der Nordheide, die von einem undurchsichtigen holländischen Unternehmen vorgeschaltet war und ein Stammkapital von 15 Millionen DM ihr eigen nannte, verkauft. Über Verlauf und Ergebnis der Privatisierung unterrichtete der Betriebsratsvorsitzende Schoengraf, wie aus dem Bericht des THA-Untersuchungsausschusses hervorgeht, Frau Breuel am 16. September 1993. Er schrieb:

Sehr geehrte Frau Präsidentin,

bitte gestatten Sie mir, daß ich mich als Betriebsratsvorsitzender der Bagger-, Bugsier- und Bergungsreederei GmbH im Interesse der Arbeitnehmer dieses Unternehmens an Sie wende.

Sehr aufmerksam habe ich Ihre Worte, die Sie im Rahmen der gestrigen ZDF-Sendung »Was nun, Frau Breuel?« gesagt haben, verfolgt [...]

Das bisherige Verhalten der Treuhandanstalt Berlin zu der Problematik Bagger-, Bugsier- und Bergungsreederei GmbH steht in ganz krassem Widerspruch zu den Worten, die Sie gestern gesagt haben. Und jetzt liegt meine Hoffnung darin, daß Sie zu Ihrem Wort stehen, denn die Arbeitnehmer sind ohne ihr Verschulden in eine Lage geraten, die zwangsläufig soziale Härten zur Folge hat. Ganz schlicht und einfach, sie sind arbeitslos geworden. Warum?

- *Als ehemaliger VEB Betrieb sind wir eine GmbH geworden, mit der Treuhandanstalt Berlin als Gesellschafter.*
- *Zum 1. Juli 1991 wurden wir privatisiert. Die Treuhandanstalt Berlin verkaufte die Bagger-, Bugsier- und Bergungsreederei an einen Holländer!*
- *Eckpunkte des Kaufvertrages (u. a.):*
  - *900 Arbeitnehmer werden übernommen*
  - *3 Jahre Arbeitsplatzgarantie*
  - *41 Mio DM Investitionen*

** 10-12 Mio DM werden dem Unternehmen zugeführt*

** weitere 300 Arbeitnehmer werden in Tochterunternehmen des Holländers eingesetzt.*

Der Aufsichtsrat hat vor dem Verkauf gewarnt und besonders der Betriebsrat hat in einer Analyse bewiesen, daß die neuen Eigentümer spätestens nach drei Monaten Konkurs anmelden müssen.

Die Einwände des Betriebsrates wurden ignoriert.

– Die Bagger-, Bugsier- und Bergungsreederei GmbH befindet sich seit September 1992 im Gesamtvollstreckungsverfahren, weil

– die Holländer mal eben 12 Mio DM (ein Kredit der Dresdner Bank) auf Konten in Luxemburg überwiesen haben.

– Es sind Verbindlichkeiten wie u. a.

** Steuern*

** Beiträge für die Krankenkassen*

** Zahlungen an Arbeitnehmer*

** Zahlungen an Lieferanten usw. in Höhe von 60 Mio DM offen.*

Ein Geschäftsführer sitzt zwar in Untersuchungshaft und der Holländer auch, aber dadurch wird die Arbeitsplatzbindung für 900 Arbeitnehmer nicht gesichert, denn nur noch 24 Arbeitnehmer sind zur Zeit im Unternehmen beschäftigt.

Der Betriebsrat hatte hinreichend vor einem Verkauf an die Holländer gewarnt, und zwar begründet.

Heute nun wird festgestellt, daß nicht nur die dubiosen Geschäftsleute den Konkurs herbeigeführt haben, sondern daß auch die Treuhandanstalt Berlin grob fahrlässig den Verkauf durchgeführt hat.

Es ist erwiesen, daß die Bagger-, Bugsier- und Bergungsreederei GmbH nicht an ›die Holländer‹ verkauft wurde,

sondern die Bagger-, Bugsier- und Bergungsreederei GmbH ging an eine 50 TDM GmbH in Buchholz in der Nordheide. Zu dem Zeitpunkt des Verkaufes hatte der Erwerber sogar noch nicht die 50 TDM auf dem Konto, sondern erst als er in der Bagger-, Bugsier- und Bergungsreederei GmbH Geschäftsführer war, hat er die 50 TDM aus Betriebsmitteln überwiesen.
Die Treuhandanstalt Berlin hat also einen Betrieb mit 15 Mio DM Stammkapital an einen Habenichts verkauft.
Die Arbeitnehmer der Bagger-, Bugsier- und Bergungsreederei GmbH, die ohne ihr Verschulden ihren Arbeitsplatz verloren und verlieren, gehen ohne Entschädigung für den Verlust ihres Arbeitsplatzes nach Hause, weil keine Entschädigung erfolgen kann, weil die Bagger-, Bugsier- und Bergungsreederei GmbH ausgeblutet ist, weil sich fremde Leute bereichert haben.
Sehr geehrte Frau Präsidentin, nehmen Sie sich die Problematik Bagger-, Bugsier- und Bergungsreederei GmbH auf den Tisch, sprechen Sie mit dem Betriebsrat. Es muß doch möglich sein, friedlich einen Weg zu finden, wie den Arbeitnehmern geholfen werden kann.
Mit vorzüglicher Hochachtung
Herr Schoengraf
Betriebsratsvorsitzender[83]

Die THA-Präsidentin antwortete am 5. Oktober 1993 pflicht- und machtbewußt: »Den Vorwurf der grob fahrlässigen Privatisierung müssen wir zunächst mit aller Entschiedenheit zurückweisen. Zum Zeitpunkt der Privatisierung lagen nach unseren Recherchen keinerlei Verdachtsmomente vor, die einem Verkauf der Geschäftsanteile an die [...] GmbH entgegengestanden hätten.«[84] Das Landgericht Rostock kam zu einer völlig anderen Einschätzung und verurteilte den betrügerischen Erwerber des ehemaligen volkseigenen Unternehmens zu fünf Jahren Freiheitsstrafe. Bei der Begründung der vergleichsweise niedrigen Strafe führte es an: »Schließlich ist auch zugunsten des Angeklagten zu berücksichtigen, daß die Treuhandanstalt mit einer fatalen Leichtgläubigkeit den Bekundungen des Angeklagten [...] Glauben schenkte und durch die Veräußerung eines Unternehmens von überregionaler Bedeutung an eine de facto vermögenslose GmbH erst die Voraussetzung für die vom Angeklagten begangenen Straftaten schaffte.«[85]

Die von Kostenrisiko und der Haftung für Fahrlässigkeit befreiten Privatisierer haben leider nicht nur in Rostock Wirtschaftskriminellen den Weg bereitet. Aber wo liegen die Grenzen zwischen Privatisierung und Wirtschaftskriminalität? Im Wort »Privatisierung« steckt das lateinische »privare«, berauben, und im Italienischen bedeutet »privazione« auch heute noch Beraubung. Doch verständlicherweise wird kein Gericht einen Privatisierer, der sich an die Rechtsnormen gehalten hat, als Räuber verurteilen. Um in den Rang eines Wirtschaftskriminellen aufzusteigen, bedarf es anderer Tatbestände.

76 Vereinigungsbilanz. Fünf Jahre deutsche Einheit, VSA-Verlag, Hamburg, 1995, S. 59
77 Bundestagsdrucksache 12/8404, S. 420
78 Ebd. S. 454 und 455
79 Ebd. S. 453
80 Ebd. S. 454
81 Ebd. S. 318
82 Ebd. S. 327
83 Ebd. S. 525 und 526
84 Ebd. S. 526
85 Ebd. S. 527

Die Wirtschaftskriminellen

1939 hielt Edwin H. Sutherland, Professor an der Universität von Indiana/USA, einen in der Fachwelt stark beachteten Vortrag über die »Weiße-Kragen-Kriminalität«, mit dem er der Erforschung der Wirtschaftskriminalität einen kräftigen Anstoß gab. Er definierte das »White-Collar-Delikt« mit vier Kriterien als ein Verbrechen, begangen von einer ehrbaren Person, mit hohem sozialen Ansehen, im Rahmen ihres Berufs und unter Verletzung des Vertrauens, das man ihr entgegenbringt. Zwei Jahre zuvor hatte er eine kriminologische Studie über den »Berufsdieb« verfaßt, was ihm später bei der Untersuchung der Wirtschaftskriminalität zugute kam. Er stellte fest, daß »Weiße-Kragen-Kriminelle« und »Berufsdiebe« völlig in ihrer Verachtung der Gesetzgebung, jeder Regierung, der Polizei, der Staatsanwaltschaft und der Gerichte übereinstimmen und damit ähnliche kriminelle Wertvorstellungen haben. Wirtschaftskriminelle und Berufsdiebe unterschieden sich lediglich darin, daß erstere ein größeres Interesse an sozialem Status und Ansehen besitzen, sich selbst nicht als Kriminelle, sondern als Ehrenmänner betrachten, während Berufsdiebe ehrlich zugeben würden, Diebe zu sein.

60 Jahre nach dem Vortrag von Sutherland haben die »Weiße-Kragen-Täter« in und im Umfeld der Treuhandanstalt bewiesen, daß seine Charakterisierung nach wie vor zutreffend ist. Nur die Farbe der Kragen wechselte meist in modische hellblaue Töne. Längst steht es außer Frage, daß Wirtschaftskriminelle am Ausverkauf des Volksvermögens der Bürgerinnen und Bürger der DDR

und an der weitgehenden Liquidierung des Industriestandortes Ostdeutschland beteiligt waren und sind. Umstritten ist lediglich, wie groß ihr Anteil daran ist.

Das wird wohl auch künftig so bleiben, denn wer ist schon in der Lage, die von der Zeitschrift metall, Organ der Industriegewerkschaft Metall, im Sommer 1993 gestellte Frage »Ist die Arbeit der Treuhandanstalt ein einzigartiger Fall für den Staatsanwalt?«[86] gerichtsfest zu beantworten? Wer gar kann »hochgestellte Schweine im Rohwedder Haus in der Leipziger Straße« mit Vor- und Zunamen nennen, die Rolf Hochhuth, Autor von »Wessis in Weimar«, zu sehen glaubte, als er die Treuhand anklagte, an »einem Raubzug, wie er in keinem von Hitler überfallenen Land angezettelt wurde«, beteiligt zu sein?[87] Die Hüter des Gesetzes wären möglicherweise mit einer Verurteilung wegen übler Nachrede oder Beleidigung schneller, als sie sich in der Lage zeigen, die im Zuge der Privatisierung der volkseigenen DDR-Betriebe begangenen kriminellen Handlungen umfassend aufzudecken.

Bisher unbeantwortet bleibt schließlich auch die Frage, die Fritz Schumann, Vertreter der PDS/Linke Liste im Treuhandausschuß im 12. Deutschen Bundestag, im September 1993 so formulierte: »Mit der Privatisierung geht häufig aber auch eine ganz gewöhnliche Bereicherung einher, wobei sich mitunter jedoch schwer entscheiden läßt, was noch systembedingt ist, was schon als Privatisierungskriminalität bezeichnet werden muß und wie das eine das andere bedingt.«[88]

Die Kompliziertheit der Entscheidung läßt sich an vielen Bereichen der Tätigkeit der Treuhand illustrieren. Zwei Beispiele mögen genügen: Bei der Erfüllung ihres Auftrages bediente sich die Treuhandanstalt einer Vielzahl von externen Beratern: Unternehmensberater, Wirtschaftsprüfer, Rechtsanwälte, Notare, Gutachter, Einzelpersonen wie Pensionäre oder Angestellte, die für eine bestimmte Zeit für Beraterdienste bei der Treuhandanstalt freigestellt wurden. Sie wurden, wie der Bundesrechnungshof feststellte, nicht durch öffentliche Ausschreibung, sondern durch die zuständigen Mitarbeiter der Anstalt direkt angesprochen. Man kann auch Seilschaft, Connection oder old-fellow-network dazu sagen. Dadurch gab es keine objektive Auswahl, wohl aber die Möglichkeit, Aufträge an gute Bekannte zu geben.[89]

Häufig waren die Aufträge nicht sonderlich klar umrissen, lukrativ waren sie allemal. Laut Ministerialrat Silbermann vom Bundesrechnungshof lagen die Sätze bei den Steuerberatern und Wirtschaftsprüfern bei etwa 2.500 DM am Tag und bei den Rechtsanwälten bei bis zu 450 DM in der Stunde. Allein 1992 wurden von der Treuhand rund 460 Millionen DM für Beraterleistungen ausgegeben. In diesem Zeitraum betrug der von der Öffentlichkeit allseits kritisierte Aufwand für das festangestellte Personal der Anstalt 360 Millionen DM. In Einzelfällen wurden Beraterhonorare in Millionenhöhe bezahlt. Eine Anwaltskanzlei erhielt von der THA-Zentrale in der Zeit vom 1. Juli 1992 bis zum 31. Dezember 1993 das bescheidene Sümmchen von 161 Millionen DM.[90]

Insgesamt war es ein äußerst einträgliches Geschäft. Obwohl sogar dem Untersuchungsausschuß kein vollständiger Überblick ermöglicht wurde, »läßt sich aber«, wie von dessen Sekretariat konstatiert wurde, »festhalten, daß die von der Treuhandanstalt bzw. dem Bundesfinanzministerium übermittelten Quellen eine Gesamtsumme der Honorare für externe Mitarbeiter seit 1991 in Höhe von 1.331.081.056,29 DM ergeben.

Des weiteren ist zu bemerken, daß in dieser Summe nicht die Ausgaben für die Liquidatoren des Direktorates Abwicklung enthalten sind. [...] Ebenso fehlt eine

Einbeziehung der Honorare für Aufträge im Zusammenhang mit dem Bereich Außenhandelsbetriebe/Kommerzielle Koordinierung.

Eine genauere Darstellung der Verteilung der Gesamthonorarsumme ist nicht möglich, da diese Akten vom Bundesfinanzministerium als VS-Vertraulich eingestuft wurden und somit als Verschlußsache nicht der Öffentlichkeit zugeführt werden dürfen.«[91]

Die Höhe der Honorare weckt verständlicherweise Zweifel. Wenn dann die Relation zur erbrachten Leistung nicht stimmt, kann daraus leicht Argwohn werden. Anlaß gibt es genügend. Auch Ministerialrat Silbermann vom Bundesrechnungshof hat bei seiner Vernehmung durch den Ausschuß zu einer Reihe von Fällen festgestellt, daß »Leistung und Honorar nicht in einem vernünftigen Verhältnis (stehen)«. Der ehemalige Leiter der THA-Niederlassung Rostock, Herr Utz, zog mit Blick auf sehr hohe Honorarforderungen und mangelhafte Leistungen mancher Berater aus dem Westen das Fazit, »daß alle Treuhand-Unternehmen beratergeschädigt seien.«[92]

Im Bericht des Sekretariates des Untersuchungsausschusses heißt es dazu wörtlich: »So erklärte Herr Utz besonders zu den Honoraren der Berater, die an einem Tag soviel Geld erhielten, wie ein ostdeutscher Geschäftsführer in einem Monat: ›Wenn man dann gesehen hätte, wie sie arbeiten, daß ein Tag da gar keine Rolle spielt, weil ja jeder Tag Geld brachte und dem Geschäftsführer, der sich da einsetzte und bezahlen mußte, das Geld auf den Nägeln brannte, – das schaffte also diese Antihaltung, die sich irgendwann generell gegen die Beraterbranche gerichtet hat und die natürlich allemal auch verstärkt wurde durch die schwarzen Schafe‹.«[93]

Herr Lezius, ein weiterer Zeuge vor dem Ausschuß, wurde noch deutlicher. Er erklärte, daß durch den Einsatz von Beratern in Ostdeutschland ein »erheblicher Flurschaden« erzeugt worden sei, um fortzufahren: »Nicht nur, daß die sich da eine goldene Nase verdient haben und viele Unternehmen ausgeplündert haben, daß sicherlich auch die eine und die andere Firma dadurch kaputt gegangen ist. Entscheidend ist, daß es **aber auch** (*Hervorhebung R. H.*) gute gab.«[94]

Ist das wirklich das Entscheidende? Die Frage bleibt, ob unter den Beratern auch einige schwarze Schafe waren oder ob es in der Herde der schwarzen Schafe auch einige weiße gab? Die Aussage von Herrn Lezius läßt letzteres vermuten.

Ein eherner Grundsatz der Wettbewerbswirtschaft der Bundesrepublik ist die Wahrung von Geschäftsgeheimnissen vor konkurrierenden Firmen. Zu ihrem Schutz enthält das Strafrecht einschlägige Normen. Gegenüber den volkseigenen Betrieben wurden diese von der Treuhandanstalt faktisch außer Kraft gesetzt, obwohl sie deren Vermögensinteressen wahrzunehmen und einer besonderen Treuepflicht nachzukommen hatte.

Wie der THA-Untersuchungsausschuß feststellen mußte, hat das zentrale Ausschreibungsbüro der Treuhand potentielle Kaufinteressenten »sehr viel detaillierter« über das Unternehmensprofil der feilgebotenen Betriebe unterrichtet, als es das eigene Privatisierungshandbuch vorsah. Nicht genug damit: Die Interessenten erhielten nicht nur detaillierte Geschäftsunterlagen, sondern auch die Möglichkeit, den Betrieb umfassend zu inspizieren. Das zentrale Ausschreibungsbüro versandte dazu folgendes Standardschreiben:

»Betr.: Ausschreibung[...], Schlußtermin [...]

Ihr Brief/Fax/Anruf vom [...]

Sehr geehrte Damen und Herren,

die von Ihnen erbetenen Unterlagen sind heute verschickt worden bzw. werden Ihnen hiermit gefaxt.

Der Ordnung halber möchten wir darauf aufmerksam machen, daß alle Angaben ohne Gewähr sind und sicherlich nicht vollständig alle Ihre Fragen beantworten können. Wir verweisen in diesem Zusammenhang auf Ziffer 4 unserer Auschreibungsbedingung, wonach Sie sich über die angebotenen Unternehmen selbst informieren müssen.

Zu diesem Zweck erhalten Sie hier auf Anfrage eine Besuchsgenehmigung (auch per Fax), mit der Sie von den Geschäftsführern der Unternehmen **alle weiteren Auskünfte, die Sie benötigen**, erhalten. Die Geschäftsführer sind hierzu von uns angewiesen worden.«[95] (*Hervorhebung durch Ausschußsekretariat – H. R.*).

Die beigefügte, ebenfalls standardisierte Besuchsgenehmigung hatte folgenden Wortlaut:

»Besuchsberechtigung

Visit Authorization

Herrn/Frau/Firma

(Adresse handschriftlich eingefügt)

ist im Zusammenhang mit der Ausschreibung des Unternehmens [...] ab dem Datum dieser Besuchsberechtigung berechtigt, das Unternehmen zu besichtigen und vom Geschäftsführer oder einer beauftragten Person alle gewünschten Auskünfte über das Unternehmen zu erhalten. Die Gültigkeit dieser Besuchsberechtigung erlischt am Tage vor dem Schlußtermin der Ausschreibung.«[96]

Dieses Papier erwies sich als ein »Sesam öffne dich«, mit dem sich Betriebsfremde jederzeit Zugang zu den Geschäftsgeheimnissen der ostdeutschen Betriebe verschaffen konnten. Es wurde reichlich genutzt, nicht selten von vorgeblichen Kaufinteressenten der gleichen Branche, die in Wirklichkeit Konkurrenten waren und sich damit Kenntnisse über Forschungs-, Technologie- und Produktionsplanungen, Absatz- und Marktstrategien verschaffen konnten. Derartige Lizenzen zum Tresorknacken wurden auch auf telefonische Anfrage erteilt. Fürwahr ein treuhänderisches Vorgehen!

Die Bundesregierung dagegen legte ein anderes Verhalten an den Tag. Eine parlamentarische Anfrage der PDS/Linke Liste, ob sie eine Veröffentlichung der jeweiligen Treuhandverkäufe für möglich halte, beschied sie lakonisch: »Die Bundesregierung hält eine Veröffentlichung der einzelnen Verkaufserlöse aus grundsätzlichen Erwägungen mit Rücksicht auf die schutzwürdigen Interessen der Käufer entsprechend den im Geschäftsleben üblichen Gepflogenheiten für nicht möglich.«[97]

Die »schutzwürdigen Interessen« der zumeist westdeutschen Käufer wurden gewahrt, die der ostdeutschen Betriebe und ihrer Belegschaften mißachtet, sträflich, ob in dieser Hinsicht auch strafwürdig, hat noch niemand geprüft.

Auch so schon haben die Ermittlungsbehörden mittlerweile alle Hände voll zu tun. Sogar Manfred Kittlaus, Leiter der Zentralen Ermittlungsstelle Regierungs- und Vereinigungskriminalität, der sich unermüdlich müht, Erfolge vor allem im Kampf gegen »SED-, Stasi- und KoKo-Seilschaften« zu erzielen, kündigte im Januar 1996 vor dem Untersuchungsausschuß »DDR-Vermögen« des Bundestages an, daß vor allem rund um die Treuhand und ihre Nachfolger noch einiges zu hören sein werde.[98]

Seine Voraussage ist schneller eingetroffen, als viele erwartet und so manche sehnlichst gehofft hatten. Der bereits im März 1994 eingeleitete Versuch der Bundesregierung, das politisch hochbrisante Thema »Treuhandanstalt« von der Tagesordnung und die diskreditierte Privatisierungsbehörde aus dem Schußfeld zu nehmen, verschaffte ihr lediglich eine gewisse Atempause, jedoch keine dauerhafte Entlastung. Zwar wurde die Anstalt Ende 1994 für aufgelöst erklärt, aber die an ihrer Stelle gebildete *Bundesanstalt für vereinigungsbedingte Sonderaufgaben* (BvS) und die drei weiteren Nachfolgeinstitutionen mit ihren insgesamt über 3.900 Mitarbeitern setzen unverdrossen ihr Werk fort, wobei neue eigene Privatisierungen und die katastrophale Hinterlassenschaft des Breuel-Amtes ein Gemenge schaffen, in dem Fehlentscheidungen, Skandale und wirtschaftskriminelle Handlungen einerseits und die Verantwortung der Bundesregierung andererseits immer schwerer zu vertuschen sind. THA und BvS haben nicht nur einen »Vulkan« geschaffen. Andere können zu jeder Zeit ausbrechen und schwere Gesteinsbrocken bis nach Bonn schleudern.

Angesichts dessen ist es kein Wunder, daß die THA-Rechtsnachfolger wenig Bereitschaft zur Kooperation mit den Ermittlungsbehörden zeigen. Das wurde vor dem bereits genannten Gremium, dem Bundestagsuntersuchungsausschuß »DDR-Vermögen«, auch vom Referatsleiter der Kittlaus-Behörde, Herrn Schmidt, beklagt, der »scharfe Vorwürfe gegen die Treuhandanstalt und ihre Rechtsnachfolger (richtete), weil diese in vielen Fällen die Ermittlungen nicht unterstützt hätten.«[99]

Herr Schmidt kann sich trösten. Dem THA-Untersuchungsausschuß ist es nicht besser ergangen, auch wenn die darin vertretenen Parteien das reichlich unterschiedlich bewerteten. Der Berichterstatter der SPD-Fraktion stellte in seinem Minderheitenvotum zum Bericht fest: »Der Untersuchungsausschuß hat versucht, intensive Beweiserhebungen dazu anzustellen, um den

Umfang strafbarer Handlungen im Bereich der Treuhandanstalt und des dadurch entstandenen Schadens für den Steuerzahler festzustellen. Außerdem wäre zu klären, ob und inwieweit Bundesregierung und Treuhandanstalt umfassende Vorkehrungen zur Vermeidung schwerwiegender krimineller Handlungen getroffen haben.

Die Beweisaufnahme des Ausschusses und insbesondere die Anhörung des ehemaligen und derzeitigen Leiters der Stabsstelle für besondere Aufgaben und des zuständigen Vertreters der Berliner Staatsanwaltschaft haben zweifelsfrei bestätigt, daß die am 15. Februar 1991 eingerichtete Stabsstelle ihren wesentlichen Aufgaben

* Amtshilfe der Treuhandanstalt für die Strafverfolgungsbehörden zu leisten,
* die Selbstreinigungskräfte in der Treuhandanstalt bezüglich strafrechtlich relevanter Mängel und Vorwürfe zu organisieren,
* und Mitarbeiter der Treuhandanstalt gegenüber Korruption und Täuschungshandlungen zu sensibilisieren

nur unzureichend nachkommen konnte [...] Die umfangreichen Ermittlungen mußten unter unzureichenden personellen, organisatorischen Bedingungen, ohne verbindliches Regelwerk und ohne ministerielle Vorgaben durchgeführt werden.

Der in der Anfangsphase zuständige Leiter der Stabsstelle, Dr. Hans Richter, mußte dazu vor dem Untersuchungsausschuß einräumen: ›Systematische Aufarbeitung von Kriminalitätsstrukturen auch nur in einzelnen Bereichen habe ich mir in der Tat vorgenommen gehabt. Das muß ich aber sagen: Dazu ist es in diesen zwei Jahren nicht gekommen.‹«

Weiter heißt es in dem Minderheitenvotum: »Der Leiter des Direktorats Revision (der THA) Dr. Schneiders hat vor dem Untersuchungsausschuß bestätigt, daß es wegen der geforderten schnellen Privatisierung überhaupt nicht möglich gewesen wäre, Unternehmens- und Grundstücksverkäufe vollständig zu dokumentieren und alle Hinweise auf Unregelmäßigkeiten zu prüfen. Die Voraussetzungen für die Begehung treuhandbezogener Straftaten wurden von Dr. Richter folgendermaßen charakterisiert:

›Dem Verkauf von Unternehmen an sich liegt schon ein kriminogener Anreiz zugrunde, in dieser Masse von so wenig geschultem Personal, wie die Treuhand sie ja gehabt hat; für die spezifische Aufgabe gab es ja hier in Europa nur wenig Leute, die das vorher gemacht haben. Das spricht sich in wirtschaftskriminellen Kreisen herum, auch diese Tatsache, daß hier nicht nur harte Preisbestandteile Gegenstand der Vereinbarungen sind, der Gegenleistung, sondern auch weiche, sogenannte weiche Preisbestandteile, über die man natürlich viel leichter täuschen kann, über das Vorhandensein einer Kaufpreissumme in DM. All das sind die kriminogenen Anreize. Der Druck, der aus einem Verkauf in kurzer Zeit ausgeht, kommt hinzu, und die Situation der Mitarbeiter der Treuhandunternehmen, der führenden Mitarbeiter, die ja offen sind in ihrer Abhängigkeit – wie geht es mit ihnen weiter? – für Anreize, auch geringere Anreize bei den Investoren, das alles habe ich gemeint.‹ [...].

Bundesregierung und Treuhandanstalt haben es gerade nicht vermocht, alle erforderlichen Vorkehrungen zu treffen, die Strafverfolgungsbehörden und die Stabsstelle für besondere Aufgaben so auszustatten und zu unterstützen, um kriminelles Handeln umfassend aufzuklären und den damit verbundenen Verlust von Vertrauen vieler Ostdeutscher zu verhindern.«[100]

Die Fraktionen der CDU/CSU und der FDP sahen

das naturgemäß ein wenig anders. Sie machten die »Stabsstelle für besondere Aufgaben«, die im Bericht des Untersuchungsausschusses als »interne Korruptionsbekämpfungsabteilung der Treuhandanstalt« bezeichnet wurde, kurzerhand zu einem »Instrument der Treuhandanstalt zur Bewältigung der Problematik ›alter Seilschaften‹« und bescheinigten ihr ein erfolgreiches Wirken. In dem von der Bundestagsmehrheit angenommenen Bericht liest sich das dann so: »Ein weiteres Instrument der Treuhandanstalt zur Bewältigung der Problematik der ›alten Seilschaften‹ stellte die Stabsstelle für besondere Aufgaben beim Direktor Recht dar. Diese wurde seit dem 15. Februar 1991 von einem beurlaubten Staatsanwalt, Dr. Hans Richter, geleitet. Er beschäftigte fünf Mitarbeiter, darunter drei ehemalige Kriminalbeamte. Dr. Richter wurde durch die Leitung der Treuhandanstalt gebeten,

– gegenüber kriminellen Machenschaften Strategien der Treuhandanstalt zu entwickeln und vorhandene Selbstreinigungskräfte zu unterstützen,

– an einer Sensibilisierung der THA-Mitarbeiter gegenüber der Gefahr der Realisierung typischer Straftatbestände mitzuwirken.

Die Leitung der Treuhandanstalt hat alles getan, Dr. Richter bei seiner Arbeit zu unterstützen und zu gewährleisten, die als notwendig erachteten Bedingungen für eine erfolgreiche Arbeit zu schaffen [...]

Unerlässig für die erfolgreiche Tätigkeit seien interne Vermerke und Hinweise von Mitarbeitern bzw. Geschäftspartnern der Treuhandanstalt gewesen. Den erheblichen kriminogenen Anreizen, die die von der Treuhandanstalt wahrzunehmenden Aufgaben z. T. boten, begegnete man dadurch erfolgreich, daß man eng mit der Staatsanwaltschaft zusammenarbeitete [...]

Der Ausschuß stellte fest, daß es sich jeweils um Verfehlungen einzelner Mitarbeiter handelte, und die Treuhandanstalt, namentlich Stabsstelle für besondere Aufgaben, alles getan habe, diese zu ahnden.«[101]

Mit dieser Eloge rekapitulierten die Regierungsfraktionen lediglich frühere Verlautbarungen von Frau Breuel, die die treuhandbezogene Wirtschaftskriminalität, Betrug, Unterschlagung, Korruption, wiederholt bagatellisiert und behauptet hatte, daß es sich dabei nur um einige wenige Ausnahmefälle handele.

Den Punkt aufs i setzte sie auf einer Pressekonferenz am 20. September 1993, auf der sie ein Material verbreiten ließ, in dem behauptet wurde: »Von den ca. 45.000 Verträgen, die wir in den letzten drei Jahren abgeschlossen haben, sind 40 mit solchen Problemen belastet. Das sind weniger als 0,1 Prozent.«[102]

Mehr als die Hälfte der behaupteten 0,1 Prozent entfiel allerdings bereits auf den inzwischen weithin bekannten THA-Kunden Dr. Greiner. Der mittelständische Automobilzulieferer aus dem Raum Stuttgart hatte vom Juni 1991 bis November 1992 23 Kaufverträge mit der Treuhand geschlossen, mit denen er zehn ostdeutsche Unternehmen, vier Betriebsteile und neun Grundstücke für insgesamt lächerliche 23,1 Millionen DM erwarb. Aber von Greiners Stuttgarter Konto floß keine einzige Mark in den Osten. Wenn er schon bezahlte, dann finanzierte er das ausschließlich aus Mitteln der »gekauften« Unternehmen. Allein aus der STAMAG, der nicht selten als Filetstück bezeichneten Stahl- und Maschinenbau AG, zog er 10,35 Millionen DM liquider Mittel ab, mit denen er den »Kaufpreis« für andere Betriebe, darunter der Einfachheit halber für die STAMAG selbst, bezahlte. Weitere Millionen führte er seinen Unternehmen in der Alt-Bundesrepublik zu. Und für in Ostdeutschland erworbene Grundstücke bestellte er Grundschulden im Umfang von vielen Millionen DM, die keineswegs der Finanzierung der von der Treuhand übernommenen Unternehmen dienten.

In seinem Minderheitenvotum stellte der Berichterstatter der SPD-Fraktion fest, daß sich die Verkaufsvorgänge des sogenannten Greiner-Komplexes geradezu als ein Kompendium aller im Privatisierungsgeschäft der Treuhandanstalt aufgetretenen Fehler und Versäumnisse erwiesen hätten. Von den ungezählten kleinen und großen Nachfolgern Greiners, der strafrechtlich belangt wurde, wurde dieses »Kompendium« sorgfältig studiert und phantasiereich genutzt.

Unbekannt bleibt somit, auf welche anderen Kunden die Treuhandpräsidentin die verbleibenden 17 »mit solchen Problemen« belasteten Verträge, die folgedessen etwas weniger als 0,05 Prozent ausmachten, bezog. Schwerlich auf die BASF-Tochter Kali+Salz AG, die mit Hilfe der Treuhand mit der Mitteldeutschen Kali AG fusionierte, immense staatliche Zuschüsse kassierte und – ganz im Sinne der weisen Voraussicht des »Forschungsbeirates für Fragen der Wiedervereinigung« – die lästige Konkurrenz in Bischofferode liquidierte. Hier geschah schließlich alles im Rahmen der Gesetze. Aber möglicherweise gehört die Bremer Vulkan AG dazu, die einen Großteil der ostdeutschen Werften zu einem Spottpreis übernahm und die für deren Modernisierung vorgesehenen Finanzbeihilfen über ein Zentrales Cash Management verschwinden ließ? Oder der Düsseldorfer Thyssen-Konzern, der sich von der Treuhand den Auftrag zur Abwicklung des 3.300 Mitarbeiter zählenden DDR-Außenhandelsbetriebs Metallurgiehandel GmbH beschaffte und ihm, wie die Staatsanwaltschaft meint, Millionensummen, darunter 37,8 Millionen Mark als

Kosten für die Schulung betriebsfremden Personals, entzog? Oder der Hamburger Kaufmann Eduard Kynder, der das moderne Faserplattenwerk Ribnitz-Damgarten 1991 für eine DM kaufte und dem der Staatsanwalt u.a. vorwerfen mußte, in betrügerischer Weise 35 Millionen DM Subventionen für angeblich neue, in Wirklichkeit gebrauchte Fertigungsanlagen erschlichen zu haben? Inzwischen ist das Werk pleite und die um ihren Arbeitsplatz fürchtenden verbliebenen 450 Mitarbeiter klagten auf großen Transparenten: »Die Treuhand hat nur zugeschaut, als uns die Millionen wurden geklaut.«

Hat die Treuhandanstalt in Ribnitz-Damgarten und in den vielen anderen Orten zwischen Rügen und dem Erzgebirge wirklich nur zugeschaut? Hat Frau Breuel die Mär von den 0,1 Prozentanteil der Wirtschaftskriminalität an den Treuhandverträgen wider besseren Wissen in die Welt gesetzt?

Ihre Behauptung und das in den letzten Jahren der Öffentlichkeit servierte Zahlenwirrwarr lassen es geraten erscheinen, wenigstens die Statistiker in der Stabsstelle für besondere Aufgaben zu Wort kommen zu lassen. Im Bericht des Sekretariates des Untersuchungsausschusses werden ihre Erkenntnisse nüchtern und recht wertungsfrei zusammengefaßt: »Ein Eindruck vom Umfang der mit der Treuhandtätigkeit einhergehenden Kriminalität ergibt sich aus den von der Stabsstelle durchgeführten Ermittlungsverfahren. Staatsanwalt Noa (*Nachfolger von Dr. Richter als Leiter der Stabsstelle – R. H.*) erklärte vor dem Ausschuß, in der Zeit zwischen dem Beginn seiner Tätigkeit am 1. Dezember 1992 und November 1993 seien über 500 Verfahren bearbeitet worden. Nach der aktuellen Statistik vom November 1993 gebe es insgesamt 1.400 Vorgänge, es seien 200 Strafanzeigen gestellt worden. Von dieser Gesamtzahl bezögen sich

696 Vorgänge auf Privatisierungen. Anhängig seien bisher insgesamt 586 Ermittlungsverfahren […] Staatsanwalt Noa wies darauf hin, daß nicht weniger als 38 Prozent der von der Stabsstelle nachgewiesenen Delikte auf sogenannte ›Aushöhlungen‹ von Unternehmen entfielen; der gleiche Anteil sei den Betrugsdelikten zuzurechnen. Bei den übrigen Straftatbeständen handele es sich überwiegend um Fälle von Bestechung und Vorteilsnahme […]

Zu den Vermögensschäden, die durch die aufgedeckten strafbaren Handlungen verursacht wurden, führt die Stabsstelle eine Statistik. Danach ist, wie Dr. Richter darlegte, in den zwei Jahren seiner Tätigkeit 1991/1992 ein Schaden von ca. 3 Mrd. DM sowie ein solcher in Höhe von weiteren 3 Mrd. DM im Zusammenhang mit Transferrubel Geschäften entstanden.«[103]

Soweit die Angaben über die Wirtschaftskriminellen, die man im Lichte des Untersuchungsausschusses sah. Und die im Dunkeln?

Das fragte sich auch der Ausschuß, und sein Sekretariat notierte im Bericht: »Wie stets bei Kriminalstatistiken stellt sich die Frage der Höhe der Dunkelziffer. Diese Frage, so Dr. Erbe (*Oberstaatsanwalt, Vertreter der Berliner Staatsanwaltschaft – R. H.*), sei schwierig zu beantworten, weil ›wir haben manche Bereiche der Treuhandanstalt noch gar nicht durchleuchtet... Wenn dieser Bereich der Treuhandanstalt, der also bislang noch, sagen wir mal, unbeackertes Feld ist, auch nur im entferntesten wiedergibt, was Gegenstand der Strafanzeigen ist, die bei uns in drei Fällen erstattet worden sind, dann haben wir ein Feld, was alles Bisherige in den Schatten stellen wird‹.«[104]

Wie tiefschwarz der Schatten sein wird, den die überführten Wirtschaftskriminellen letztlich werfen werden, wie weit er reichen wird, wird die Zukunft zeigen. Die Rolle der anderen an der Liquidierung des Industriestandortes Ostdeutschland, vormals DDR, Beteiligten, wird er nicht verdecken können. Keiner von ihnen, weder »Währungsspezialisten« und »Aufbauhelfer Ost« noch »Treuhänder« und »Privatisierer«, nannte sich »Liquidator«.

Doch diese gab es auch: Liquidatoren, die offiziell so hießen und deren Arbeit das Liquidieren war.

86 *metall*, 9. Juli 1993
87 zitiert nach *Neues Deutschland*, 23./24. Januar 1993
88 Blickpunkt Treuhand. Dokumentation, herausgegeben im Auftrag der PDS/Linke Liste im Deutschen Bundestag, September 1993
89 Bundestagsdrucksache 12/8404, S. 694
90 Ebd. S. 699-701
91 Ebd. S. 703
92 Ebd. S. 707
93 Ebd.
94 Ebd. S. 708
95 Ebd. S. 456
96 Ebd. S. 456 und 457
97 Antwort der Bundesregierung auf die Große Anfrage der PDS/Linke Liste »Treuhänderische Verwaltung des volkseigenen Vermögens der Deutschen Demokratischen Republik«, Bundestagsdrucksache 12/1207 vom 26. 9. 1991
98 *Frankfurter Rundschau*, 20. Januar 1996
99 *Frankfurter Allgemeine Zeitung*, 22. Januar 1996
100 Minderheitenvotum des Berichterstatters der SPD-Fraktion zum Bericht des 2. Untersuchungsausschusses »Treuhandanstalt«, Bundestagsdrucksache 12/8404, S. 794-796
101 Bericht des 2. Untersuchungsausschusses »Treuhandanstalt«, Bundestagsdrucksache 12/8404, S. 78 und 79
102 Informationsmaterial der Treuhandanstalt, verbreitet auf der Pressekonferenz am 20. 9. 1993
103 Bundestagsdrucksache 12/8404, S. 346
104 Ebd. S. 336

Die Versager

Seit jeher gelten die Deutschen als sparsam. Zu den wenigen Tugenden, die das Ausland ihnen zubilligt, gehört neben Fleiß und Disziplin die Sparsamkeit. Neuerdings jedoch gerät das Wort »Sparen« sogar in Deutschland in Verruf und in Gefahr, zu einem Unwort zu werden. Wirtschafts- und Konjunkturforscher warnen vor einem »Totsparen«, und Oppositionspolitiker sowie Gewerkschafter prangern die »Sparorgien« der Regierung an. Das Kabinett indes verspürt einen so unwiderstehlichen Zwang zum »Sparen«, daß es mittlerweile die Axt an die Wurzeln des bisher so gepriesenen Sozialstaates legt. Glaubt man dem Kanzler und seinem Finanzminister, dann ist die Bundeskasse, abgesehen von den Schuldscheinen, leer bis zum Boden.

Vorbei ist die schöne verheißungsvolle Zeit, in der es Geld in Hülle und Fülle zu geben schien und Helmut Kohl den Bundestag selbstbewußt fragte: »Wann je waren wir wirtschaftlich besser gewappnet für die Gemeinschaftsaufgabe der deutschen Einheit als heute?«[105] Verhallt, doch nicht vergessen ist die großspurige Erklärung von Finanzminister Waigel zur Errichtung des »Fonds Deutsche Einheit« in der Ratifizierungsdebatte zum Vertrag über die Währungsunion: »Das ist eine Finanzierung, mit der der Bundeshaushalt und alle Länderhaushalte in den nächsten Jahren gut zu Rande kommen werden [...] Das (ist) eine gut gelungene, großzügige und finanzpolitisch glänzende Alternative [...] Die Finanzierung des Vereinigungsprozesses [...] ist finanzpolitisch und gesamtwirtschaftlich richtig und angemessen. Unsere finanzpolitische Vorsorge für den Vereinigungsprozeß ist insgesamt abgeschlossen, sie ist finanzierbar, und sie ist tragbar [...] Es bleibt dabei: Die Steuerzahler müssen kein Sonderopfer für die deutsche Einheit bringen[...]«[106]

Gute Zeiten, schlechte Zeiten. Zumindest haben sie sich gewandelt – das Geld ist knapp geworden. Die »glänzende Alternative« ist abgestürzt – in ein schwarzes Finanzloch. Glanzlos und ziemlich schäbig versucht die Bundesregierung zu sparen – beim Geld für die Kinder, am Zahnersatz bei den Jungen, am Brillengestell der Versicherten, an der Lohnfortzahlung für Kranke, bei den Anrechnungszeiten für die Rente.

Um Erklärungen für das Wirtschafts- und Finanzdebakel ist die Regierung nicht verlegen. Das eine Mal verweist sie auf die »Konjunkturdellen« und die dadurch ungenügend sprudelnden Steuerquellen, das andere Mal darauf, daß »die drückende Steuer- und Abgabenlast, die hohe Staatsquote und vielfältige bürokratische Hemmnisse den Spielraum für private Leistung einengen, die Effizienz der Wirtschaft beeinträchtigen und das Land im internationalen Standortwettbewerb zurückwerfen«[107], wie bereits in ihrem im Januar 1996 veröffentlichten Jahreswirtschaftsbericht zu lesen ist.

Nie aber versäumt sie es, die schwere finanzielle Last zu beklagen, die der Bundesrepublik durch die »marode DDR-Wirtschaft« aufgebürdet worden sei und die enorme Transferzahlungen von West nach Ost erforderlich gemacht hätten. Die dabei genannten Zahlen – sie schwanken zwischen 600 Milliarden und einer Billion DM – lassen nur eine Schlußfolgerung zu: Die deutsche Einheit ist für die Bundesrepublik zu einem einzigen finanziellen Verlustgeschäft geworden, und die Ost- liegen den Westdeutschen auf der Tasche, die mittlerweile leer geworden ist.

Niemand bestreitet, daß tatsächlich riesige Finanzmittel in den Osten gepumpt wurden. Allein die Bundesanstalt für Arbeit hat von 1991 bis 1995 in Ostdeutschland 205 Milliarden DM ausgegeben, von denen die ostdeutschen Beitragszahler etwa 55 Milliarden DM und die westdeutschen rund 90 Milliarden DM aufgebracht haben. 60 Milliarden DM wurden durch Zuschüsse aus dem Bundeshaushalt gedeckt.

Doch bei aller gebotenen Bescheidenheit von Transferempfängern und bei aller Achtung für den bisher so spendablen Bundesfinanzminister muß die Frage gestattet sein: War es tatsächlich der Osten, der den Westen und damit ganz Deutschland an den Rand des finanziellen Bankrotts getrieben hat?

Nicht nur Zweifel, Gegenrede ist angebracht. Denn in das gesamtdeutsche Bett ist die DDR wahrlich nicht als arme, mittellose Braut gestiegen. Zu ihrer ansehnlichen Mitgift gehörte, und lassen wir anderes erst einmal beiseite, ein volkseigenes Wirtschaftsvermögen, dessen Wert THA-Präsident Rohwedder bekanntlich mit 600 Milliarden DM bezifferte. Fünf Jahre später, im Jahresgutachten 1995/96 der sogenannten Fünf Weisen, wurde diese Angabe präzisiert. Danach betrug der Anfangskapitalbestand der ostdeutschen Unternehmen zum 30. Juni 1990 rund 584 Milliarden DM.

Im Unterschied zum Privatkapital in der Bundesrepublik gehörte dieses Kapital den Bürgerinnen und Bürgern der DDR. Mit dem Vollzug der staatlichen Einheit floß es, da eine Privatisierungsentschädigung nicht gezahlt wurde, dem Vermögen der größer gewordenen Bundesrepublik, und damit allen Deutschen in Ost und West zu. Wenn die mit seiner Verwertung betraute Treuhandanstalt das wahrhaft einmalige Kunststück fertiggebracht hat, aus dieser riesigen Mitgift in nur wenigen

Jahren einen Schuldenberg zu machen, ist das bei Gott nicht der Braut anzulasten. Im zivilen Leben würde einem Ehepartner, der in Verletzung des Ehevertrages derartig mit der Aussteuer seiner Angetrauten umgeht, eine Anklage wegen Heiratsschwindel, Betrug und Veruntreuung drohen. In der Bundesrepublik dagegen wird die Braut beschuldigt, ihre Mitgift sei nichts wert gewesen. Kurzsichtig, nur mit dem Blick auf den schnellen Gewinn, den preisgünstigen Erwerb wertvoller Immobilien und Produktionskapazitäten, die Ausschaltung der Konkurrenz und die Aneignung in- und ausländischer Absatzmärkte wurde die Aussteuer geplündert und entwertet.

Natürlich, daß die Wirtschaft der DDR Ende der 80er Jahre schwer angeschlagen war und dringend einer umfassenden Modernisierung bedurfte, wird von keinem ernsthaften Ökonomen in Zweifel gestellt. Anderenfalls hätten Rohwedder und die Fünf Weisen den Anfangskapitalbestand wesentlich höher angesetzt. Nach Schätzungen des Deutschen Instituts für Wirtschaftsforschung (DIW) lag das DDR-Produktionsergebnis je Einwohner um etwa ein Drittel unter dem der BRD, nach neueren Berechnungen sogar um 50 Prozent. Eine dringliche Erneuerung der Infrastruktur und des Maschinenparks war von der DDR-Führung von Jahr zu Jahr hinausgeschoben worden. Von 1978 bis 1985 hatte sich die Investitionsquote von 24 auf 18 Prozent verringert und die Nettoausgaben der Bevölkerung wuchsen schneller als die Warenfonds.

Seriöse Wirtschaftswissenschaftler stimmen allerdings auch darin überein, daß die Ökonomie der DDR trotz gravierender Mißstände und Disproportionen 1989/90 keinesfalls vor einem baldigem Zusammenbruch stand. Das schon genannte DIW, dem in Fragen der DDR-Wirtschaft in der Bundesrepublik die größte

Sachkunde und Objektivität beigemessen wurde, konstatierte 1987: »Die DDR ist im RGW überhaupt das Land mit dem höchsten Leistungsniveau (und damit auch das Land mit dem höchsten individuellen Lebensstandard).«[108] Anfang 1984 war das Institut nach einer Analyse der Veränderungen im Planungs- und Wirtschaftssystem der DDR zu der Einschätzung gelangt: »Insgesamt ist der jetzige Wirtschaftsmechanismus aber zweifellos für die Lösung der gegenwärtigen Probleme angemessener und leistungsfähiger als das System der siebziger Jahre. Deshalb kann auch ein gewisser Erfolg erwartet werden.«[109] Und noch Mitte 1989 registrierte es folgerichtig »bessere Ergebnisse bei der Entwicklung der Arbeitsproduktivität und der Senkung des spezifischen Produktionsverbrauchs«.[110]

Nein, »bis zum Sommer 1989 sprach nichts für eine wirtschaftliche Endzeitsituation.«[111] Trotz nicht geringer Schwierigkeiten war die DDR einer der entwickelten Industriestaaten, der seinen Bewohnern Arbeits- und Ausbildungsplätze, einen respektablen Lebensstandard und so manche sozialen Leistungen sicherte, die heute in der Bundesrepublik als unfinanzierbar gelten. Laut dem vom Statistischem Bundesamt in Wiesbaden herausgegebenen »Statistischen Jahrbuch 1990« betrug die Zahl der in der Industrie beschäftigten Arbeiter und Angestellten 3.211.000, allein der Maschinenbau zählte 962.000 Beschäftigte. Die industrielle Warenproduktion gab das Amt mit 538,7 Milliarden Mark an. Umfangreiche Indexangaben des Jahrbuches ermöglichten zudem einen Vergleich mit den zurückliegenden Jahren und so auch die Erkenntnis, daß sich die industrielle Bruttoproduktion der DDR von 1980 bis 1989 zwar langsamer als früher, aber noch immer relativ stetig, und zwar um 33 Prozent erhöht hatte.

Bereits das darauffolgende bundesdeutsche Statistische Jahrbuch erlaubt keinerlei derartige Einblicke. Alle Zahlen, die einen Vergleich der ostdeutschen Wirtschaft vor und nach der staatlichen Vereinigung ermöglichen könnten, sind, wie von Zauberhand weggewischt, verschwunden. Als ob ein bundesdeutscher Wirtschaftslenker vom Typ des SED-Politbüromitglieds Günter Mittag seine Finger im Spiel gehabt hätte. Die Absicht ist klar: Die tatsächliche Ausgangssituation soll verschleiert werden. Das ändert jedoch nichts an den Realitäten.

Bereits im ersten Halbjahr 1991 war die ostdeutsche Industrieproduktion gegenüber 1989 durch den Crash-Kurs der Bundesregierung um 67 Prozent zurückgegangen, im Maschinenbau betrug der Rückgang sogar 70 Prozent, in der Elektrotechnik 75 und in der Feinmechanik 86 Prozent. Ende 1991 erreichte die Industrieproduktion nur noch ein Drittel des Vorwendestandes.

In Sachsen, Sachsen-Anhalt, Thüringen, Brandenburg und Berlin, den historischen Industriegebieten Deutschlands, sind heute von ehemals 3,2 Millionen nur noch knapp 600.000 Menschen in der Industrie beschäftigt. Von 1,2 Millionen Industriearbeitsplätzen haben im Freistaat Sachsen 160.000 überlebt. Nahezu alle Großbetriebe der DDR wurden zerschlagen und liquidiert. Leipzig, um nur ein Beispiel zu nennen, hat die gesamte Industrie verloren, kann aber heute auf hundert Banken und achtzig Versicherungen blicken. Dieser Abbau ist noch immer nicht beendet. Über nicht wenigen angeblich erfolgreich privatisierten Betrieben kreist der Pleitegeier. »Diese Pleiten sind eine Art Zeitbombe, die die frühere Treuhand hinterlassen hat«, meint Professor Wilhelm Hankel, unter Karl Schiller Abteilungsleiter Geld und Kredit im Bundeswirtschaftsministerium.[112] Und Lothar Späth, ehemaliger Ministerpräsident von Baden-

Württemberg und jetzt Vorsitzender der Geschäftsführung der Jenoptik GmbH, warnte davor, »die Leichen« – gemeint sind die Überreste der ehemaligen volkseigenen Betriebe – »mit Milliardenaufwand vor dem Friedhof hin- und herzutragen«, um zu prognostizieren, daß in den nächsten Jahren noch einmal die Hälfte der Industriearbeitsplätze Ostdeutschlands verschwinden werde.[113] Leider wird diese düstere Prognose von der Statistik gestützt. In einer Untersuchung vom Juni 1996 konstatierte der Verband der Vereine Creditreform e. V.: »Die Zahl der Insolvenzen in Deutschland hat weiter zugenommen. In Westdeutschland ist von 10.900 Gesamtinsolvenzen, davon 8.500 Insolvenzen von Unternehmen auszugehen. In Ostdeutschland werden bis zum Ende des ersten Halbjahres 1996 rund 4.300 Gesamtinsolvenzen bei 3.800 Unternehmenszusammenbrüchen zu zählen sein. Gegenüber dem Vergleichszeitraum erstes Halbjahr 1995 bedeuten diese Zahlen eine Zunahme bei den Gesamtinsolvenzen in Westdeutschland von 2,9 Prozent, in Ostdeutschland von 31,6 Prozent. Bei den Unternehmensinsolvenzen liegt das Wachstum im Westen bei 5,5 Prozent, im Osten bei 44,0 Prozent gegenüber dem Vergleichszeitraum.«[114] Laut den Angaben des Vereins verloren im ersten Halbjahr 1996 in Ostdeutschland durch die Unternehmenspleiten 83.000 Betroffene ihren Arbeitsplatz.

Aus einem Industrieland ist ein Entwicklungsgebiet innerhalb der Europäischen Union geworden. Das Bruttoinlandsprodukt pro Kopf der ostdeutschen Bevölkerung ist niedriger als in jeder anderen größeren Region der EU. Ostdeutschland bildet ein Drittel des Territoriums der Bundesrepublik, auf ihm lebt ein Fünftel der Bevölkerung Deutschlands, das 1994 nur noch ein knappes Zehntel zum deutschen Sozialprodukt und ein

Zwanzigstel zum deutschen Industrieumsatz beitrug. Ein auf den Weltmärkten anerkanntes Industrie- und vor allem Maschinenexportland wie Ostdeutschland steuert heute nur noch ein Fünfzigstel zur gesamtdeutschen Industrieausfuhr bei. Ein zu DDR-Zeiten wirtschaftlich selbständiges Land hängt sechs Jahre nach der Vereinigung am Tropf Westdeutschlands. Zwei Fünftel des ostdeutschen Verbrauchs werden durch Transferzahlungen aus den alten Bundesländern finanziert.

Die Verantwortung für diesen einmaligen Absturz eines Industrielandes und seine Folgen für ganz Deutschland tragen die Bundesregierung und die politischen Kräfte, die – gleich ob mit Jubel oder mit Skrupeln – ihre Politik der überstürzten Währungsunion und der Industriedemontage durch die Treuhand mitgetragen haben und jetzt die »schwere Erblast der DDR« beklagen.

Dabei bildete der mittlerweile verschleuderte Treuhandreichtum nur einen und dazu noch den geringeren Teil der DDR-Mitgift. Der Treuhandanstalt wurde nicht einmal die Hälfte übertragen. Laut Rohwedder gehörten der Anstalt nur 40 Prozent der DDR, über die restlichen 60 Prozent hüllen sich die Mitgiftjäger am liebsten in Schweigen. Dabei handelt es sich um ein Vermögen von rund 800 Milliarden DM, zu dem u.a. die volkseigenen Wohnungen, die hohe Zahl von Gebäuden und Grundstücken zentraler und lokaler staatlicher Einrichtungen, einschließlich der bewaffneten Organe, die Sondervermögen der Deutschen Reichsbahn und der Deutschen Post, die Botschaften und Residenzen in aller Welt sowie das andere Auslandsvermögen gehören. Das alles haben die Ostdeutschen in die Einheit eingebracht.

Natürlich kann man einwenden, daß auch die frühere Bundesrepublik über staatliches Sachvermögen verfügte und demzufolge keiner Seite Nachteile erwuchsen. Aber das stimmt nur zum Teil. Aufgrund einer völlig anderen gesellschaftlichen Entwicklung verfügten die Ostdeutschen in der Regel nur über ein geringes privates, aber dafür über einen relativ großen Pro-Kopfanteil am staatlichen Vermögen. Wie in der Denkschrift »Blickpunkt Treuhandanstalt« nachgewiesen wird, lag letzterer, berechnet ohne den riesigen staatlichen Besitz an Grund und Boden, bei rund 58.000 DM. In Westdeutschland erreichte dieser Pro-Kopf-Wert nicht einmal die Hälfte der Summe. Die Denkschrift stellt fest: »Mit dem Beitritt brachten die DDR-Bürger 80 Prozent des gesamten vorhandenen Sachvermögens als Volks- bzw. Staatseigentum in die Bundesrepublik ein. Die Bürger der Bundesrepublik steuerten ihrerseits 17 Prozent des gesamten Sachvermögens in Form von öffentlichen Vermögen bei.«[115]

Die Ostdeutschen haben die Bundesrepublik nicht ärmer, sondern reicher gemacht. Aber wer, wie die Bundesregierung, die Armut der Braut als Ursache des schmal gewordenen Familienbudgets ausgeben will, darf den Reichtum der Mitgift nicht preisgeben. So ächzt sie denn ständig unter der »Erblast« der DDR, die sie auf Heller und Pfennig »berechnet«, aber weigert sich beharrlich, eine Bestandsaufnahme des volkseigenen Gesamtvermögens der DDR vorzulegen.

Die Ehrerbietung vor hohen Regierungsämtern in einem demokratischen Rechtsstaat, mehr noch der Ernst der Angelegenheit verbieten es, ein solches lächerliches und zugleich anrüchiges Vorgehen als Gaunerkomödie zu bezeichnen. Aber ein Bubenstück ist es allemal. Einige Details verdienen es, festgehalten zu werden:

Der Vertrag über die Währungsunion vom 18. Mai 1990 sah gemäß Artikel 10, Absatz 6 eine »Bestandsaufnahme des volkseigenen Vermögens« vor. Mit Artikel 25, Absatz 6 wurde diese Aufgabe in den Einigungsvertrag vom 31. August 1990 übernommen. Noch eineinhalb Jahre später hat der Deutsche Bundestag die Notwendigkeit einer derartigen Bestandsaufnahme in einer Drucksache mit der Registriernummer 12/2504 bestätigt. Dessen ungeachtet hat die Bundesregierung diese gesetzliche Verpflichtung ignoriert und schließlich ungeniert erklärt: »Die zum Umfang und Wert des Vermögens der ehemaligen DDR zum Stichtag 3. Oktober 1990 erfragten Zahlen stehen überwiegend nicht zur Verfügung, weil eine Staatsbilanz zum Vermögen der DDR per 2./3. Oktober 1990 nicht aufgestellt worden ist. Die Bundesregierung sieht keinen Sinn darin, eine solche Bilanz nachträglich aufzustellen. Die Verschuldung der ehemaligen DDR ist aus heutiger Sicht offenkundig.«[116]

Am 6. November 1995 schließlich bekräftigte die Bundesregierung diesen Standpunkt mit der Behauptung: »Die Bundesrepublik Deutschland ist zu einer Bestandsaufnahme des volkseigenen Vermögens weder gesetzlich noch vertraglich verpflichtet.«[117] Möglicherweise könnten Rechtsgelehrte darüber geteilter Meinung sein. Aber wie steht es um die moralische Verpflichtung? Wenn die Früchte des 45jährigen Aufbauwerkes der Ostdeutschen ein ums andere Mal offen oder verdeckt madig gemacht werden und sich Otto Graf Lambsdorff sogar zu der Erklärung versteigt, 40 Jahre Mißwirtschaft der SED hätten dem Osten Deutschlands mehr Schaden zugefügt als der Zweite Weltkrieg, ist der Wunsch nach einer abschließenden Vermögensbilanz doch wohl mehr als nur recht und billig. Die brüske Zurückweisung dieses legitimen Verlangens erfolgt gewiß nicht, weil die Regierung ihren Beamten Arbeit ersparen will. Sie befürchtet zu Recht, daß ein wahrheitsgemäßer Überblick die eigene traurige Bilanz verfehlter Vereinigungspolitik noch plastischer zu Tage bringen würde.

Zugleich dienen die Verweigerung der Vermögensbilanz, die Negierung der Aufbauleistungen und das Zerstörungswerk der Treuhand – nicht wesentlich anders als die Kriminalisierung der DDR und die politische Strafverfolgung – dem Ziel, den untergangenen Staat, den gescheiterten Versuch einer sozialistischen Alternative im nachhinein zu verunstalten, zu »delegitimieren«, wie es der einstige Justizminister Klaus Kinkel bereits 1991 auf dem 15. Deutschen Richtertag forderte.

Die Bundesregierung, der es bedenklich, ja undenkbar erscheint, eine abschließende Bestandsaufnahme des volkseigenen Vermögens der DDR vorzulegen, hegt weder moralische noch rechtliche Bedenken, wenn es darum geht, möglichst viel vom früheren Volks- und Staatseigentum in Bundeseigentum zu verwandeln. Das geschieht überall, besonders augenfällig wird es am Streit zwischen Brandenburg und Berlin einerseits und der Bundesregierung andererseits um das sogenannte Preußen-Eigentum. Während in der Alt-Bundesrepublik 1949 das Milliardenvermögen des früheren preußischen Staates, von wenigen Ausnahmen abgesehen, an die Länder übertragen wurde, versucht die Kohl-Regierung, mit Hilfe des Einigungsvertrages die ostdeutschen Anteile – seit 1961 auch in den Grundbüchern als Volkseigentum ausgewiesen – zum Eigentum des Bundes zu machen. Den brandenburgischen Ministerpräsidenten Manfred Stolpe veranlaßte das Anfang 1994 zu der Feststellung, daß der Bund als »Erbe« der DDR bevorzugt worden sei, und zu der Forderung, darüber Bund-Länder-Verhandlungen aufzunehmen. Bisher konnte nicht einmal eine gerechte vergleichsweise Einigung erzielt werden.

Aus der Sicht der Bundesregierung ist das verständlich, wird doch in Berlin der Streit um 258 Grundstücke im Bezirk Mitte, zwölf Grundstücke in den übrigen Ostberliner Stadtbezirken sowie um 1.170 Hektar Forstfläche in den Bezirken Köpenick und Treptow geführt. Im Land Brandenburg wird gar um zwölf Schlösser und viele Herrenhäuser, 255.000 Hektar Staatsforst, 102 Güter und 30.000 Hektar Seefläche gestritten.

Natürlich geht es der Bundesregierung nicht um formale Eigentumsrechte, sondern auch darum, aus so manchem guten Stück des »geerbten« Volkseigentums einen hübschen Batzen Geld zu machen. Bei anderem Bundeseigentum funktioniert das schon recht gut. Seit Anfang 1992 wurden so in Berlin (Ost und West) 29 bundeseigene Liegenschaften mit einer Fläche von etwa 96.000 Quadratmetern für 525 Millionen DM verkauft. Über diese und andere Verkäufe weigert sich die Bundesregierung, »wegen des schutzwürdigen Geheimhaltungsinteresses der Käufer« eine »Auskunft über die Identität der Käufer einzelner Grundstücke und die im Einzelfall vereinbarten Konditionen« zu erteilen.[118] Das müßte eigentlich auch für den Verkauf der Grundstücke Berlin, Unter den Linden 13-15 (4.000 Quadratmeter mit zwei Bürohäusern) durch den Bund an die Deutsche Bank für 310 Millionen DM gelten, über den die *Berliner Morgenpost* am 4. Mai 1995 berichtete, aber nicht alles »Schutzwürdige« läßt sich geheim halten. Offen bleibt allerdings die Frage, ob und wie diese und viele andere Erlöse aus dem Verkauf des »DDR-Erbes« in den »DDR-Erblastenfonds« aufgenommen werden? Doch wie es scheint, spielen die »schutzwürdigen Interessen« der ehemaligen Eigentümer, der ostdeutschen Bürgerinnen und Bürger, auch hier keine Rolle. Eine Offenlegung der Vermögensbilanz ist überflüssig, denn, wie verkündete doch gleich die Regierung schon 1993? »Die Verschuldung der ehemaligen DDR ist aus heutiger Sicht offenkundig.«

Was Wahrheit ist, muß Wahrheit bleiben. Verschuldet war die DDR tatsächlich. Sie hatte in den letzten Jahren ihrer Existenz mehr verbraucht, als sie produziert hatte und Ende 1989 Schulden von 38 Milliarden Valutamark angehäuft. Diese Schulden – seit 1985 hatten sie sich nahezu verdoppelt – hingen der DDR wie ein Bleigewicht am Hals und machten ihren finanz- und wirtschaftspolitischen Spielraum immer enger. Das Gespenst der Zahlungsunfähigkeit ging um. Die Lage wurde auch dadurch nicht leichter, daß umfangreiche Außenstände die Nettoauslandsschulden auf 20,3 Milliarden Mark reduzierten. Der Schuldendienst mußte in konvertibler Währung erfolgen, und die dazu notwendigen Exportüberschüsse konnten in diesem Währungsgebiet nicht mehr erzielt werden. Als Ausweg blieben nur die Aufnahme neuer Kredite oder eine drastische Reduzierung des Inlandverbrauches. Die Auslandsverschuldung, vom Politbüro lange Zeit vor dem eigenen Volk und im Detail selbst vor dem ZK der SED geheimgehalten, war einer der Gründe für den schnellen Untergang der DDR.

Aber daraus nach der staatlichen Vereinigung den Schluß zu ziehen, daß die Aufstellung einer Staatsbilanz zum Vermögen der DDR »sinnlos« sei, ist nicht nur blanker Unsinn, sondern eine bewußte Irreführung der Öffentlichkeit. Wenn ein Betrieb wegen Zahlungsschwierigkeiten Konkurs anmelden muß – und soweit war die DDR noch nicht einmal – hat eine inventurmäßige Erfassung und Bewertung der Schulden und des Vermögens zu erfolgen. Das gehört nicht nur zum ABC der Marktwirtschaft, es ist auch durch Gesetze vorgeschrieben, und die Marktwirtschaftler und Juristen in Bonn wissen das sehr wohl. Gleiches gilt übrigens auch, wenn sich zwei oder mehrere Unternehmen zusammenschließen.

Im Falle des Zusammenschlusses der BRD und der DDR wurde ein anderes Vorgehen gewählt. Die Schulden der DDR wurden berechnet und den Ostdeutschen bis zum Überdruß vorgehalten, die der BRD stillschweigend in die gesamtdeutsche Bilanz aufgenommen. Dabei ist ein Schuldenvergleich beider Teile Deutschlands zum Zeitpunkt des Inkrafttretens der Währungsunion höchst aufschlußreich.

Zum 1. Juli 1990 betrugen die internen Schulden des DDR-Staatshaushaltes 28,0 Milliarden DM, die Wohnungsbaukredite, die ebenfalls Verbindlichkeiten des Staatshaushaltes waren, 38,0 Milliarden DM und die Netto-Auslandsverschuldung 20,3 Milliarden DM. Damit hat die DDR eine Gesamtschuld von 86,3 Milliarden DM in die staatliche Einheit eingebracht. Die Gesamtverschuldung der öffentlichen Haushalte der Bundesrepublik belief sich zum gleichen Zeitpunkt auf 924 Milliarden DM, woran der Bund einerseits und die Länder und Gemeinden andererseits etwa den gleichen Anteil hatten. Die ach so verschuldete ostdeutsche Braut hatte sich mit einem über beide Ohren Verschuldeten eingelassen. Würde man an die ehemalige Bundesrepublik den gleichen seltsamen Maßstab wie an die »aus heutiger Sicht« verschuldete DDR anlegen, so wäre die Aufstellung einer bundesdeutschen Vermögensbilanz nicht nur sinnlos, sondern schlechterdings unmöglich. Es ist schon kurios, daß der Öffentlichkeit ein derartiger Unsinn vorgegaukelt wird.

Seltsam ist auch der gesamte Umgang mit den Schulden und mit den Guthaben der Ostdeutschen, entschieden wurde jeweils nach eigenem Gutdünken, Punkt für Punkt:

* Mit der Währungsunion wurde Hunderttausenden von Ostdeutschen, vor allem älteren, durch die Zwei-zu-

Eins-Umstellung ein großer Teil ihrer Ersparnisse und Rücklagen für das Alter gestrichen. Das ihnen mit dem Einigungsvertrag verbriefte Anteilsrecht am volkseigenen Vermögen wird bis zum heutigen Tag verweigert.

* Die Forderung nach Rückzahlung der bundesdeutschen Schulden aus den Kriegsreparationen, die die Ostdeutschen jahrelang für die Westdeutschen mitgezahlt haben – mit Zins und Zinseszins überstiegen sie die Summe von 700 Milliarden DM – wurden zurückgewiesen. Bei den angeblichen Altschulden des Wohnungsbaues und der Kommunen der DDR, die aus dem Wirtschaften aus der linken in die rechte Hosentasche des Staates entstanden, werden die Ostdeutschen über steigende Mieten und Kommunalabgaben zur Kasse der westdeutschen Banken gebeten.

* So energisch sich Bonn weigerte, seine Reparationsschuld gegenüber der DDR wenigstens teilweise zu begleichen – nicht einmal zu einem geringen Lastenausgleich war es bereit – so bereitwillig war es, am Tag der lang herbeigesehnten deutschen staatlichen Einheit die eigenen Schulden zu teilen. Obwohl die DDR unvergleichlich weniger auf Pump als die BRD gelebt hatte, wurde die Verschuldung der öffentlichen Haushalte brüderlich und schwesterlich geteilt. Wenn schon nicht bei den Renten, Löhnen und Gehältern, so wurde die Einheit wenigstens in der Pro-Kopf-Verschuldung herbeigeführt.

Vor der Feier der Staatshochzeit betrug die Pro-Kopf-Verschuldung im Osten 5.298 DM und im Westen über 15.000 DM. Danach betrug sie für alle Deutschen vom Rhein bis an die Oder, vom Säugling bis zum Greis 12.841 DM. Statistisch gesehen hatten die neuen Bundesbürger pro Kopf 7.543 DM der BRD-Schulden übernommen. Inzwischen ist die innere Verschuldung des vereinten Deutschlands auf über zwei Billionen DM gestiegen, und man muß schon ein ziemlicher Schelm sein, um die leeren Kassen und die vielen Schuldscheine der armen ostdeutschen Braut, wenn sie schon in diese Rolle gedrängt wird, anzulasten.

Wenn jedoch der Anschluß Ostdeutschlands die Bundesrepublik nicht ärmer, sondern reicher gemacht hat, dann ist noch eine Frage angebracht: Wo sind die Gewinne aus der deutschen Einheit, die Mehreinnahmen aus Steuergeldern und Solidarabgaben der Alt- und Neubundesbürger geblieben?

Die Regierung hat das Vermögen umverteilt und das Geld buchstäblich zum Fenster hinausgeworfen, in kleinen und in größeren Scheinen. Und unten standen die Auserwählten, die es einsammelten: darunter die Konzerne und Banken, die sich die ostdeutschen Betriebe zu Spottpreisen aneigneten und dabei noch riesige Subventionen kassierten, die Immobilienmakler, Ingenieurbüros und Baufirmen, die Milliarden staatlicher Fördergelder zur Finanzierung von überdimensionierten Gewerbegebieten, Bürotürmen und Kläranlagen erhielten; die Rüstungsfirmen, die jährlich allein sechs Milliarden DM für die moderne Bewaffnung der »Krisenreaktionskräfte« der Bundeswehr einnehmen; die Vertreter der USA, die über 13 Milliarden DM bundesdeutsches Anteils an der Finanzierung des Golfkrieges kassierten und natürlich auch – mit weit geöffneten Händen – die ehemaligen Minister und Staatssekretäre, die monatlich so viel Ruhegeld beziehen, wie mancher Erwerbslose gern im Jahr Arbeitslosenhilfe bekommen möchte.

Möglichst weitab vom Finanzministerium halten sich dagegen die Unternehmen und Besserverdienenden, die nach Schätzungen dem Staat jährlich 50 bis 100 Milliarden DM an Steuern vorenthalten. Aber auch legal profitieren die Unternehmer von der einäugigen Steuerpolitik der Regierung. Während Anfang der 80er Jahre noch 37 Prozent ihrer Bruttoeinkommen besteuert wurden, waren es 1995 nur noch 25 Prozent.

Die Bundesregierung ruft immer lauter zum Sparen auf, aber zeigt dem Volk ständig, daß dafür offenbar kein ernster Grund besteht. Allein schon ein Blick auf den Noch-Regierungssitz Bonn und die Bundeshauptstadt Berlin signalisiert den Steuerbürgern, daß die Lage nicht so ernst sein kann, wie es ihnen die Obrigkeit weismachen will. Wo sollten sonst die 20 Milliarden DM herkommen, die als Gesamtsumme für den Hauptstadtumzug veranschlagt werden – eine Summe, die ganz gewiß überschritten werden wird?

Zeugt es nicht von finanzpolitischer Weitsicht, wenn 1991, als der Umzug an die Spree feststand, am Rheinufer und entlang der Adenauer-Allee in Bonn die Bautätigkeit der Regierung boomte und auf dem ehemaligen Sportplatz der Parlamentarier-Fußballer die Errichtung des Schürmann-Baus, des neuen Abgeordnetenhauses, mit veranschlagten Kosten von 700 Millionen DM begann? Daß das Weihnachtshochwasser 1993 das Baugeschehen unterbrach, war schließlich nicht vorausschaubar. Beweist es nicht ein Höchstmaß an Sparsamkeit, wenn das bisherige Treuhandgebäude in Berlin, in dessen Sanierung in den Treuhandjahren bereits über 100 Millionen DM gesteckt wurden, nun für nur 287 Millionen DM zum Bundesfinanzministerium umgerüstet werden soll? Bedauerlich ist lediglich, daß sich das nüchterne Gebäude des ehemaligen Reichsluftfahrtministeriums und späteren DDR-Hauses der Ministerien nicht dafür eignet, wie die Kanzlei des sächsischen Ministerpräsidenten mit einer vergoldeten Königskrone geschmückt zu werden. Die lächerlichen 386.000 DM aus der Staatsschatulle, die der Schmuck den Sachsen kostet, würden in der Berliner Gesamtsumme nicht einmal auffallen.

Muß man nicht geradezu prophetische Kräfte vermuten, wenn 1991, auf dem Höhepunkt des Vereinigungs-Konjunkturschubes, der damalige Wirtschaftsminister dafür Sorge trug, daß das zur Wendezeit gerade modernisierte Regierungskrankenhaus in der Berliner Scharnhorststraße mit einem Riesenaufwand, er wird inzwischen auf 537 Millionen DM geschätzt, für die Bedürfnisse des Bundeswirtschaftsministeriums, gewissermaßen zur Reha-Klinik der deutschen Wirtschaft, umgestaltet wurde, und bei der schon heute Schlamperei und Pfusch am Bau sichtbar sind?

Verdient es nicht den Beifall aller Steuerzahler, daß das völlig funktionstüchtige Gebäude des DDR-Außenministeriums niedergerissen und in eine Brachfläche verwandelt wurde, damit Außenminister Kinkel das ehemalige Gebäude des ZK der SED für über 500 Millionen DM für seine gehobenen Ansprüche umbauen und Umzugsminister Töpfer mit der geplanten Anmietung von Büros für Bundesministerien den von Leerstand geplagten Immobilienfirmen unter die Arme greifen kann?

Wie groß wird erst der Beifall, vor allem der Arbeitslosen, der Abgewickelten, der Wohnungssuchenden und der vielen Ostberliner sein, die noch immer auf gleichen Lohn für gleiche Arbeit warten müssen, wenn die Bonner Beamten sich zum Umzug überwinden und die bescheidenen neuen »Buschprämien«, darunter die 7.500 DM Maklergebühren für eine Berliner Wohnung, die 57.000 DM Mietentschädigung für ihre Bonner Immobilien, die bis zu 90.000 DM Eigenheim-Darlehen zu Zinsen von 2 bis 3 Prozent, einstreichen?

Es ist schon schlitzohrig, solchen Umgang mit dem Vermögen des Volkes und den Geldern des öffentlichen Haushaltes als spar- und sorgsam zu bezeichnen.

Größter Posten bei der Verschleuderung von Volksvermögen und Steuergeldern ist die Bilanz der Treuhandanstalt. Innerhalb weniger Jahre hat sie es geschafft, den Industriebesitz eines ganzen Landes, einschließlich Immobilien, und einen Teil seiner land- und forstwirtschaftlichen Flächen zu verhökern und dafür in der Summe nichts als Schulden einzunehmen. Zwischen dem 600-Milliarden-Reichtum von Rohwedder und dem 256- Milliarden-Schuldenberg der Frau Breuel besteht eine Differenz von 856 Milliarden, in Ziffern: 856.000.000.000. Doch das ist bei weitem noch nicht die ganze Minusbilanz. Die massenhafte Vernichtung von Arbeitsplätzen hat Millionen Menschen ihrer selbsbestimmten Existenzgrundlagen beraubt. Jahr für Jahr muß die Bundesregierung zur Dämpfung der sozialen Folgen Milliarden und Abermilliarden in das ostdeutsche Krisengebiet transferieren. Ein Ende ist nicht abzusehen. Auf Jahrzehnte wird die Bundesrepublik gezwungen sein, Transferzahlungen in einer Größenordnung von sieben bis acht Prozent des Bruttoproduktes vorzunehmen, die eine schwere Bürde für die Wirtschaft, für den Steuerzahler und für die sogenannte innere Einheit in Deutschland darstellen. Diese vermeidbaren, aber nun unumgänglichen Zahlungen sind der Bilanz der Treuhandanstalt hinzuzufügen.

Vor der Aufgabe, die Volkswirtschaften beider deutschen Staaten behutsam und umsichtig zusammenzuführen und die gesamtdeutsche Wirtschaftskraft zu stärken, hat die politische Klasse der Bundesrepublik versagt. Trotz jahrzehntelang betriebener Forschungsarbeit »für die Fragen der Wiedervereinigung Deutschlands«, trotz günstigster äußerer Umstände, trotz der Einsatz- und Opferbereitschaft der Deutschen in Ost und West hat sie die deutsche Einheit ökonomisch, finanziell und geistig für lange Zeit zuschanden geritten. »Nieten in Nadelstreifen« gibt es ganz offenkundig nicht nur in der bundesdeutschen Wirtschaft.

Für nicht wenige im Osten Deutschlands ist das nach sechs Jahren deutscher Einheit eine neue Erkenntnis. Weder die Befürworter der staatlichen Vereinigung noch ihre Gegner hatten erwartet, das die bundesdeutschen Sieger von 1989/90 anfangs so primitiv-triumphalistisch und später so unelastisch und ratlos vorgehen würden. Man hatte ihnen ganz einfach mehr psychologisches Einfühlungsvermögen und weniger ideologische Indoktrinierung, mehr ökonomischen Sachverstand und weniger naives Vertrauen auf die Kraft des Marktes, der schon alles richten werde, aber , wie Günter Gaus meint, vieles hingerichtet hat, zugetraut. Wirtschaftswunder, Wiederaufstieg der Bundesrepublik zu einer Wirtschaftsgroßmacht und jahrzehntelange Propaganda hatten selbst bei Gegnern des politischen Systems der Bundesrepublik ein Bild von der Kompetenz und der Durchsetzungskraft ihrer führenden Politiker und Manager entstehen lassen, das nicht der Realität entspricht.

Realität aber ist: Der Westen hat die Systemauseinandersetzung gewonnen, die Bundesrepublik die DDR einverleibt und die Treuhandanstalt den Kapitalismus, nun als soziale Marktwirtschaft deklariert, in den Osten Deutschlands zurückgebracht. Die DDR hat die Chance, so gering sie auch heute erscheinen mag, einer menschenfreundlichen und friedlichen Gesellschaft dauerhafte staatliche Heimstatt zu geben, nicht nutzen können. Die äußeren Umstände waren kompliziert, sie wurden fatal, als sich in den 80er Jahren die Niederlage des

Realsozialismus in Europa im Wettbewerb der beiden Gesellschaftssysteme abzeichnete und in der Sowjetunion Kapitulanten, die sich wie Michail S. Gorbatschow, Eduard E. Schewardnadse und Alexander N. Jakowlew später offen zu ihren antikommunistischen Absichten bekannten, die Führung übernahmen. Die DDR hat zur Niederlage beigetragen –mit unterentwickelter Demokratie und ungenügender ökonomischer Effizienz, mit Fehlern und Irrwegen, Versäumnissen und Deformationen der Partei, deren Führung zu lang arrogant und lebensfern an die eigene Unfehlbarkeit glaubte. Eine leider allzu deutsche Krankheit.

105 Zur Sache. Auf dem Weg zur deutschen Einheit, 12/90, Hrsg.: Deutscher Bundestag, Referat Öffentlichkeitsarbeit, S. 312

106 Ebd. S. 79-104

107 Jahreswirtschaftsbericht der Bundesregierung, zitiert nach *Frankfurter Rundschau*, 31. Januar 1996

108 DIW-Vierteljahreshefte, 1-2/1987, S. 81

109 DIW-Vierteljahreshefte, 2/1984, S. 220

110 DIW-Wochenbericht, 31/1989

111 *Blätter für deutsche und internationale Politik*, Mai 1990, S. 631

112 Interview für *Neues Deutschland*, 11. März 1996

113 *dpa*, 22. April 1996

114 Presseinformation des Verbandes der Vereine Creditreform e. V. vom 13. Juni 1996

115 Blickpunkt Treuhandanstalt. Denkschrift, Hrsg.: PDS/Linke Liste im Bundestag, Berlin-Bonn, März 1994

116 Deutscher Bundestag, Drucksache 12/4579 vom 16. März 1993

117 Deutscher Bundestag, Drucksache 13/2629 vom 6. November 1995

118 Ebd.

Die Liquidatoren

In den letzten Jahren vor dem Untergang der Gemeinschaft, die sich sozialistisch nannte und es so ganz nicht war, wurde die Systemauseinandersetzung zwischen Ost und West mit etwas zivilisierteren Methoden geführt, der Kalte Krieg schien der Vergangenheit anzugehören. Nach der historischen Niederlage des Realsozialismus brach er auf deutschem Boden wieder aus. Der Umgang mit der geschlagenen DDR, für den die Treuhandanstalt exemplarisch steht, und die weitgehende Zerstörung der industriellen Basis in Ostdeutschland wurden zu einer Fortsetzung des Kalten Krieges mit anderen Mitteln. Die Sieger sonnen sich im Erfolg, ganz im Sinne eines Paul von Hindenburg, der seinerzeit zynisch feststellte: »Der Krieg bekommt mir wie eine Badekur.«

Auch für diejenigen, die in und mit der Treuhandanstalt die Geschäfte des deutschen Kapitals besorgten und den Ost-West-Transfer von 85 Prozent des volkseigenen industriellen Sachvermögens betrieben, sind so manche Brosamen abgefallen.

Die Gehälter des THA-Führungspersonals lagen weit über den Diäten der Abgeordneten des Bundestages, deren Höhe in der deutschen Öffentlichkeit zu den heiß umstrittenen Themen gehört. Die jährlichen Bezüge der Treuhandchefs erregten die Gemüter weniger, obwohl sie 1992 bei den Direktoren der Zentrale und den Leitern der Niederlassungen bei rund 300.000 DM und bei den Abteilungsleitern der Zentrale und den Direktoren in den Niederlassungen zwischen 170.000 und 228.000 DM lagen. Hinzu kamen großzügig gewährte Nebenleistungen, die z.B. den Direktoren monatliche Fahrkostenerstattungen von 1.482 DM und Trennungsgelder von 7.000 DM einbrachten.

Doch der Treuhandführung genügte das noch nicht. Anfang 1992 führte sie – rückwirkend zum 1. Januar 1992 – ein leistungsabhängiges Vergütungssystem ein, das sogenannte Bonussystem. Es brachte 1992 den Leitern der Niederlassungen einen Zuschlag von rund 88.000 DM und den Direktoren von rund 75.000 DM. Hauptkriterium für die Zahlung dieses Bonusses war die Zahl der durchgeführten Privatisierungen, wodurch diese um jeden Preis vorangetrieben wurden. Das Ziel wurde erreicht, die Pläne wurden über- und die Taschen der THA-Manager zusätzlich gefüllt. Die Folgen sind heute noch spürbarer als zu Lebzeiten der Treuhand.

Zu jenen, die ihren Schnitt gemacht haben, zählen die Liquidatoren, diejenigen, die für die Treuhandanstalt das traurige, aber für sie einträgliche Geschäft der Beseitigung der ostdeutschen Industrie besorgt haben.

Bemühen wir noch einmal den Duden: Nach ihm ist ein »Liquidator« »jemand, der eine Liquidation durchführt«, und letztere definiert er bemerkenswerterweise als »(Kosten)abrechnung freier Berufe; Tötung (aus politischen Gründen), Auflösung (eines Geschäftes).«

Nach dem Anschluß an die Bundesrepublik war der Stand der Liquidatoren in Ostdeutschland zu großer Blüte gelangt. Sie wurden vom Treuhanddirektorat Abwicklung unter der Leitung des Herrn Ludwig Tränkner eingesetzt, »kontrolliert« und honoriert. Als Tränkner, Journalist und zeitweiliger Leiter eines Verlages in Paris, sein Amt in der Behörde übernahm, stellte er seinen hochbezahlten Mitarbeitern eine Prämie in Aussicht, falls sie für das unfreundliche Substantiv »Abwicklung« einen anderen, positiven Begriff finden würden.

Die Prämie mußte nicht gezahlt werden. Für die Aufgabe der Liquidierung zahlloser ostdeutscher Betriebe konnte kein besser klingender Name gefunden werden.

Die Aufgabe der Liquidatoren bestand darin, die laufenden Geschäfte der als nicht sanierungsfähig eingestuften ehemaligen volkseigenen Betriebe zu beenden, Forderungen einzuziehen und das vorhandene Vermögen zu verwerten. Über ihr mühevolles Tagewerk und ihren kargen Lohn berichtet zu Herzen gehend und anschaulich der unter die Überschrift »Abwicklung« gestellte Abschnitt III der Bundestagsdrucksache 12/8404 »Beschlußempfehlung und Bericht des 2. Untersuchungsausschusses ›Treuhandanstalt‹ nach Artikel 44 des Grundgesetzes«.

Für die Liquidatoren hat die Anstalt bis Ende 1995 Honorare in einer Höhe von 529,3 Millionen DM bezahlt. Das ist nur ein geringer Bruchteil der Summe, der zu Lasten der Treuhandanstalt geht. Doch die Art und Weise, wie die Liquidatoren ausgewählt, eingesetzt und honoriert wurden, ist ein Schulbeispiel dafür, wie mit dem volkseigen Vermögen der DDR, den Steuergeldern der Ost- und der Westdeutschen umgegangen wurde.

Aufschluß darüber gibt das bereits erwähnte Dokument. Es bedarf keiner detaillierten Kommentierung. Es spricht für sich selbst und rechtfertigt eine wörtliche, wenn auch aus Platzgründen gekürzte Wiedergabe. Als sich der Autor zu dieser, eingestandenermaßen ungewöhnlichen Form der Behandlung dieses Abschnittes des Berichtes des Treuhand-Untersuchungsausschusses entschloß, war er sich bewußt, daß er seinen Leserinnen und Lesern mit der spröden Sprache deutscher Beamtenberichte nicht wenig zumutet. Aber als Ausgleich verspricht er einen authentischen Einblick in ein Direktorat der Treuhand, der für den politischen Feinschmecker nicht weniger Spannung als ein Kriminalstück aus dem Milieu der Mafia bietet. Hier der O-Ton, der dem Minderheitenvotum des Berichterstatters der SPD-Fraktion (Bundestagsdrucksache 12/8404, S: 569-669) entnommen wurde:

Auszug aus dem Bericht des Sekretariates des 2. Untersuchungsausschusses »Treuhandanstalt« nach Artikel 44 des Grundgesetzes

III. Abwicklung

1. Zahlen und Fakten zur Abwicklung

Die Treuhandanstalt hat nach § 8 Abs. 1 des Treuhandgesetzes den Auftrag, die ihr nach § 1 Abs. 4 Treuhandgesetz übertragenen Unternehmen zu privatisieren. Nicht sanierungsfähige Unternehmen werden stillgelegt, ihr Vermögen wird verwertet.

1.1 Zahl der Betriebe in Abwicklung

Von den ca. 13.661 Unternehmen, für die die Treuhandanstalt seit dem 1. Juli 1990 die Verantwortung übernommen hat, werden nach veröffentlichten Angaben der Treuhandanstalt zum 31. Mai 1994 3.495 Unternehmen abgewickelt, das sind 23,4 %.

(Pressemitteilung der THA vom 10.06.1994)

Von diesen Verfahren sind – ebenfalls nach veröffentlichten Angaben der Treuhandanstalt – zum gleichen Stichtag 107 Verfahren abgeschlossen, das sind 3,06 %

(Monatsinformation der THA, Mai 1994, S. 13)

Die Zahl der von der Abwicklung betroffenen Unternehmen hat sich seit Juni 1991 wie folgt entwickelt:

Juni 1991:	529 Unternehmen
Dezember 1991:	871 Unternehmen
Juni 1992:	1.589 Unternehmen
Dezember 1992:	2.249 Unternehmen

Juni 1993:	2.857 Unternehmen
Dezember 1993:	3.196 Unternehmen
Februar 1994:	3.244 Unternehmen.

(Monatsinformation der THA, Februar 1994, S. 14 und Zeugin Dr. Otto, BewProt 37, S. 262)

Von der oben genannten Gesamtzahl der Unternehmen wurden zum Stichtag 31. Mai 1994

730 von der THA-Zentrale, das sind 20,88 %, und 2.765 von den Niederlassungen bzw. Geschäftsstellen der Treuhandanstalt, das sind 79,1 %, betreut.

(Pressemitteilung der THA vom 10. 06.1994, S. 3)

Von der Gesamtzahl der von der Abwicklung betroffenen Unternehmen befinden/befanden sich

3.084 = 88,24 % in der Liquidation und
411 = 11,76 % in der Gesamtvollstreckung [...]

1.2 Kosten der Liquidation

Der 2. Untersuchungsausschuß hat festzustellen versucht, welche Gesamtkosten für die Abwicklung von Treuhandunternehmen bisher bei der Treuhandanstalt und den Betrieben angefallen sind und mit welchem Gesamtdefizit für diesen Bereich – ohne Berücksichtigung der Abwicklung der Außenhandelsbetriebe – zu rechnen ist und welche Kosten darin enthalten sind.

1.2.1 Höhe des finanziellen Gesamtengagements

Aus den beigezogenen Akten ergibt sich, daß bis Ende 1992 ein Ausgabensaldo in Höhe von

10.772.013.000 DM angefallen ist.

(BMat 2/195, BMF VIII A 4, S. 146)

Diese Zahl beinhaltet jedoch nur die Kosten von 1.526 der zu diesem Zeitpunkt in Abwicklung befindlichen 2.249 Unternehmen, da die Kosten der Niederlassungen zu diesem Zeitpunkt nur unvollständig berücksichtigt waren.

(BMat 2/195, BMF VIII A 4, S. 168)

Für das Jahr 1993 enthält der Finanzbericht der Treuhandanstalt Kosten der Abwicklung i. H. v. 6,9 Mrd. DM (Finanzbericht 1993, S. 23).

Im Jahresplan der Treuhandanstalt für das Jahr 1994 (S. 14) sind Ausgaben für die Abwicklung i. H. v. weiteren 7,8 Mrd. DM eingestellt. In der Summe ergibt dies Gesamtaufwendungen bis einschließlich des Jahres 1994 in Höhe von ca. 25 Mrd. DM.

Genauere Feststellungen über die bisherigen Ausgaben und das zu erwartende Gesamtdefizit im Bereich Abwicklung konnten im Rahmen der Beweisaufnahme nicht getroffen werden […]

1.2.2 Definition des finanziellen Gesamtengagements

Nicht eindeutig geklärt werden konnte, welche Kosten in der genannten Gesamtsumme enthalten sind. Dies gilt insbesondere für die Frage, ob und in welcher Höhe die Entschuldung von Altkrediten zusätzlich zu berücksichtigen ist […]

1.2.3 Entschuldung von Altkrediten

[…] In der »Arbeitseinweisung zur Entschuldung von Altkrediten«, die durch den Vorstandsbeschluß vom 8. Dezember 1993 bis Ende Dezember 1994 verlängert worden ist (BMat 21103, Anlage 15, S. 289)
soll eine Entschuldung nur erfolgen, wenn dadurch »die Sanierung oder Umstrukturierung und Wettbewerbsfähigkeit gefördert wird«.

Dazu erklärte Herr Tränkner (*das ist der Leiter des THA-Direktorates »Abwicklung« – R. H.*): […] Die Treuhand hat drei Kategorien definiert: Privatisierungsfähig, sanierungsfähig, nicht sanierungsfähig. Bei den privatisierungsfähigen und sanierungsfähigen wurden die Altkredite entschuldet; da war dies gestattet. Bei den nicht sanierungsfähigen war es nicht gestattet […]

1.3 Arbeitsplatzerhaltung im Rahmen der Abwicklung

Der 2. Untersuchungsausschuß hat sich eingehend mit der Frage befaßt, in welcher Form wieviele Arbeitsplätze im Rahmen der Liquidation erhalten bzw. neu geschaffen worden und ob bzw. inwieweit die von der THA veröffentlichten Zahlen belastbar sind.

1.3.1 Zahl der betroffenen Arbeitnehmer

[...] Im Rahmen der Beweisaufnahme konnte nicht geklärt werden, wieviel Arbeitnehmer ursprünglich in allen von der Abwicklung betroffenen Betrieben beschäftigt waren. Eine Auswertung der dem 2. Untersuchungsausschuß vorgelegten Liste aller zentralbetreuten Unternehmen in Abwicklung (Stichtag: 31.12.1993) in Verbindung mit einer Aufstellung zu der Zahl der Beschäftigten in THA-Unternehmen am 31.12.1990 hat ergeben, daß in den 748 Unternehmen

– am 30.12.1990 insgesamt 602.000

– zum Zeitpunkt des Abwicklungsbeschlusses noch 192.000

Arbeitnehmer beschäftigt waren.

Danach hat sich die Zahl der Arbeitnehmer vor der Übernahme durch das Abwicklungsdirektorat im Durchschnitt um knapp 70 % verringert [...]

Zum 31. Mai 1994 waren bei den in der Verantwortung von Liquidatoren befindlichen Unternehmen und Betriebsteilen nach Angaben der THA noch 27.372 Mitarbeiter beschäftigt.

(Monatsinformation der THA, Mai 1994, S. 14).

1.3.2 Von der Treuhandanstalt veröffentlichte Zahlen zu »erhaltenen Arbeitsplätzen«

Die Treuhandanstalt selbst hat die im Rahmen der Abwicklung erhaltenen Arbeitsplätze stets als eine besondere Leistung hervorgehoben.

Dazu erklärte Frau Breuel vor dem 2. Untersuchungsausschuß, daß es »eine solche Abwicklung [...] weltweit überhaupt noch nie gegeben« habe.

(BewProt 43, S. 50) [...]

Zu den im Rahmen von Gesamtvollstreckungen erhaltenen Arbeitsplätzen haben sich die veröffentlichten Angaben der Treuhandanstalt in jüngerer Zeit stark verändert.

Während die Zahl der erhaltenen Arbeitsplätze im Oktober 1993 noch mit 4,3 % bei den Niederlassungen und 16,9 % bei der Zentrale angegeben wurden

(Pressekonferenz vom 12.10.1993, S. 2)

wird seit Januar 1994 eine etwa gleichbleibende Quote für alle Unternehmen von 21 % publiziert.

(Monatsinformationen der THA von Januar 1994, S. 14; Februar 1994, S. 14; Mai 1994, S. 14)

Basis der errechneten Quoten ist die Zahl der betroffenen Arbeitnehmer zum Zeitpunkt der Übernahme durch das Direktorat Abwicklung.

1.3.3 Zum Begriff »erhaltener Arbeitsplätze«

Nach dem normalen Sprachgebrauch wäre unter dem Begriff des »erhaltenen Arbeitsplatzes« ein tatsächlich vorhandener Arbeitsplatz zu verstehen. Demgegenüber sind unter den dazu veröffentlichten Zahlen der Treuhandanstalt nicht tatsächlich vorhandene, sondern vertraglich zugesicherte Arbeitsplätze zu verstehen [...].

1.4 Zusammenfassung

Zusammenfassend ist festzustellen, daß nahezu ein Viertel aller Unternehmen, für die die Treuhandanstalt die Verantwortung übernommen hat, von der Abwicklung betroffen sind. Der ganz überwiegende Teil der abzuwickelnden Unternehmen befindet sich in Liquidation, der Anteil der Unternehmen in der Gesamtvollstreckung ist, insbesondere in der Zentrale, sehr gering.

Zu den im Rahmen der Liquidation entstandenen und noch zu erwartenden Kosten konnten weder durch Auswertung der beigezogenen Akten noch durch Befragung der Leitung der Treuhandanstalt abschließende Erkenntnisse gewonnen werden.

Auch zur Arbeitsplatzerhaltung im Rahmen der Abwicklung sind zahlreiche Fragen im Ergebnis unbeantwortet geblieben. Im Hinblick auf die Qualität der Zusagen konnte nicht eindeutig festgestellt werden, ob und in welchem Umfang es sich dabei um Zusagen handelt, die erst in einigen Jahren erfüllt werden sollen. Weiterhin ist unklar geblieben, um welche Art von Arbeitsplätzen es sich handelt. Dies betrifft insbesondere die Frage, ob es sich überwiegend um Arbeitsplatzzusagen handelt, die mit einer Betriebsfortführung oder einer Neugründung zusammenhängen oder aber lediglich durch eine gewerbliche Verwertung eines Grundstücks (Errichtung von Baumärkten, Errichtung und Vermietung von Büroflächen etc.) geschaffen worden sind.

Schließlich sind auch zu der Zahl der tatsächlich im Rahmen der Liquidation erzielten Arbeitsplatzzusagen keine abschließenden Feststellungen möglich.

Die Beweisaufnahme hat ergeben, daß die Angaben, die in der Datenbank des Direktorats Abwicklung enthalten sind, nicht auf einer Auswertung der Verträge beruhen. Auf Vertragsdaten beruht lediglich die Datenbank des Vertragsmanagements. Darin wurden von den veröffentlichten 68.000 jedoch lediglich 33.000 als pönalisiert [*THA-Rottwelsch: »bestraft für Nichteinhaltung von Arbeitsplatzzusagen – R. H.*] ausgewiesen [...]

2. Richtlinien zur Abwicklung

Der 2. Untersuchungsausschuß hat festzustellen versucht, welche Regelungen für den Bereich Abwicklung gelten und wie diese umgesetzt werden.

2.1 Geltende Richtlinien

Für die Abwicklung von Unternehmen hat der Gesamtvorstand und der Verwaltungsrat der Treuhandanstalt eine 15-seitige »Richtlinie zur Abwicklung von Betrieben, bei denen Sanierungsfähigkeit unter Marktbedingungen nicht gegeben ist« beschlossen, die Praxis der Abwicklung orientiert sich aber an einem direktoratsinternen Handbuch.

In der Richtlinie wird die Abwicklungsaufgabe wie folgt definiert: »Die Treuhandanstalt hat die Aufgabe, die Abwicklung von Unternehmen einzuleiten, für die sie keine Möglichkeit der Überführung in eine wettbewerbsfähige Struktur sieht. Der Entscheidung zur Abwicklung sollen intensive Bemühungen zur Privatisierung des Unternehmens und Versuche einer zur Privatisierung führenden Sanierung vorausgehen.

Haben die auf eine Privatisierung ausgerichteten Bemühungen innerhalb der vom Vorstand der Treuhandanstalt oder von ihm Beauftragten als vertretbar angesehenen Zeit keinen Erfolg und/oder erweisen sich Unternehmen nach gründlicher Prüfung als nicht sanierungsfähig, so ist die Liquidation einzuleiten.«

(BMat 2/125, BMF 1, S. 5) […]

2.2 Umsetzung der Richtlinien

Maßgebliche Voraussetzung für die Umsetzung von Richtlinien ist die Kenntnis der Inhalte durch die Anwender, also die Liquidatoren.

Dazu hat Herr Tränkner erklärt, daß ein maßgebliches Kriterium für die Auswahl der Liquidatoren gewesen sei, daß diese die Bereitschaft mitbringen, »den gesetzlichen Auftrag, das Regelwerk der Treuhandanstalt mitzutragen […]«

(BewProt39, S. 167)

Zu dieser Frage ist der Zeuge Tynek, Liquidator, befragt worden, der als Liquidator insgesamt XX Unternehmen XXXXXXXX XXXXXXX XXXXXXX XXXX XXXX XXXXXXX XXXXXXXX XXXXXX-XXXX XXXXXX mit einem Gesamthonorar in Höhe von XXX betreut. (BMat 2/183, 01, S. 223, ff.)

(*Die obigen Angaben sind aus VS-V-Unterlagen und vom BMF nicht freigegeben. Deshalb wurden diese geschwärzt.*)

Zu seiner Kenntnis von den Richtlinien der Treuhandanstalt erklärte Herr Tynek: »[…] und ich kenne auch die Richtlinien der Treuhandanstalt nicht. Das sind Interna der Treuhandanstalt. Ich bin Rechtsanwalt, freiberuflich, ich habe meine Leistung anzubieten, […] andere Kriterien kann ich nicht beurteilen und kenne sie auch nicht.« (BewProt 39, S. 65)

Auch auf den Vorhalt, daß sich die Liquidatoren nach den Angaben der Treuhandanstalt an deren Regelwerk halten müßten, blieb Herr Tynek bei seiner Einschätzung, daß »das, was Sie gerade angesprochen haben, das sind Interna der Treuhandanstalt […] Worauf ich achten muß, das ist, daß ich mich im Rahmen meines Vertrages bewege – ich bin ja nun vertraglich gebunden – und in entsprechenden dazu vorhandenen Nebenverträgen, also Anweisungen und dergleichen; aber wie das intern in der Treuhandanstalt gemacht wird, das ist ja nicht meine Aufgabe, das zu eruieren.« (BewProt 39, S. 65)[…]

Zum Inhalt des Liquidationsauftrages enthält der Standardvertrag in § 1 Abs. 8 folgende Regelung: »Der Auftragnehmer hat die laufenden Geschäfte des Auftraggebers zu beendigen, die Verpflichtungen der aufgelösten Gesellschaft zu erfüllen, deren Forderungen einzuziehen und das Gesellschaftsvermögen in Geld umzusetzen. Soweit möglich, sind der Gesamtbetrieb/die Betriebsteile fortzuführen, um sie als wirtschaftlich lebende Einheiten im Interesse der Arbeitsplatzerhaltung und -sicherung veräußern zu können (übertragende Sanierung).« (a. a. O., S. 130) [...]

Zweifel daran, ob Richtlinien der Treuhandanstalt, soweit sie in Kraft gesetzt waren, auch tatsächlich umgesetzt wurden, ergeben sich auch daraus, daß der für die Abwicklung zuständige Direktor Herr Tränkner vor dem Untersuchungsausschuß eingeräumt hat, daß er die Richtlinien nicht kenne. Im einzelnen erklärte Herr Tränkner dazu: »[...] Sie erwischen mich auf dem falschesten Fuß. Ich glaube, ich bin einer derjenigen, die Richtlinien ihr Leben lang nicht gelesen haben. Dafür habe ich meine Mitarbeiter [...] In dem Fall muß ich es leider zugeben. Die sind mir zu lang und zu umfangreich. Ich weiß nicht, ob Sie sie mal gesehen haben, diese Bücher.« (BewProt 39, S. 307/308)

Herr Tränkner betrachtete diese fehlende Kenntnis selbst auch nicht als Defizit, sondern erklärte dazu: »Das hat mich aber ausgezeichnet, daß ich wenig von Richtlinien hielt.« (BewProt 39, S. 308)

3. Durchführung der Abwicklung

Voraussetzung der Abwicklung ist die Einstufung eines Unternehmens als nicht sanierungsfähig. Dies geschieht für Unternehmen mit mehr als 10 Mio DM Gesamtobligo durch den sogenannten Leitungsausschuß (BMat 2/199, S. 13)

Nicht geklärt werden konnte, durch wen und nach welchen Kriterien die Einstufung im übrigen erfolgt.

3.1 Voraussetzung der Stillegung

Zu der Frage, ob und in welchem Umfang diese Voraussetzung hinreichend beachtet worden ist, konnte der Untersuchungsausschuß keine abschließenden Feststellungen treffen.

Aus den beigezogenen Akten ergeben sich jetzt jedoch Hinweise darauf, daß, zumindest in Einzelfällen, Unternehmen in die Abwicklung gegeben wurden, die vom Leitungsausschuß als sanierungswürdig und -fähig eingestuft wurden oder bei denen ein Votum des Leitungsausschusses nicht vorlag [...]

3.2 Gesamtvollstreckung versus Liquidation

Für die Durchführung der Abwicklung stehen der Treuhandanstalt grundsätzlich zwei verschiedene Möglichkeiten zur Verfügung: Die gesellschaftsrechtliche Liquidation und die konkursähnliche Gesamtvollstreckung.

Bei der Liquidation kann das Unternehmen mit dem Ziel der Stillegung über einen unbestimmten Zeitraum zunächst weitergeführt werden. Dagegen wird bei der Gesamtvollstreckung der Geschäftsbetrieb in der Regel eingestellt, das vorhandene Vermögen verwertet und entsprechend der festgestellten Konkursquote an die Gläubiger verteilt.

Als Vorteil der Liquidation wird angeführt, daß die Arbeitnehmer sozialverträglich abgebaut werden könnten und der Treuhandanstalt die unternehmerische Verantwortung erhalten bliebe. Der Vorteil der Gesamtvollstreckung bestehe grundsätzlich darin, daß nur das vorhandene Vermögen des Unternehmens zur Schuldentilgung verwendet wird und weitere Mittel der Treuhandanstalt nicht erforderlich sein. Damit ist die Gesamtvollstreckung in fast allen Fällen der erheblich kostengünstigere Weg der Abwicklung.

Die Entscheidung, ob die Abwicklung im konkreten Fall in Form der Liquidation oder der Gesamtvollstreckung erfolgt, wird auf Basis eines von der Treuhandanstalt in Auftrag gegebenen Gutachtens getroffen. In diesem Gutachten werden die Kosten der Liquidation und die Kosten der Gesamtvollstreckung gegenübergestellt. Die Treuhandanstalt wählt in den meisten Fällen aber auch dann das Verfahren der Liquidation, wenn die Gesamtvollstreckung kostengünstiger ist. (Bericht des BMF a. a. O.)

[...]

3.3.2 Identität von Gutachter und Liquidator

Nach der Aussage von Herrn Tränkner war der mit der Erstellung des Kostengutachtens betraute externe Gutachter bis Mitte 1992 in der Regel identisch mit dem Liquidator. Dabei handelte es sich überwiegend um Rechtsanwälte. (BMat 2/183, Anlage 01, S. 41, VI-V; BewProt 46, S. 90)

Dazu heißt es in dem Sondergutachten der Treuarbeit: »Er (*gemeint ist der Gutachter – R. H.*) setzt sich mit der Kostenschätzung im Gutachten jedoch auch seine eigene Meßlatte. Dies erscheint dann problematisch, wenn sich ein Automatismus in der Liquidatorenbestellung durchsetzt und dies im Kreis der Betroffenen bekannt wird.« (BMat 2/199, BMF, S. 25)

Am 1. 7. 1992 hat der Vorstand der THA beschlossen, nur noch Wirtschaftsprüfungsgesellschaften als Gutachter einzusetzen

[...]

3.3.3 Liquiditätsplan und Finanzkontrolle

Der im Rahmen des Liquiditätsplans ermittelte Finanzbedarf wird dem Liquidator bzw. dem Liquidationsunternehmen in Form von zinslosen Gesellschafterdarlehen zur Verfügung gestellt.

(BMat 2/183, Anlage 01, S. 187)

[...]

Festzuhalten bleibt, daß ein systematisches Berichtswesen über die Mittelverwendung und Kontrolle durch die Liquidatoren erst Ende 1992, also zu einem Zeitpunkt eingeführt wurde, in dem sich bereits über 2.200 Unternehmen in der Abwicklung befanden (s. oben unter 1.1) und bereits über 10 Mrd. DM durch die Treuhandanstalt ausgezahlt worden waren (s. oben unter 1.2.1). Ob die Praxis der Abwicklungsfinanzierung gegenwärtig eine ordnungsgemäße Auszahlung und Verwendung der Mittel gewährleistet, kann nicht abschließend festgestellt werden.

Auf die Frage, ob Liquidationsdarlehen in der Treuhandanstalt gegenwärtig zentral erfaßt werden, antwortete Frau Breuel:

»Was die Zentrale betrifft, ja. Das andere ist noch nicht in einem perfekten Zustand.« (BewProt 43, S. 62)

Die im Rahmen der Systemprüfung »Abwicklungsfinanzierung« von der Revision der Treuhandanstalt getroffenen Feststellungen zu Schwachstellen und Risiken der Abwicklungsfinanzierung vom 24. Januar 1994 weisen jedoch darauf hin, daß in diesem Bereich auch gegenwärtig noch erhebliche Defizite bestehen [...]

4. Auswahl und Vergütung der Liquidatoren

Der Untersuchungsausschuß hat sich gegen Ende der Beweisaufnahme eingehend mit Fragen der Auswahl und Vergütung der Liquidatoren befaßt. Dazu wurden insbesondere die Herren Tränkner, als ehemaliger Leiter des Direktorats Abwicklung, die von der Treuhandanstalt beauftragten Liquidatoren Rechel, Zinsmeister und Tynek, das für diesen Bereich zuständige Vorstandsmitglied Herr Dr. Klinz, Frau Breuel sowie verschiedene Vertreter des Bundesministeriums der Finanzen befragt. Da in diesem Zusammenhang mehrere Ermittlungsverfahren anhängig sind, hat der Untersuchungsausschuß auch Herrn Oberstaatsanwalt Dr. Erbe und Frau Staatsanwältin Schäfer von der Staatsanwaltschaft Berlin gehört.

4.1. Berechnungsgrundlage der Vergütung

4.1.1 Geschäftsführer als Liquidatoren

Die Liquidation von Kapitalgesellschaften richtet sich grundsätzlich nach den einschlägigen gesellschaftsrechtlichen Vorschriften. Nach § 64 GmbH-Gesetz und § 92 Aktiengesetz wird, soweit der Gesellschafter nichts anderes bestimmt, mit dem Beschluß zur Stillegung der Geschäftsführer des Unternehmens zum »geborenen« Liquidator.

Bei der Abwicklung von Treuhandunternehmen sind Geschäftsführer generell nicht als Liquidatoren eingesetzt worden [...]

4.1.2 Vergütung nach Stundensatz

Die Treuhandanstalt hat die von ihnen beauftragten Liquidatoren zunächst nach Stundensätzen vergütet. Nach Auskunft von Herrn Tränkner waren die Stundensätze zwischen den Direktoraten Abwicklung und Recht abgestimmt und lagen zunächst zwischen 250 und 350 DM pro Stunde. Ab Mai/Juni 1991 wurde auf Veranlassung des Direktorats Recht der Treuhandanstalt eine Beschränkung auf den Stundensatz von maximal 250 DM vorgenommen.

(Tränker, BewProt 39, S. 169)

4.1.3 Honorar nach der Vergütungsverordnung

Die Treuhandanstalt hat ab Mitte 1991 eine Vergütung auf der Grundlage der Vergütungsordnung für Konkursverwalter vereinbart.

4.1.3.1 Gründe der Umstellung

Nach Angaben von Herrn Tränkner hatte die Stundenvergütung den Vorteil, daß nur die tatsächlich aufgewandten Stunden und erbrachten Arbeitsleistungen honoriert werden. Man habe die Vergütung im Ergebnis aber deshalb umgestellt, weil die Vergütung nach Stundensätzen keinerlei Anreiz für Effizienz beinhalte, zudem könne die Höhe der beim Verfahrensabschluß angefallenen Vergütung bei einer Honorarvereinbarung auf Stundenbasis nicht kalkuliert werden.

Im einzelnen führte Herr Tränkner dazu aus: »Erfolgsanreize für eine schnelle Durchführung des Verfahrens und eine optimale Verwertung fehlen. Die Stundenvergütung fördert unseres Erachtens das Festhalten des Liquidators am Verfahren.« (BewProt39, S. 169)

Auch Frau Breuel bestätigte, daß die Treuhandanstalt die Erfahrung gemacht habe, daß »die Stundenbasis insoweit eine prekäre Basis ist, weil sie für Liquidatoren die Versuchung hätte beinhalten können, eine Liquidation möglichst lange hinzuziehen, damit er seine Stundenbasis verlängern kann. Deswegen sind wir dann auf die Vergütungsverordnung umgestiegen... das heißt nicht, daß hier hastig gearbeitet werden sollte, weil es ja auch ganz konkrete Konzepte gab, die dem unterlegt worden sind. Aber es sollte nicht irgend jemand jahrelang, nur um Stundenhonorare zu beziehen, dort sitzen können, sondern er sollte eine Gesamtverantwortung haben, über die er regelmäßig bei uns berichten muß und was immer begleitet und kontrolliert wird.«

(BewProt 43, S. 62/63)

Ergänzend wiesen sowohl Frau Breuel als auch Herr Tränkner darauf hin, daß die Stundenhonorare schwer zu kontrollieren gewesen seien.

Dazu führte Herr Tränkner aus: »[...] und ein Grund, weshalb wir die Stunden abgesetzt haben und dies in die Diskussion kam, waren in der Tat Abrechnungen, bei denen wir völlig ins Schleudern kamen mit der Nachprüfbarkeit der Stunden, weil wir Liquidatoren hatten, die Tage hintereinander, um nicht zu sagen Wochen, 23 und 24 Stunden am Tag für die Treuhand gearbeitet haben.

Dies war extrem schwer und aufwendig zu prüfen. Da hat das Prüfungsverfahren zum Schluß mehr Geld gekostet und einen höheren Aufwand gemacht als das ganze übrige Zeug [...] Zweitens war es in der Tat [...] doch auch ein Motiv, daß wir keinerlei Interesse haben konnten, Unternehmen, die nicht am Leben erhalten bleiben können, über 5, 6, 7 Jahre hinzuziehen. Wir wollten schnelle Privatisierung, schnelle Schaffung von Arbeitsplätzen, schnelle Sanierung und schnellen Abschluß dessen, was nicht mehr haltenswert ist, haben. Dies war erklärte Treuhandpolitik.« (BewProt46, S. 129/139)

Auf die Frage, inwieweit der materielle Anreiz zur effektiven Verwertung mit dem Ziel zu vereinbaren ist, im Rahmen der Liquidation möglichst viele Arbeitsplätze zu sichern, erklärte Herr Tränkner: »[...] eher negativ für die Liquidatoren als positiv, wenn man den Zusammenhang herstellt. (BewProt 39, S. 313)

[...] Wir haben [...] um jeden einzelnen Arbeitsplatz, der pönalisiert wurde, gekämpft und sind da teilweise auch in den Preisen natürlich nachgegangen, weil der Käufer uns teilweise auch vorrechnen konnte, daß er sagte: Ich gehe hier ein unternehmerisches Risiko in erheblichem Umfang ein, wenn ich hier statt 10 Leuten 20, 30 oder 40 von Ihnen aufs Auge gedrückt bekomme.

Dies wirkte sich aber wieder bei den Erlösen aus auf die Teilungsmasse des Liquidators und damit auch auf sein Einkommen. (BewProt 39, S. 168)

[...] es war ein Bestandteil meiner Arbeit, bei den Liquidatoren die Arbeitsplatzerhaltung, die Arbeit trotzdem im Sinne der Treuhandanstalt durchzusetzen, obwohl sie unter dem Strich weniger verdient haben [...] das ist in der Tat das Risiko des Geschäfts gewesen, das wir auch den Liquidatoren gegenüber gesagt haben. (BewProt46, S. 130)

[…] und deshalb haben wir diese Bereitschaft, den Weg mitzugehen, von vornherein zur Voraussetzung gemacht der Auftragsvergabe.

(BewProt39, S. 168)

[…] ich kann nicht alles völlig ausschließen, aber ich kann ausschließen, daß ein Liquidator nur gearbeitet hat, weil er ein hohes Honorar hatte.«

(BewProt 39, S. 320) […]

4.1.3.2 Berechnung des Honorars nach der Vergütungsverordnung

Der Untersuchungsausschuß hat sich näher mit der Frage befaßt, nach welchen Kriterien das Honorar der Liquidatoren berechnet worden ist. Nach §§ 2 ff der Vergütungsverordnung bestimmt sich das Honorar des Liquidators nach der sogenannten Teilungsmasse des abzuwickelnden Unternehmens, der Höhe des Regelsatzes sowie gegebenenfalls einer zusätzlichen Vergütung für qualifizierte Mitarbeiter.

4.1.3.2.1 Berechnung der Teilungsmasse

Nach dem Standardvertrag für Liquidatoren schuldet die Treuhandanstalt »eine Vergütung nach der Teilungsmasse, die sich nach Abschluß des Liquidations-Abwicklungsverfahrens (Eintrag, Löschung des Unternehmens in das Handelsregister) als Summe der Erlöse aus der Verwertung des Aktivvermögens ergibt, das nicht von Rechten Dritter belastet ist (analog § 2 Nr. 5 Vergütungsverordnung).«

(Revisionsbericht in BMat 2/183, 01, S. 144)

Nach Auskunft von Herrn Oberstaatsanwalt Dr. Erbe ist die Berechnung der Teilungsmasse u. a. Gegenstand staatsanwaltlicher Ermittlungsverfahren. (BewProt46, S. 16)

Im Rahmen der Beweisaufnahme konnten nur einzelne Aspekte dieser nach Einschätzung von Herrn

Oberstaatsanwalt Dr. Erbe rechtlich sehr spröden Problematik behandelt werden.

Zur Höhe der Teilungsmasse führte Herr Tränkner aus: »Die Teilungsmasse der Liquidationsgesellschaften waren zunächst in der Regel höher als die von Konkursunternehmen in den alten Bundesländern; dies muß man auch mal deutlich sagen [...]«

Die Berechnung der Teilungsmasse nach der Vergütungsverordnung ist degressiv ausgestattet, das bedeutet, daß der Umrechnungsfaktor um so geringer wird, je höher die Teilungsmasse ist. Nach § 3 Abs. 1 der Vergütungsverordnung beträgt das Honorar ein halbes Prozent der Teilungsmasse, wenn diese über den Betrag von 1 Mio hinausgeht. Dann setzt ein Honorar von 5 Mio DM eine Teilungsmasse von 1 Mrd. DM voraus.

Eine derart hohe Teilungsmasse ist bei der Abwicklung XXXXXX XXXXXX XXXXX XXXXXXXXX XXXXXXXX XXXXXXXX XXXXXXXX XXXXXXXXX. Dazu heißt es im Revisionsbericht der Treuhandanstalt vom XXXX XXXX:

»xxxxxxxx xxxxxxxx xxxxxxxx xxxxxxxx xxxxxxxx xxxxxxxx xxxxxxxx xxxxxxxx xxxxxxxx xxxxxxxx xxxxxxxx xxxxxxx xxxxxxxx xxxxxxxx xxxxxxxx xxxxxxxx xxxxxxxx xxxxxxxx xxxxxxxx xxxxxxxx xxxxxxxx xxxxxxxx xxxxxxxx xxxxxxxx xxxxxxxx xxxxxxxx xxxxxxxx xxxxxxxx xxxxxxx xxxxxxxx xxxxxxxx xxxxxxxx xxxxxxxx xxxxxxxx« (BMat 21183, Anlage 01, S. 229)

(*Eine Aufhebung der Vertraulichkeit wurde vom BMF unter Hinweis auf »strafrechtliche Ermittlungsverfahren und möglicher Nachteile für die gerichtliche Durchsetzung von Rechtspositionen der öffentlichen Hand« abgelehnt.*)

Auf der Grundlage dieser Teilungsmasse errechnet sich ein Netto-Soll-Honorar in Höhe von 4.917.300 DM. (BMat 21218, Übersicht AHB, S. 3)

Liquidator dieses Unternehmens ist Herr XXXXXXX XXXXXX, der in insgesamt 6 Fällen als Liquidator eingesetzt ist. Herr XXXXX betreut zwei Außenhandelsbetriebe, den XXXXX XXXXX XXXX als Sondervermögen, vier »normale« Liquidationen der Zentrale, darunter ebenfalls der XXXXXXXX XXXXX XXXX, sowie 9 abzuwickelnde Unternehmen in den Niederlassungen. Aus den beigezogenen Honorarlisten der Treuhandanstalt ergibt sich für Herrn XXXXX ein Gesamtnetto-Soll-Honorar von 16.776.267 DM.

(BMat 21218, diverse Listen, ohne Paginierung)

Neben der Höhe des vereinbarten Netto-Soll-Honorars fällt auf, daß Herr XXXXXXXX XXXX, obgleich ein großer Teil dieser Liquidationen nicht abgeschlossen ist, erhebliche Beträge bereits erhalten hat, wobei die Gesamtsumme – d. h. Nettohonorar zuzüglich Ausgaben für qualifizierte Mitarbeiter, zuzüglich Nebenkosten und einschließlich Mehrwertsteuer – deutlich über dem zu erwartenden Nettohonorar liegen.

Die Zahlungen stellen sich im einzelnen wie folgt dar:

Für die beiden Außenhandelsbetriebe ist ein zu erwartendes Honorar von 9.684.600 ausgewiesen. Dem stehen bisherige Zahlungen – brutto – in Höhe von 15.162.313 gegenüber.

Für die Liquidation des XXXXXX XXXX als Sondervermögen ist ein Gesamtnettohonorar in Höhe von 544.600 DM ausgewiesen. Bereits ausgezahlt wurde brutto – 1.523.312 DM.

Für die Liquidationen der vier »normalen« Unternehmen der Zentrale ist ein Netto-Soll-Honorar in Höhe von 5.008.800 DM ausgewiesen. Die bisherigen Zahlungen – brutto – betragen 8.295.796 DM.

Damit belaufen sich die Brutto-Zahlungen allein für den Bereich der Zentrale auf insgesamt 24.981.421 DM.

Hinzu kommen Netto-Zahlungen für die Liquidationen im Bereich der Niederlassungen in Höhe von 1.555.900 DM. Dazu kommen für den Bereich der Niederlassungen weitere Netto – Ausgaben für qualifizierte Mitarbeiter sowie Auslagen und Nebenkosten in Höhe von 1.134.476 DM. Danach hat Herr XXXXXXXX XXXXX bisher insgesamt – d. h. Brutto-Beträge für die Zentrale und Netto-Beträge für die Niederlassungen – 27.671.803 DM erhalten.

(BMat 21218, diverse Listen, ohne Paginierung)

Der Untersuchungsausschuß hat u.a. den von der Treuhandanstalt beauftragten Rechtsanwalt Tynek als Zeugen angehört. Herr Tynek hat sich zu seinem Honorar und der Zahl der von ihm betreuten Liquidationen im Hinblick auf laufende staatsanwaltliche Ermittlungen auf sein Auskunftsverweigerungsrecht nach § 55 StPO berufen. Zur Zahl der Liquidationen erklärte Herr Tynek jedoch allgemein: »[...] ich habe auch Fälle, die habe ich übernehmen müssen, weil ich einen ›schönen‹ Fall habe, mußte ich auch andere übernehmen, da hat man mir das nahe gelegt, also das ist eine schlechte Sache, da ist irgendwie was schwierig, und das wird dann mir angetragen, weil ich auch glaube, daß meine Mitarbeiter und ich auch den entsprechenden Ruf haben, solche Fälle bearbeiten zu können.« (BewProt 39, S. 63)

Art und Umfang der Tätigkeit eines Liquidators eines stillzulegenden Treuhandunternehmens beschrieb Herr Tynek wie folgt: »[...] zu den Liquidationen muß vielleicht ausgeführt werden: Sie haben Ähnlichkeiten mit [...] der Konkursverwaltung. Allerdings sind es keine richtigen Insolvenztätigkeiten. Sie führen im Grunde genommen – es ist mehr eine Geschäftsführertätigkeit. Sie führen das Unternehmen – im Gegensatz zu einem gewöhnlichen Geschäftsführer – nicht mit dem Ziel der

Umsatzmaximierung, sondern mit dem Ziel der Umsatzminimierung, eben wie es das GmbH-Gesetz so eben formuliert. ›Versilberung des Vermögens‹ steht ja nun im GmbH-Gesetz. Das klingt so ein bißchen: Einzug aller Forderungen, Begleichung aller Verbindlichkeiten und Abschluß der laufenden Geschäfte; und das ist eigentlich mehr eine Geschäftsführertätigkeit. Insofern ist also diese Erfahrung im Insolvenzrecht sicher sehr nützlich, aber eigentlich nicht das, nicht genau das, was gefordert wird, um eine Liquidation auszuführen.« (BewProt 39, S. 58)

Herr Tränkner bestätigte vor dem Ausschuß, daß er Herrn Tynek seit etwas über 10 Jahren aus früheren Berufstätigkeiten kenne. (BewProt46, S. 146)

Zu weiteren Einzelheiten im Hinblick auf die Auftragsvergabe und die Vergütung von Herrn Tynek machte Herr Tränkner unter Bezugnahme auf laufende staatsanwaltliche Ermittlungsverfahren keine Angaben.

Zu diesem in diesem Zusammenhang anhängigen Ermittlungsverfahren berichtete Herr Oberstaatsanwalt Dr. Erbe in öffentlicher Sitzung: »Gegenstand des Verfahrens ist der Vorwurf, daß Herrn Tränkner in seiner Eigenschaft als Direktor des Direktorats Abwicklung vorgeworfen wird, einige Liquidatoren, zu denen auch Herr Tynek gehört, um seines eigenen, nämlich Tränkners, Vorteils willen bevorzugt zu haben sowie Überzahlungen bzw. Zahlungen ohne Gegenleistung vorgenommen zu haben.

Abgesehen davon, daß schon Streit darüber besteht, wie denn die einzelnen Teilungsmassen zu berechnen sind, kann man jetzt schon sagen, daß sich der Vorwurf der Strafanzeige in dieser Form, in dieser genannten Form, also Bevorzugung einzelner Liquidatoren um des unmittelbaren eigenen Vorteils willen, daß sich dieser Vorwurf jedenfalls bislang nicht bewahrheitet hat. Ob

Leistungen ohne Gegenleistungen erbracht worden sind, das wissen wir noch nicht, und ob die Berechnungsgrundlagen zutreffend sind, werden auch die weiteren Ermittlungen ergeben.« (BewProt46, S. 12/13)

Ein weiteres Ermittlungsverfahren im Zusammenhang mit der Berechnung der Teilungsmasse bezieht sich auf die Vergütung des Liquidators der Interflug.

Danach wurden ursprünglich auch der Flughafen und diverse Immobilien zur Teilungsmasse der Interflug gezählt und auf dieser Grundlage wurde das Honorar mit dem Liquidator mündlich vereinbart. Kurz nachdem das Bundesministerium der Finanzen die Treuhandanstalt darauf hingewiesen hatte, daß diese Vermögensgegenstände nicht der Interflug gehören, hat Herr Tränkner mit dem Liquidator eine schriftliche Pauschalvereinbarung getroffen, in der das ursprüngliche, auf der Grundlage der unzutreffend hohen Teilungsmasse berechnete Honorar in Höhe von ca. 6. Mio teilungsmassenunabhängig festgeschrieben wurde.

(BMat 2/183, Anlage 01, Revisionsbericht vom 6.2.1994)

Zum Sachverhalt und zum Stand des Ermittlungsverfahrens führte Herr Oberstaatsanwalt Dr. Erbe vor dem Untersuchungsausschuß aus: »Das Verfahren […] ist eingeleitet worden aufgrund einer Strafanzeige von Amts wegen […] und hat folgenden Vorwurf zum Inhalt: Der Liquidator der Interflug war ein Rechtsanwalt D. aus H. Er befindet sich in Bürogemeinschaft mit einem anderen Rechtsanwalt, und in diesem Zusammenhang besteht der Verdacht der Untreue gegen den Beschuldigten Tränkner, weil nämlich bei der Honorierung der einzelnen Liquidatoren das Honorar teilungsmassenabhängig war. D. h. der zu verdienende Honoraranspruch war abhängig von dem Wert und dem, was noch von dem Unternehmen übrig war, und berechnete sich in analoger Anwendung von bestimmten Berechnungsverordnungen; [...]

In diesem Zusammenhang ist es aufgefallen, daß die Interflug-Grundstücke im Eigentum bzw. in Rechtsträgerschaft hatte, die einen Wert von 600 Mio DM hatten. Diese Grundstücke sind aus der [...] aufzulösenden Vermögensmasse vor der Liquidation herausgenommen worden, und nachdem das geschehen war, etwa einen Monat nach der Aussonderung dieser Vermögensmasse aus der Verteilungsmasse, ist der ursprünglich festgeschriebene Honoraranspruch des Liquidators noch einmal festgeschrieben worden, und zwar ohne daß diese Reduzierung der Teilungsmasse dabei berücksichtigt worden ist.

Das hat zu einem ungefähren Differenzbetrag, einem Mehrhonorar von 3 Mio DM geführt. Das ist also der zugrundeliegende Sachverhalt, der im wesentlichen von der Kripo angezeigt worden ist, aber letztendlich zurückgeht auf Informationen des Bundesministeriums der Finanzen, die auf Anfrage der Kriminalpolizei Jena zur Verfügung gestellt worden sind.

Es stand dann noch im Raum, daß diese Besserstellung des Liquidators deshalb erfolgt sei, weil damit der beschuldigte Tränkner auch eigennützige, finanziell eigennützige Motive verfolgt habe; [...] Für diese mit der Strafanzeige der Polizei geäußerte Vermutung fehlt es bisher an tatsächlichen Anhaltspunkten, die einen entsprechenden Anfangsverdacht begründen würden. D. h. es gibt nach allem keine tatsächlichen Anhaltspunkte dafür, daß es etwa in diesem Zusammenhang zu sogenannten kickback-Zahlungen gekommen ist, daß also der dem Liquidator zugeflossene Vermögensvorteil dann in irgendeiner Form, wenn auch nicht in voller Höhe, zurückgeflossen ist.« (BewProt46, S. 5/6/7) [...]

4.1.3.2.3 Zusätzliche Vergütung qualifizierter Mitarbeiter

Die Erstattung von Personalkosten eines Liquidators ist in den Standardvertrag der Treuhandanstalt für Liquidatoren in § 3 wie folgt geregelt:

»(4) Durch diese Vergütung sind sämtliche Vergütungsansprüche des Auftragnehmers abgegolten. Dies gilt auch für den Einsatz von Mitarbeitern. Ausnahmen sind mit der THA im Einzelfall zu vereinbaren.

(5) Soweit sich der Auftragnehmer zur ordnungsgemäßen Erfüllung seiner sich aus diesem Vertrag sowie seiner Stellung als Liquidator ergebenden Verpflichtung der Hilfe Dritter (Wirtschaftsprüfer, Steuerberater, Rechtsanwälte etc.) bedienen muß, hat er diese zuvor der Treuhandanstalt namentlich und mit Angaben über die voraussichtliche Einsatzdauer und die berufliche Qualifikation zu benennen. Einsatz und Vergütung bedürfen der vorherigen Zustimmung durch die Treuhandanstalt.« (BMat 2/183, Anlage 01, S. 143, 144)

Die Beweisaufnahme hat ergeben, daß die Liquidatoren der Treuhandunternehmen zusätzlich zum vereinbarten Honorar zum Teil erhebliche Beträge für die Leistungen sogenannter »qualifizierter Mitarbeiter« abgerechnet haben.

Aus den beigezogenen Honorarlisten ergibt sich, daß das abgerechnete Honorar für qualifizierte Mitarbeiter im Einzelfall das eigentlich vereinbarte Honorar um mehr als 200 % überstieg.

So hat beispielsweise der u. a. für fünf zentralbetreute »normale« Unternehmen beauftragte XXXXXX bei einem vereinbarten Netto-Soll-Honorar von 2.027.880 DM bisher einen Betrag von 4.626.477 DM für qualifizierte Mitarbeiter abgerechnet und erhalten.

(BMat 2/218, Liste normale Unternehmen Zentrale, S. 13)

Daneben ist XXXXXX auch mit der Abwicklung von zwei Außenhandelsbetrieben beauftragt, in diesen Fällen steht einem ausgezahlten Netto-Honorar in Höhe von 642.621 DM eine Zahlung für qualifizierte Mitarbeiter in Höhe von 1.683.781 DM gegenüber.

(BMat 2/218, Liste AHB, S. 3)

In einem anderen Fall, in dem ein Soll-Honorar nicht ausgewiesen ist, weil die Vergütung nach Stundensätzen vereinbart ist, hat der Liquidator bisher einen Betrag in Höhe von 1.197.025 DM als Netto-Honorar abgerechnet und erhalten. Dem stehen Zahlungen für qualifizierte Mitarbeiter in Höhe von 2.134.655 DM gegenüber.

(Liquidationen von Herrn XXXXXX, BMat 2/218, Liste normale Unternehmen der Zentrale, S. 9)

In einem weiteren Fall stehen sich das Netto-Ist-Honorar des Liquidators in Höhe von 2.703.350 DM und Zahlungen für qualifizierte Mitarbeiter in Höhe von 4.495.236 DM gegenüber.

(Liquidator Rechtsanwalt XXXXXXXX BMat 2/218, Liste AHB, S. 1)

Auch in Fällen, in denen das Honorar für qualifizierte Mitarbeiter das bisher ausgezahlte Ist-Honorar des Liquidators nicht übersteigt, sind die Summen zum Teil gleichwohl signifikant. So hat ein Liquidator, der mit der Liquidation von neun »normalen« zentralbetreuten Unternehmen beauftragt ist, bei einem zu erwartenden Netto-Honorar von 9.834.142 DM bisher 7.658.359 DM an Ist-Honorar und zusätzlich 1.906.305 DM für qualifizierte Mitarbeiter abgerechnet und erhalten.

(Rechtsanwalt XXXXXX, BMat 2/218, Liste Zentrale »normale« Abwicklung, S. 2)

Aus den beigezogenen Akten ergibt sich zudem, daß XXXXXXXX XXXXXXXX XXXXXXXXX XXXXXXXX XXXXXXXXX XXXXXXXX

(Rechtsanwalt XXXXXXX Revisionsbericht vom 9. März 1994, BMat 2/183, Anlage 01, S. 230)

xxxxxxxx xxxxxxxx xxxxxxxx xxxxxxxx xxxxxxxx xxxxxxxx XXXXXXXX

»xxxxxxxx xxxxxxxx xxxxxxxx xxxxxxxx xxxxxxxx xxxxxxxx xxxxxxxx xxxxxxxx xxxxxxxx xxxxxxxx xxxxxxxx xxxxxxxx xxxxxxxx xxxxx xxxx xxxxxxxx.

XXXXXXXXX = XXXXXXX und
XXXXXXXXX = XXXXXXX

xxxxxxxx xxxxxxxx xxxxxxxx xxxxxxxx xxxxxxxx xxxxxxxx xxxxxxxx xxxxxxxx xxxxxxxx xxxxxxxx xxxxxxxx xxxxxxxx xxxxxxxx xxxxxxxx xxxxxxx.«

(BMat 2/183, Anlage 01, S. 230/231)

xxxxxxxx xxxxxxxx.

(BMat 2/183, Anlage 01, S. 238)

(*Der für die vorhergehende Seite vorgesehene Text kann nicht abgedruckt werden, da das BMF den diesem zugrundeliegenden, als VS-Vertraulich eingestuften Revisionsbericht unter Hinweis auf ein strafrechtliches Ermittlungsverfahren und mögliche Nachteile für die gerichtliche Durchsetzbarkeit von Rechtspositionen des Bundes nicht herabgestuft hat.*)

[…]

Zu der Frage, unter welchen Voraussetzungen der Einsatz qualifizierter Mitarbeiter genehmigt worden sei, erklärte Herr Tränkner: »Diese qualifizierten Mitarbeiter haben wir immer dann genehmigt, wenn der Liquidator uns beispielsweise glaubwürdig versichert hat, daß im Unternehmen noch nicht ausreichend qualifiziertes Personal in notwendigem Umfang zur Verfügung steht. Wenn beispielsweise die Buchhaltung nicht mehr geführt werden kann oder die Buchführung nicht da ist und neu ausgearbeitet werden muß, wenn er z. B. besondere Spezialisten brauchte, Kostenmanagement, Vertriebsberatung, Produktionsorganisation und ähnliches, oder wenn er eine besondere kaufmännische oder technische Betreuung des Unternehmens brauchte. Diese Genehmigung ist erteilt worden durch Einzelgenehmigung, in jedem Fall durch die Rechtsabteilung im Direktorat »Abwicklung« und gegebenenfalls nach Stellungnahme des zuständigen Abwicklungsreferenten.

Es gibt Fälle, in denen Liquidatoren keine qualifizierten Mitarbeiter genommen haben, und es gibt Fälle, wo sie in erheblichen Höhen, die sogar höher waren als ihre Honorare, abgerechnet haben [...]«

4.1.3.2.4 Zusätzliche Erstattung der Mehrwertsteuer

Ein weiterer Problemschwerpunkt bei der Berechnung der Honorare der Liquidatoren ist die Frage, inwieweit die gesetzliche Umsatzsteuer in Höhe von 15 % im berechneten Teilungsmassenhonorar bereits enthalten ist oder zusätzlich vergütet werden darf. Dazu hat Herr Tränkner in seiner ersten Vernehmung erklärt: »Entgegen § 4 Abs. 5 Vergütungsverordnung ist vertraglich vereinbart, den vollen gesetzlichen Mehrwertsteuersatz aufzuschlagen.« (BewProt 39, S. 179)

Diese Frage ist ebenfalls Gegenstand eines strafrechtlichen Ermittlungsverfahrens. Daneben hat sich auch die Revision der Treuhandanstalt eingehend mit dieser Thematik befaßt.

Zum Stand des Ermittlungsverfahrens berichtete Herr Oberstaatsanwalt Dr. Erbe in öffentlicher Sitzung: »Das [...] Verfahren [...] richtet sich gegen den Beschuldigten Tränkner wegen des Vorwurfs der Untreue [...] Daß es Herr Tränkner ist, liegt nicht daran, daß sich irgend jemand auf Herrn Tränkner eingeschossen hat, sondern liegt daran, daß er innerhalb der Treuhandanstalt für diesen Bereich, für das Direktorat Abwicklung, der Verantwortliche war. Und deshalb richtet sich die Strafanzeige gegen die ja insofern austauschbare verantwortliche Person.

Hintergrund ist, daß die Honorierung der Liquidatoren der Treuhandanstalt in entsprechender Anwendung der Vergütungsverordnung erfolgt, die ansonsten Konkurs- und Vergleichsverwalter zu beanspruchen haben. In den Verträgen mit den Liquidatoren – so jedenfalls der Inhalt der polizeilichen Strafanzeige – sei der Umsatzsteuerausgleich entsprechend § 4 Abs. 5 dieser Vergütungsverordnung ausgeschlossen gewesen. Das hätte zur Folge gehabt, daß eine zu zahlende Mehrwertsteuer voll aus der Vergütung des Liquidators von diesem zu erbringen gewesen wäre. Es gibt Unterlagen über eine sogenannte zusätzliche Honorarvereinbarung, aus der sich ergibt, daß die Umsatzsteuer von früher 14 bzw. 15 % voll auf den vereinbarten Regelsatz aufgeschlagen worden sei und damit letztendlich zu Lasten der Treuhandanstalt und nicht zu Lasten des Liquidators gegangen ist […]«

(*An dieser Stelle sollte eine zusammenfassende Stellungnahme des Direktorats Recht und der Revision der Treuhandanstalt zur Durchsetzung von Rückforderungsansprüchen des Bundes gegen die Liquidatoren folgen. Diese Passage hat das BMF als VS-Vertraulich eingestuft. Sie kann somit hier nicht abgedruckt werden.*)

Herr Tränkner hat sich in seiner zweiten Vernehmung zu dieser Frage wie folgt eingelassen: »Im Liquidatorenvertrag, in der Konkursordnung kann der Konkursverwalter nach § 5 Abs.4, glaube ich, ist es, den halben Mehrwertsteuersatz beanspruchen. Meine juristischen Mitarbeiter haben in den Liquidatorenvertrag reingeschrieben, daß die Regelung nach § 5 Abs. 4 ausgeschlossen ist. Sie wollten damit sagen, daß wir nicht den halben Steuersatz zahlen. Dieser Satz ist ebenso unsinnig da drin wie mißverständlich, aber man muß auch böswillig sein, um ihn mißzuverstehen. Dies will ich auch deutlich sagen, und ein paar böswillige Beamte, habe ich ja schon gefunden! Und da haben die auch dreieinhalb Jahre gebraucht, bis sie das gefunden haben, obwohl sie die Verträge kannten! Und dieser Satz wurde ergänzt durch die Beilage einer Honorarvereinbarung, die beide auch vom Direktorat Recht der Treuhandanstalt gemeinsam mit dem Vertrag geprüft und genehmigt worden sind seinerzeit. Und in der Honorarvereinbarung steht drin: Honorar, zusätzlich gesetzlicher Mehrwertsteuer, Gesamtsumme [...]«

4.1.3.2.5 Sonstige Leistungen

Neben dem eigentlichen Honorar zuzüglich Mehrwertsteuer erhielten die Liquidatoren der Treuhandanstalt aus dem Ergebnis der Beweisaufnahme weitere Leistungen.

4.1.3.2.5.1 Erstattung von Versicherungsprämien

Nach § 4 Abs. 5 des Standardvertrages für Liquidatoren ist der beauftragte Liquidator verpflichtet, »für die Dauer seiner Beauftragung eine ausreichende Vermögenshaftpflichtversicherung abzuschließen und dieses der THA nachzuweisen.« (BMat 2/183, Anlage 01, S. 145)

Der Abschluß dieser Versicherungsverträge erfolgt seit Juli 1992 fast ausschließlich durch die Vermittlung der THA (Versicherungsvermittlung der Treuhand GmbH) [...]

In einer Systemprüfung zur Erstattung von Vermögensschadens-Haftpflichtversicherungen für Liquidatoren und Gutachter kommt die Revision der Treuhandanstalt in dem Bericht vom 26. Januar 1994 im wesentlichen zu folgenden Ergebnissen: »In 201 Liquidationsfällen der THA-Zentrale sind die Prämien für abgeschlosseneVermögensschadens-Haftpflichtversicherungen aus der Vermögensmasse der abzuwickelnden THA-Unternehmen beglichen worden. Die Höhe der übernommenen Versicherungsprämien für diese 201 Liquidationsfälle der THA-Zentrale betrug bis 13.10. 1993 6.223.430 DM.

– Auch für die Mandate zur Abwicklung von Restgesellschaften sind die Prämien für Vermögensschadens-Haftpflichtversicherungen regelmäßig von der THA übernommen worden.

– Die undifferenzierte Übernahme von Prämien Vermögensschadens-Haftpflichtversicherungsfälle stellt keine Einzelfallregelung dar. Die Prämienbegleichung aus der Vermögensmasse der abzuwickelnden Unternehmen ist durch die Honorarvereinbarung nicht gedeckt.

– Eine Hochrechnung von Zahlen der THA ergibt für den Zeitraum Juni 1991 bis Dezember 1994 für die THA-Zentrale und Niederlassungen/Geschäftsstellen einen voraussichtlichen Prämienaufwand von 12.003.000 DM [...]«

4.1.3.2.5.2 Erstattung von Nebenkosten

Zusätzlich zum Honorar konnte der Liquidator soweit erforderlich auch Reisekosten, insbesondere Übernachtung und Flugkosten nach der Abrechnungsverordnung für Liquidatoren der Treuhandanstalt abrechnen. (Aussage Zinsmeister, BewProt 46/235)

4.1.3.2.5.3 Zusätzliche Abrechnung von Anwaltstätigkeiten

Zu der Frage, ob die als Liquidatoren tätigen Anwälte

zusätzlich zu ihrer Liquidatorenvergütung noch Gebühren nach der Bundesrechtsanwaltsgebührenordnung (BRAGO) abrechnen konnten, erklärte Herr Tränkner in seiner ersten Vernehmung: »Wir haben in den Liquidatorenhonoraren beinhaltet Prozeßgebühren. Innerhalb dieser Liquidationen sind erhebliche Vergleiche angefallen, erhebliche Prozesse, nicht nur Arbeitsgerichtsprozesse sondern auch andere Prozesse. Obwohl dies – ich sage es jetzt mal vorsichtig – bei Anwälten nicht unbedingt standesgemäß ist, haben wir von den bei uns tätigen Liquidatoren verlangt, daß die Prozesse, die im Rahmen der Liquidation anfallen, durch das Liquidationshonorar mit abgedeckt sind[…]«

Herr Tränkner hat diese Aussage im Nachgang zu seiner Vernehmung schriftlich wie folgt korrigiert: »Wir haben in den Liquidatorenhonoraren in der Regel beinhaltet die Prozeßgebühren.«

(Schreiben Tränkner vom 9. Juni 1994)…

In welchem Umfang derartige Ausnahmen in der Treuhandanstalt genehmigt wurden, konnte im Rahmen der Beweisaufnahme nicht festgestellt werden. Aus dem Bericht der Revision der Treuhandanstalt XXXXXXXX XXXXXXXX XXXXXXXX XXXXXXXX XXXXXXXXXXXXX XXXXXXXX XXXXXXXX ergibt sich, XXXXXXXXXXXXXXX XXXXXXXX XXXXXXXX XXXXXX XXXXXXXXXXXXXXX XXXXXXX XXXXXXXX XXXXXX (2/183, Anlage 01, Seite 229)

(Eine Herabstufung wurde vom BMF mit o. g. Begründung abgelehnt.) […]

4.1.5 Vorgesehene Änderung der Liquidatorenvergütung

Vor dem Untersuchungsausschuß haben alle dazu befragten Zeugen erklärt, daß die Vergütung der Liquidatoren neu diskutiert und Änderungen vorgenommen worden seien. Nicht einheitlich sind die Aussagen zum Anlaß, zum Verlauf und zum Ergebnis der Diskussion. Dazu erklärte Herr Dr. Klinz: »Wir haben uns seit Herbst letzten Jahres mit der ganzen Frage der Liquidatorvergütung intensiv auseinandergesetzt. Frage: Bleiben wir beim zweifachen Satz? Bleiben wir überhaupt bei dem Schema? Gehen wir zur Zeitbezahlung? Gehen wir zu einer Geschäftsführerbezahlung über? Wir haben es auch mit dem Präsidium des Verwaltungsrates und dem Finanzministerium besprochen. Wir haben jetzt eine neue Regelung, die sich dadurch auszeichnet, daß wir zunächst einmal bei dem Prinzip bleiben, die Liquidatorbezahlung auf der Basis der freien Masse zu berechnen, auf der Basis zweifacher Satz, das wir im Gegensatz zu früher aber folgende Veränderungen haben: Die Mehrwertsteuer ist in diesem Honorar enthalten und wird nicht separat bezahlt.

2. Wir haben eine Obergrenze bei 3 Millionen. Sie kann bei Neuvergaben nur überschritten werden, wenn der Vorstand und zwei Vorstandsmitglieder damit einverstanden sind.

3. Die Entwicklung nach oben – Starten vom zweifachen Satz – ist abhängig von der Höhe der Teilungsmasse. Wenn die Teilungsmasse über 10 Millionen hinausgeht, wird der Faktor reduziert [...]«

Zu dieser Frage erklärte Frau Breuel, im Anschluß an den Vorhalt, daß das Honorar von Herrn Rechtsanwalt Tynek in Höhe von etwa 28 Millionen DM auf der Basis des üblichen Stundensatzes, einem Arbeitsaufwand von 50 Personenjahren entspräche: »Dieser Fall war genau der Anlaß, um das ganze noch mal zu überprüfen, wie gesagt, auch mit starker Unterstützung des Finanzministers, um zu entsprechenden verschärften Regelungen zu kommen, wobei ich vielleicht folgendes in Erinnerung rufen möchte: Als wir wachsende Zahlen von Abwicklungen zu entscheiden hatten, gab es relativ wenige konkurs- und insolvenzerfahrene Liquidatoren. Wir haben versucht, mit Schulungen und anderen Methoden sozusagen eine gewisse Ausdehnung der Verfügbarkeit zu erreichen. Insofern waren wir auch nicht immer diejenigen, die endgültig alleine entscheiden, wie die Vergütung hinterher aussah.

Daß das jetzt, nach einigen Jahren, ganz anders aussieht und wir insofern sicher mehr Möglichkeiten haben, dort der Sparsamkeit zu einem größeren Erfolg zu verhelfen, halte ich für völlig normal und auch für unsere zwingende Pflicht, muß ich nochmals sagen. Der Markt hat sich da einfach geändert [...]«

Schließlich schilderte Frau Dr. Otto, die seit Februar 1993 als Referatsleiterin für Grundsatzfragen der Abwicklung im BMF zuständig ist, den Verlauf und das Ergebnis der Diskussion zur Umstellung der Berechnungsgrundlage der Liquidatorenhonorare in der 37. Sitzung am 27. April 1994 wie folgt: »Das Problem war, daß die Treuhandanstalt sich zunächst, sagen wir einmal, dagegen etwas gesperrt hat, die Vergütung zurückzuführen, mit dem Argument: Wir kriegen dann nicht mehr die qualifizierten Liquidatoren, die wir brauchen. Das war an sich ein langer Diskussionsprozeß, der letztenendes dann noch im Vorstand der Treuhandanstalt geführt werden mußte und im Präsidium, der dann auch dazu geführt hat, daß wir uns durchgesetzt haben mit unserer Auffassung. Die Treuhandanstalt hat den Akzent darauf gesetzt, daß sie sagt: Wir wollen einfach die besten Liquidatoren und wollen die auch immer in der Menge, in der wir sie brauchen, haben, und das sind natürlich wahnsinnig viele. Das Geschäft läuft einfach besser – das ist klar – je besser sie bezahlen, desto leichter kriegen sie

gute Leute. Das war also die Argumentation der Treuhandanstalt und unsere war: Wir kriegen jetzt ausreichend gute Leute, jetzt auch gestützt vom BMJ, auch wenn wir die Liquidatorenvergütung etwas absenken.«
(BewProt 37, Seite 276)

Auf die Frage, wann die Treuhandanstalt dies umgesetzt habe, erklärte Frau Dr. Otto: »Sie ist dabei. Das ist jetzt erst beschlossen worden, das neue Vergütungssystem und das wird jetzt umgesetzt.« (BewProt 37, Seite 275)

Die Nachfrage, ob bis heute nach dem alten System vergütet werde, wurde von Frau Dr. Otto bejaht.
(BewProt 3 7, Seite 2 75)

4.2 Feststellungen zum vereinbarten und gezahlten Liquidatorenhonorar

Die Treuhandanstalt hat unterschiedliche Zahlen zum vereinbarten und ausgezahlten Honorar für Liquidatoren von zentral betreuten Unternehmen veröffentlicht. In der Pressemitteilung der Treuhandanstalt vom 12. Oktober 1993 wird das Gesamt-Soll-Honorar für die Zentrale mit 184 Millionen und die Summe der bereits ausgezahlten Honorare mit 100 Millionen angegeben. (Pressemitteilung vom 12. Oktober 1993, Seite 7).

In der Pressemitteilung der Treuhandanstalt vom 10. Juni 1994 (Seite 7) wird das vereinbarte Soll-Honorar für Liquidatoren zentral betreuter Unternehmen mit 155 Millionen und die entsprechende Summe bereits ausgezahlter Honorare mit 86 Millionen angegeben.

Auch die Aussagen der zu dieser Frage angehörten Zeugen waren nicht einheitlich.

Herr Dr. Klinz erklärte: »Der Betrag dürfte bei etwa 200 Millionen DM liegen. Das sind die Honorare für die Liquidatoren aus der Zentrale. Dann kommen noch die Niederlassungen hinzu. Die Fälle sind aber sehr viel kleiner. Das werden dann – ich kann den Betrag aber nur schätzen – noch einmal 50 Millionen bis 100 Millionen DM zusätzlich sein.« (BewProt 45, Seite 231)

Zu der Summe der Gesamthonorare erklärte Herr Tränkner: »Nach meiner Erinnerungen waren es, als ich in der Treuhand war, eine Zahl von sogenannten Soll-Honoraren auf der Basis fiktiver, vorweg angenommener Honorare, round about 200 Millionen.« (BewProt46, Seite 126)

Auf die Frage, ob die Angaben der Pressekonferenz vom Oktober 1993 zutreffen, wonach bereits 100 Millionen DM für Liquidatorenhonorare durch das Direktorat Abwicklung ausgezahlt worden seien, erklärte Herr Tränkner: »Wenn die Treuhand dies erklärt, das würde auch ungefähr dem Verlauf entsprechen können. Wir hatten ein Zeitraster festgelegt, wonach in bestimmten Abständen die Liquidatoren-Teilbeträge ihres Honorars abrufen dürfen oder durften, wobei grundsätzlich 20 % des Honorares einbehalten wurden bis zum endgültigen Abschluß, sprich: Löschung im Handelsregister. Auf Wunsch des Finanzministeriums ist dieser Endbetrag erhöht worden.« (BewProt46, Seite 127)

Auf die weitere Frage, ob sich diese Zahlen auf alle Liquidationen oder nur auf die Liquidationen beziehen, die von der Zentrale betreut werden, antwortete Herr Tränkner: »Das kann ich Ihnen so nicht sagen. Ich kenne nur die Zahl 200. Ich weiß wirklich im Moment nicht, worauf die sich bezieht.« (BewProt 46, Seite 149)

Frau Breuel konnte keine Angaben zu der Gesamtsumme der Liquidatorenhonorare machen, bezeichnete den Anteil der Liquidatorenhonorare an den Gesamtkosten der Liquidation aber als »minimal« und erklärte: »Sie wissen – das hat Ihnen Tränkner alles erzählt, nehme ich an« (BewProt 43, Seite 54)[...]

Eine Auswertung der im Rahmen der Beweisaufnahme beigezogenen Honorarlisten der Treuhandanstalt (BMat 21218) hat ergeben, daß die Treuhandanstalt mit den durch die Zentrale beauftragten Liquidatoren, die auf der Grundlage der Vergütungsverordnung honoriert werden, ein Gesamthonorar in Höhe von 220.666.450,00 DM vereinbart hat. Dies beinhaltet auch Honorare für die Abwicklung von Außenhandelsbetrieben (ohne KoKo) und Sondervermögen. In dieser Summe nicht enthalten ist das Soll-Honorar von insgesamt 164 Liquidationen, bei denen Stundensätze vereinbart wurden oder über die aus sonstigen Gründen in den Listen keine Angaben enthalten sind. Für diese Liquidationen sind bisher Netto-Honorare in Höhe von 121.474.537,— DM ausgezahlt worden.

Die Gesamtsumme der Zahlungen, d. h. einschließlich der zuzüglich gezahlten Mehrwertsteuer sowie der Ausgaben für qualifizierte Mitarbeiter und Nebenkosten, beträgt 204.808.109,00 DM [...].

Insgesamt sind nach Aktenlage 541 Liquidatoren für die Treuhandanstalt tätig (Adressenliste aller Liquidatoren der Zentrale und Geschäftsstellen).

Aus der beigezogenen Honorarliste ergibt sich, daß am 1.7.1994 132 Liquidatoren für die Zentrale der Treuhandanstalt tätig waren (die Liste enthält 133 Liquidatoren, Herr Tynek ist aber doppelt aufgeführt). Unter Zugrundelegung des bereits ausgezahlten Bruttohonorares für zentralbetreute Unternehmen in Höhe von 204.808.109 DM entfallen auf den einzelnen Liquidator im Durchschnitt bisher geleistete Brutto-Zahlungen in Höhe von 1.551.576 DM. Die Zentrale hat im Durchschnitt 5,5 Liquidationen auf einen Liquidator übertragen (132 Liquidatoren für 730 Liquidationen).

Eine Auswertung der beigezogenen Honorarlisten der

zentralbetreuten Unternehmen hat ergeben, daß die ausgezahlten Brutto-Honorare der 10 »Top-Liquidatoren« signifikant von den Durchschnittswerten abweichen.

Danach haben allein diese 10 Liquidatoren bisher Brutto-Gesamteinnahmen in Höhe von 121.728.998 DM erhalten. Damit entfällt allein auf diese 10 Liquidatoren 59,4 % des von der Zentrale ausgezahlten Brutto-Honorars. Auch im Hinblick auf abgerechnete Kosten für qualifizierte Mitarbeiter liegen diese 10 Liquidatoren erheblich über dem Durchschnitt.

Die 10 »Top-Liquidatoren« haben bisher Kosten für qualifizierte Mitarbeiter in Höhe von 27.693.982 DM abgerechnet. Damit beträgt der Anteil der für qualifizierte Mitarbeiter an diese 10 ausgezahlten Summe 68,31 % des Gesamtbetrages in Höhe von 40.536.116 DM (bezogen auf alle 132 Liquidatoren) […] In folgender Tabelle sind die 10 Liquidatoren und ihre Vergütung aufgeführt, die die höchsten Honorare von der Treuhandanstalt erhalten haben. (BMat 2/218)

Liquidator	Zahl d. Liquidationen (aufgeteilt nach N = Normal, AHB = Außenhandelsbetrieb, RG = Restgesellschaft und SV = Sondervermögen).	Brutto-Ist	davon Kosten f. qualifizierte Mitarbeiter	Anteil der Kosten für qualifizierte Mitarbeiter vom Gesamthonorar in %
1)XXXX	7 (2 AHB, 4 N, 1 SV)	24.981.341 1)	5.915.518	23,6 %
2)XXXXX	16 (13 N, 3 RG)	15.231.991	4.251.265	27,9 %
3)XXXXXXX	5 (alle N)	11.943.497	483.071	4,0 %
4)XXXXXXX	14 (9 AHB, 2 N, 3 RG)	11.528.201 2)	4.251.265	36,8 %
5)XXXX	10 (9 AHB, 1 N)	11.270.212 3)	1.906.305	16,9 %
6)XXXXXXX	81 (5 N, 76 RG)	10.582.201 4)	1.524.866	14,4 %
7)XXXX	8 (5 AHB, 5 N)	10.300.974	1.069.595	10,3 %
8)XXXX	7 (2 AHB, 5 N)	10.081.967 5)	6.309.858	58,3 %
9 XXXX	58 (1 AHB, 5 N, 52 RG)	8.441.021 6)	1.531.742	18,1 %
10)XXXX	4 (alle N)	7.367.178	450.497	6,1 %
		121.728.998	27.693.982	

1) zzgl. 19 Liquidationen in NL
2) zzgl. 2 Liquidationen in NL
3) zzgl. 4 Liquidationen in NL
4) zzgl. 1 Liquidation in NL
5) zzgl. 4 Liquidationen in NL
6) zzgl. 4 Liquidationen in NL

Herr Tränkner erklärte zu der Höhe der Honorare einzelner Liquidatoren in seiner ersten Vernehmung vor dem Untersuchungsausschuß folgendes: »Aber vielleicht nehmen Sie mir eines ab, [...] – und dies mag jetzt unklug sein, dies zu sagen, aber es ist die Wahrheit –: Ich habe mich für die Höhe der Honorare des einzelnen Liquidators nie interessiert bis zu dem Zeitpunkt, als das BMF angefangen hat, danach zu fragen, weil ich eigentlich nur auf die Leistung aus war, die der einzelne hatte, und ich ein starres Regelwerk hatte.« (BewProt 39, S. 315)

4.3 Vergabe von Aufträgen an die Liquidatoren

Während ein Konkursverwalter grundsätzlich von dem zuständigen Konkursgericht bestellt wird, werden die Liquidatoren der Treuhandanstalt vom Direktorat Abwicklung beauftragt.

(BMat 21199, S. 23)

4.3.1 Anforderungsprofil an Liquidatoren

Zu der Frage, nach welchen Kriterien die Treuhandanstalt Liquidatoren ausgewählt hat, führte Herr Tränkner folgendes aus: »Wir haben im Sommer 1990/Herbst 1990 die Rechtsanwaltskammern der alten Bundesländer angeschrieben, also die Treuhandanstalt, mit der Bitte um Unterstützung bei der Abwicklung von Treuhand-Beteiligungsunternehmen. Die Rechtsanwaltskammern sollten an insolvenzerfahrene Kollegen herantreten und diese motivieren, sich bei der Treuhandanstalt schriftlich zu bewerben und vorstellig zu werden. Aufgrund der Rundschreiben gingen bis Anfang '91 zahlreiche Bewerbungsunterlagen bei der Treuhandanstalt ein, wobei ich der Vollständigkeit halber hinzufügen möchte, daß dies auch heute noch der Fall ist. Wir bekommen immer wieder Briefe und Bewerbungen.

Die eingereichten Bewerbungsunterlagen, Auflistungen und Empfehlungen wurden gesichtet und nach folgenden Kriterien ausgewertet [...]: Namhafte Konkursverwalter der alten Bundesländer, die sich in großen, schwierigen Verfahren mit der Durchführung übertragender Sanierung ausgezeichnet hatten – da gab es eine Hand voll von –; in der Öffentlichkeit nicht so bekannte, aber in Anwaltskreisen beleumundete und erfahrene Rechtsanwälte, die bereits in Insolvenzverfahren erfolgreiche Sanierungskonzepte durchgeführt hatten; und als dritte wirtschaftlich ausgerichtete Anwälte, die infolge der gezielten Ansprache durch die Rechtsanwaltskammern sich beworben hatten – hier erfolgte und erfolgt auch heute noch die Auswahl im Einzelfall nach dem Zufallsprinzip unter Berücksichtigung regionaler Zuordnung.

Aus diesen drei genannten Gruppen haben wir die Auswahl der Liquidatoren im wesentlichen am voraussichtlichen Schwierigkeitsgrad der Abwicklung und der Anzahl der betroffenen Arbeitsplätze vorgenommen, soweit wir dies beurteilen konnten. Je komplexer und sozial spannungsreicher das Abwicklungsverfahren sich bereits im Vorfeld abzeichnete, desto eher wurde nach Möglichkeit auf die Gruppe der namhaften Konkursverwalter zurückgegriffen...«

4.4 Übertragung von Liquidationen an ehemalige Mitarbeiter des Direktorats Abwicklung

Die Treuhandanstalt hat insgesamt sieben ehemalige Mitarbeiter des Direktorats Abwicklung als Liquidatoren eingesetzt. Diese Mitarbeiter waren vorher alle Abteilungsleiter im Direktorat Abwicklung.

Weitere zwei freie Mitarbeiter, die als Funktionalberater für das Direktorat Abwicklung tätig waren, wurden anschließend als Liquidatoren für Treuhand-Beteiligungsunternehmen tätig.

Schließlich sind sechs weitere ehemalige Referenten aus dem Direktorat Abwicklung bei den o.g. Liquidatoren beschäftigt bzw. beschäftigt gewesen. In einem Fall wechselte die betroffene Person im Anschluß an ihre Tätigkeit bei einem ehemaligen Abteilungsleiter als Liquidator wieder zurück in das Direktorat Abwicklung.

(zu alledem Revisionsbericht vom 3. Februar 1994, BMat 2/183, Anlage 01, S. 257ff, hier S. 259 und 261)

4.4.1 Zahl der übertragenen Liquidationen und vereinbarte Honorare

Nach den Feststellungen des Revisionsberichtes vom 3. Februar 1994 waren die neun ehemaligen Mitarbeiter des Direktorats Abwicklung im Januar 1994 mit 169 Liquidationen beauftragt. Dabei handelte es sich um 132 sogenannte »Restgesellschaften«, 23 normale Liquidationen und 14 Außenhandelsbetriebe.

Nach den Feststellungen der Revision im o. g. Bericht waren im Januar 1994 mit diesen Mitarbeitern Soll-Netto-Honorare in Höhe von insgesamt 36.053.000 DM vereinbart.

Weitere 3.315.000 DM wurden als Honorar für qualifizierte Mitarbeiter und zusätzliche 2.265.000 DM für Nebenkosten abgerechnet. Das ergibt ein Netto-Gesamthonorar von 41.633.000 DM.

Diesem Betrag hinzuzurechnen ist die gesetzliche Mehrwertsteuer, d. h. ein Betrag von 6.244.000 DM, so daß sich für diesen Zeitpunkt ein Brutto-Soll-Honorar in Höhe von 47.877.000 DM ergibt.

(Auswertung der Zahlen im Revisionsbericht, BMat 21183, Anlage 01, S. 265)

In diesem Zusammenhang ist jedoch zu berücksichtigen, daß diesem Revisionsbericht eine Umverteilung von Liquidationsmandaten vorausgegangen ist.

Von dieser Umverteilung betroffen sind insbesondere die Liquidatoren Rechel und Zinsmeister. Während Herr Rechel im Januar 1994 »nur noch« 15 Liquidationen (9 Restgesellschaften, 1 AHB und 5 normale) betreute, waren dies im Juli 1993 noch insgesamt 73 Liquidationen (54 Restgesellschaften, 2 Außenhandelsbetriebe und 17 normale Liquidationen).

Herr Zinsmeister betreute im Januar 1994 »nur noch« 20 Liquidationen, davon 2 normale Liquidationen und 1 Restgesellschaft. Im Juli 1993 waren es noch insgesamt 76 Liquidationen, davon 58 Restgesellschaften und 18 normale Liquidationen. (BMat 2/183, Anlage 01, S. 264)

Der Untersuchungsausschuß hat die Zeugen Rechel und Zinsmeister in ihrer zweiten Vernehmung dazu befragt, in welcher Höhe sie für Liquidationen Zahlungen von der Treuhandanstalt erhalten haben. Dazu erklärte Herr Rechel: »Ich habe entsprechend den vertraglichen Vereinbarungen, die für jede dieser Gesellschaften geschlossen wurden, Abschläge auf die Vergütung – jeweils mit Zustimmung der Treuhandanstalt – entnommen. Das ist ein Betrag von insgesamt 5,855 Mio DM.« (BewProt46, S. 160)

Auf die Frage, wie sich dieser Betrag im Hinblick abberufene Aufträge und verbliebene Liquidationen aufteilt, erklärte Herr Rechel: »Ich habe es einmal ausgerechnet. Für die Gesellschaften, bei denen ich als Liquidator abberufen wurde, habe ich genehmigte Honorarabschläge in Höhe von etwa 3,15 Mio DM erlangt. Der Differenzbetrag zu der zuerst genannten Summe sind die Honorarabschläge, die ich auf die mir verbliebenen Gesellschaften erhalten habe.«

Auf weitere Nachfrage erklärte Herr Rechel, daß es sich bei den genannten Beträgen um Netto-Beträge handele, qualifizierte Mitarbeiter, sonstige Auslagen und die

Mehrwertsteuer seien gesondert abgerechnet worden.
(BewProt46, S. 197/198)

Auf die Frage, für welchen Zeitraum die genannten Abschlagszahlungen gezahlt worden seien, antwortete Herr Rechel: »Durchschnitt: Ein Jahr.«
(BewProt46, S. 176)

Herr Zinsmeister gab an, daß er bisher insgesamt ein Honorar in Höhe von 6.804.337,80 DM erhalten habe. Dabei handelt es sich um das Netto-Honorar, Mehrwertsteuer und genehmigte Kosten für qualifizierte Mitarbeiter seien gesondert abgerechnet worden.
(BewProt 46, S. 210/212)

Auf die Frage, in welcher Höhe zusätzliche Kosten für qualifizierte Mitarbeiter abgerechnet worden seien, konnten beide Zeugen keine Angaben machen. Auf die Frage, ob er wenigstens eine etwaige Größenordnung angeben könne, antwortete Herr Rechel: »Das kann ich auch nicht sagen. Das ergibt sich aus meiner Buchhaltung. Ich müßte da Einblick nehmen.« (BewProt46, S. 199)

Auf die gleiche Frage antwortete Herr Zinsmeister: »Ich kann es nicht. Wenn ich es jetzt sagen würde, würde ich lügen. Ich kann es wirklich nicht. Ich habe mich auf diese Frage nicht vorbereitet.« (BewProt 46, S. 213)

Aus den beigezogenen Honorarlisten vom 8. Juli 1994 ergibt sich – wie in der obigen Tabelle abgebildet – , daß Herr Zinsmeister einen Brutto-Betrag in Höhe von 10.582.201 DM erhalten hat. Diese Summe enthält Kosten für die Abrechnung qualifizierter Mitarbeiter in Höhe von 1.524.866 DM. Herr Rechel hat danach einen Brutto-Betrag in Höhe von 8.441.021 DM erhalten, worin Kosten für qualifizierte Mitarbeiter in Höhe von 1.531.742 DM enthalten sind [...]

Zu den beruflichen Erfahrungen der Herren Rechel und Zinsmeister hat der Untersuchungsausschuß folgendes festgestellt: Herr Rechel war im Anschluß an das zweite juristische Staatsexamen von Ende 1989 bis Mitte 1991 als Rechtsanwalt tätig. Vom 1. Juni 1991 bis Ende Oktober 1992 war Herr Rechel Mitarbeiter der Rechtsabteilung des Direktorats Abwicklung, seit Februar 1992 als Leiter der Rechtsabteilung. Seit seinem Ausscheiden bei der Treuhandanstalt im Oktober 1992 ist Herr Rechel wieder als Anwalt tätig und mit Liquidationen durch die Treuhandanstalt betraut. Zum Zeitpunkt seiner Anhörung war Herr Rechel 33 Jahre alt.

(BewProt39, S. 72f)

Herr Zinsmeister hat 1986 eine Ausbildung als Sparkassen-Betriebswirt abgeschlossen und war seitdem in verschiedenen Funktionen in der Sparkasse tätig. Herr Zinsmeister gab an, unmittelbar vor dem Beginn seiner Tätigkeit als kommissarischer Vorstand einer Sparkasse im Osten tätig gewesen zu sein. (BewProt 39, S. 438)

Vom 1. Mai 1991 bis Oktober 1992 war Herr Zinsmeister als Abteilungsleiter, Abteilung A III, im Direktorat Abwicklung der Treuhandanstalt tätig. Seit Oktober 1992 betreut Herr Zinsmeister bzw. die von ihm gegründete Consultants GmbH Liquidationen von Treuhand-Beteiligungsunternehmen.

(BewProt 39, S. 424 und 438)

Herr Zinsmeister war zum Zeitpunkt seiner Befragung 31 Jahre alt. Beide Zeugen gaben an, vor ihrer Tätigkeit bei der Treuhandanstalt weder mit Abwicklung, Konkursverfahren oder Geschäftsführertätigkeiten befaßt gewesen zu sein […]

4.4.4 Erkenntnisse des Insider-Panels

Die Treuhandanstalt hat am 7.11.1991 das sogenannte »Insider-Panel« zur Bearbeitung von Insider-Geschäften konstituiert. (BMat 2/194, BMF 6)

Dieses Gremium ist aus drei Mitgliedern – einem Vorsitzenden und zwei Beisitzern – zusammengesetzt. (§

6 der Insider-Regeln). Nach den Insider-Regeln der Treuhandanstalt befaßt sich das Panel mit Geschäften der Treuhandanstalt mit nahestehenden Personen.

4.4.4.1 Anwendbarkeit der Insider-Regeln und Empfehlungen des Panels zur Vergabe von Liquidationsaufträgen an ehemalige Mitarbeiter der THA.

Das Insider-Panel der Treuhandanstalt hat sich, veranlaßt durch eine Zuschrift von Herrn Tränkner im Oktober 1992, mit der Frage der Vergabe von Liquidationsaufträgen an ehemalige Mitarbeiter der Treuhandanstalt befaßt und mit Schreiben vom 29.10.1992 dazu wie folgt Stellung genommen: »Sie gehen zu Recht davon aus, daß die Vergabe von Liquidationsaufträgen oder anderen Dienstleistungsaufträgen nicht zu den Transaktionen gehört, welche vom Wortlaut der Insider-Grundsätze erfaßt werden. Wir sind mangels förmlicher Zuständigkeit daher auch nicht in der Lage, etwa die Unbedenklichkeit des geplanten Vorgehens zu bescheinigen.

Außerhalb unserer Zuständigkeit geben wir folgende Hinweise, wobei die Allgemeinheit Ihrer Ausführungen freilich eine detaillierte Äußerung verbietet.

Die Vergabe von Aufträgen einer öffentlich-rechtlichen Anstalt hat grundsätzlich unter Wettbewerbsbedingungen zu erfolgen. Der Grundsatz der Wirtschaftlichkeit und Sparsamkeit beim Einsatz öffentlicher Mittel, der auch strafrechtlich sanktioniert ist, ist bei der Vergabe an Insider besonders kritisch zu würdigen [...] Es versteht sich von selbst, daß die Vergabe von Aufträgen bestimmter Art ausschließlich oder überwiegend an einen oder mehrere Insider etwa beim Rechnungshof, wohl aber auch in der Öffentlichkeit, ebenfalls Argwohn erwecken müßte [...]

Wir können Ihnen im Hinblick auf unsere formale

Unzuständigkeit allein raten, Ihr Vorhaben, gegebenenfalls unter Bezugnahme auf unsere Hinweise, im einzelnen mit Ihren Vorgesetzten zu erörtern.«

(BMat 2157, BMF 2, ohne Paginierung)

Mit Schreiben vom 6. Juli 1993 hat der Vorsitzende des Insider-Panels, Herr Prof. Müller, in einem Schreiben an die Präsidentin der Treuhandanstalt, Frau Breuel, vorgeschlagen, auch die Vergabe von Verträgen an ehemalige Mitarbeiter in die Insider-Richtlinien aufzunehmen.

In dem Schreiben heißt es: »[…] Das Insider-Panel schlägt vor, in die nach § 1 Abs. 2 von den Insider-Richtlinien erfaßten Geschäfte ausdrücklich auch den Abschluß von Dienstleistungs- und Geschäftsbesorgungsverträgen mit der Treuhandanstalt aufzunehmen […]

Das Insider-Panel empfiehlt, alle Mitarbeiter der THA (Angestellte und Berater) zu verpflichten, ihre eigene weitere wirtschaftliche Betätigung oder ihnen nahestehender Personen nach § 3 Abs. 1 der Insider-Richtlinie offenzulegen.«

(BMat 2/57, Anlage 15, S. 5)

In einem weiteren Schreiben des Insider-Panel an die Präsidentin Frau Breuel vom 12. Juni 1993 wurde der Entwurf einer Neufassung übermittelt und ergänzend darauf hingewiesen: »Das Insider-Panel hält es für dringend erforderlich, die oben vorgeschlagene Ergänzung der Insiderregeln durch arbeitsrechtliche und dienstvertragliche Maßnahmen zu flankieren […]«

In seiner Sitzung am 27. Juli 1993 hat der Vorstand der Treuhandanstalt eine Änderung der Insider-Richtlinie abgelehnt. In dem Ergebnisprotokoll der Vorstandssitzung heißt es: »Der Vorstand knüpft an seine Aussprache vom 6. Juli 1993 und 13. Juli 1993 an und verständigt sich entgegen der ursprünglichen Absicht, auf eine Ergänzung der bestehenden Insider-Richtlinie zu verzichten. Die vom Vorstand eingesetzte Arbeitsgruppe ist nach Mitteilung von Herrn Dr. Föhr zu dem Ergebnis gekommen, daß die angestrebte Ergänzung in der Praxis schwer handhabbar wäre und rechtlich problematisch und auch nicht nötig sei, weil sie bereits arbeitsrechtlich geregelt ist.

Der Vorstand behält sich unbeschadet dessen vor, zum Schutze der Mitarbeiter vor unberechtigten Vorwürfen der Interessenkollision gegebenfalls individuelle Regelungen zu treffen.«

(BMat 2/103, BMF 56, S. 222)

Nähere Feststellungen zu den Motiven des Vorstandes, den Vorschlägen des Insider-Panels nicht zu folgen, konnten im Rahmen der Beweisaufnahme nicht gewonnen werden.

4.4.4.2 Insider-Käufe durch Liquidatoren

Aus den beigezogenen Akten ergeben sich des weiteren Hinweise darauf, daß dem Vorstand der Treuhandanstalt bekannt war, daß es im Rahmen der Liquidation auch Probleme mit Insider-Käufen gegeben hat.

In einem Schreiben des Vorsitzenden des Insider-Panels an Frau Breuel vom 18. August 1993 heißt es: »Das Insider-Panel hat einen konkreten Fall zum Anlaß genommen, sich in seiner Sitzung vom 10. 8. 1993 mit dem Grundsatzproblem von Insider-Käufer im Rahmen von Liquidationsverfahren zu befassen.

Das Panel möchte Sie, Frau Präsidentin, davon unterrichten, daß Liquidatoren im Rahmen des Liquidationsverfahrens Unternehmen erwerben. Allerdings erfolgen diese Veräußerungen ohne transparente Vermarktungsbemühungen und ausschließlich auf der Grundlage eines im Vergleich zu den Liquidationsverfahren besseren Ergebnisses.

Das Insider-Panel sieht sich nicht in der Lage, in diesen Fällen Insider-Vorteile durch geeignete Maßnahmen auszuschalten. Das Panel regt deshalb an, daß Sie, Frau Präsidentin, eine grundsätzliche Entscheidung darüber treffen, ob und unter welchen Voraussetzungen Insider im Rahmen von Liquidationsverfahren Vermögenswerte erwerben können.« (BMat 2/57, Anlage 15, S. 16)

Aus den beigezogenen Unterlagen ergibt sich zudem, daß u. a. Mitarbeiter und Liquidatoren der Treuhandanstalt als Interessenten aufgetreten sind.
(BMat 2/57, Anlage 15, S. 141, 250 und 249)

(Eine Herabstufung der Unterlagen, insbesondere der Namen, hat das BNW unter Hinweis auf den »Schutz von Persönlichkeitsrechten« abgelehnt.)

Aus dem Protokoll des Insider-Panels über die Sitzung vom 8. Oktober 1993 geht hervor, daß das Insider-Panel auf Bitten des BMF beschlossen hat, eine Liste »aller derzeitigen oder ehemaligen Treuhandmitarbeiter, die mittelbar oder unmittelbar Anteile an Unternehmen in der Abwicklung erworben haben«, zu erstellen und der Präsidentin zur Weiterleitung an das BMF vorzulegen. (BMat 2/57, Anlage 15, S. 340)

Nähere Erkenntnisse zu diesem Problemkreis konnten im Rahmen des zur Verfügung stehenden Zeitrahmens nicht gewonnen werden [...]

5. Rechts- und Fachaufsicht

Der Untersuchungsausschuß hat sich entsprechend seines Auftrags mit der Frage befaßt, in welcher Weise die Bundesregierung ihre Rechts- und Fachaufsicht für den Bereich Abwicklung wahrgenommen hat.

5.1 Allgemeine Feststellungen

Auf die allgemeine Frage, mit welchen Themen aus dem Bereich der Abwicklung das Bundesministerium der Finanzen befaßt gewesen sei, erklärte der Staatssekretär im Bundesministerium der Finanzen, Herr Dr. Haller: »Es sind Fragen auf mich zugekommen, die mir jedenfalls in diesem Zusammenhang sehr relevant erscheinen, etwa die Frage der Liquidatorenvergütung, eine Fragestellung, die in dieser Zeit Interesse verdient hat, und die Frage der weiteren Abwicklung der AHB, der Außenhandelsbetriebe. Aber das waren, glaube ich, jeweils Fragen, die nicht unbedingt spezifisch der Rechts- und Fachaufsicht zuzuordnen sind, sondern die sich aus Fragestellungen, wie sie in der Treuhandanstalt selbst aufgetreten sind, ergaben.«

Staatssekretär Dr. Haller konnte im übrigen keine präzisen Angaben über Tatsachen aus dem Bereich Abwicklung machen. So antwortete er auf die Frage, wie hoch die Gesamtzahl der von der Abwicklung, also Liquidation und Gesamtvollstreckung, betroffenen Unternehmen sei: »[...] mir ist die Zahl jetzt nicht erinnerlich, aber ich denke es sind sicherlich über 100 oder mehrere 100. [...] Ich habe jetzt keine Zahl präzise in Erinnerung.« (BewProt 42, Seite 309)

Auf den Vorhalt, daß insgesamt knapp 3.300 Unternehmen von der Abwicklung betroffen sind, erklärte Herr Dr. Haller: »[...] ich nehme alles, was mir zur Information vorgelegt wird, zur Kenntnis. Nur bitte ich um Verständnis dafür, daß die Fülle dessen, was mir zur Kenntnis vorgelegt wird, so umfangreich ist in meiner Funktion, daß ich mich häufig an spezifische Einzelheiten wie etwa diese hier nicht zu erinnern vermag. Ich bitte dafür nochmals um Verständnis.« (BewProt 32, S. 31 0)

Auf die Frage, ob nach seiner Einschätzung im Rahmen der Liquidation bisher Erlöse oder Defizite erwirtschaftet worden seien, erklärte Dr. Haller: »Das kann ich Ihnen nicht beantworten [...] Mir hat sich eher die

Frage gestellt, was sozusagen im Sinne einer vernünftigen wirtschaftlichen Weiterverwendung, im Sinne der Erhaltung von Arbeitsplätzen bei den einzelnen Unternehmen möglich und notwendig ist [...]

Ich interessiere mich selbstverständlich für die Zahlen, nur kann ich Ihnen da jetzt nicht auf Anhieb sagen, ob der Gesamtkomplex Liquidation per saldo Geld kostet oder die Treuhandanstalt finanziell belastet oder finanziell positiv für die Treuhandanstalt zu Buche schlägt. Ich vermute, daß dieser Komplex die Treuhandanstalt finanziell belastet.« (BewProt 42, S. 311)

Auf den Vorhalt, daß nach den bisherigen Erkenntnissen mit einem Defizit in zweistelliger Milliardenhöhe zu rechnen sei, erklärte Herr Dr. Haller: »[...] Mir ist im Prinzip bekannt, welche – sagen wir mal von den Wirtschaftsplänen her – Defizite die Treuhandanstalt insgesamt macht und wie sich das jeweils darstellt über die Jahre hinweg. Ich bitte Sie zu verstehen, daß mir Einzelbereiche jetzt mit präzisen Zahlen nicht in Erinnerung sind. Ich meine, das heißt nicht, daß ich mich nicht dafür interessiere. Das heißt aber, daß mir präzise Zahlen zu einzelnen Komplexen hier jedenfalls nicht vorliegen. Das sind Dinge, über die ich mich informiere, je nach dem welche Fragestellung gerade ansteht [...]

Ich habe das Thema Liquidatorenvergütung außerordentlich ernst genommen, weil ich gesehen habe, daß das ein belastender Faktor für die Treuhandanstalt ist. Ich sehe nicht unbedingt den Zusammenhang zwischen der Gesamtbelastung durch die Liquidation einerseits und der Frage der Liquidatorenvergütung andererseits. Für mich ist allein die Frage Liquidatorenvergütung selber schon gravierend genug, wenn man den Eindruck hat, daß hier möglicherweise zu viel Geld ausgegeben wird, sofort tätig zu werden, und das habe ich getan.« (BewProt42, S. 132)

Auf die Nachfrage, mit welchen konkreten Problembereichen er befaßt gewesen sei, führte Herr Dr. Haller aus: »[...] ich bitte an dieser Stelle um Nachsicht. Ich bin kein Jurist, so daß ich nicht wie Sie und andere in der Lage bin, die genauen Feinheiten der Abwicklung an dieser Stelle präzise zu beschreiben [...] Für mich hat sich die Frage der Liquidation auch so dargestellt, daß man die Probleme, die in der Häufung von Liquidationen bei bestimmten Leuten bestehen, einerseits abzuwägen hat gegenüber der Frage, relativ erfahrene Leute relativ schnell bestimmte Dinge in die Hand nehmen zu lassen, einfach, damit die Zeit nicht noch größeren Schaden anrichtet, als das eben zum Teil bei solchen Unternehmungen der Fall war [...] Ich muß vielleicht noch vorausschicken, daß ich mit dieser Frage natürlich nicht sehr lange beschäftigt bin, sondern [...] erst seit Sommer letzten Jahres, und daß ich mich in diese Fragestellung im einzelnen auch erst habe hineinfinden müssen [...]

Mir hat sich das u. a. – jedenfalls von dem Informationsstand her gesehen, den ich hatte – so dargestellt, daß etwa bestimmte Mitarbeiter oder ehemalige Mitarbeiter der Treuhandanstalt [...] den Vorzug hatten, die einzelnen Unternehmungen gut zu kennen und von daher am ehesten ein Gespür dafür hatten, wie man gewisse Unternehmensteile eventuell so behandelt, daß sie weiterhin die Möglichkeit haben, am Markt existieren zu können [...] Die Erfahrung Einzelner, die sich mit der Liquidation befaßt hatten, schien mir geeignet zu sein, im Sinne des Überlebens von Unternehmensteilen nützlich und wichtig zu sein.«

(BewProt42, S. 3131314)

Auf die Frage, ob es Vorgaben oder Richtlinien zur Abwicklung von Treuhandunternehmen gegeben habe, antwortete Herr Dr. Haller: »Ich vermute, es gibt Vorgaben. Es gibt sicher Vorgaben zur Abwicklung der Treuhandunternehmen, nur: Sie sind nicht in meiner Zeit entwickelt worden und ich habe mich mit diesen Vorgaben oder gar mit ihrer Veränderung nur in dem von mir beschriebenen Bereich befaßt [...] ich kann nicht ausschließen, daß mir solche Richtlinien auch vorgelegt worden sind. Mir sind aber jetzt momentan keine in Erinnerung, die ich präzise wiedergeben könnte.«

(BewProt42, S. 319/320)

Herr Dr. Haller erklärte weiter, daß er die Richtlinie vom 22. Oktober 1991 »zur Abwicklung von Betrieben, bei denen Sanierungsfähigkeit nicht gegeben ist«, nicht kenne.

Der Untersuchungsausschuß hat zu der Frage der Wahrnehmung der Rechts- und Fachaufsicht im Bereich Abwicklung auch Herrn Staatssekretär a. D. Dr. Köhler gehört. Herr Dr. Köhler erklärte zur Abwicklung: »Bei Abwicklung mußte das gemacht werden, was zu machen war. Es ging ja auch um Auffangmaßnahmen. Wir haben die ABM-Maßnahmen. Wir haben die Treuhandanstalt ja in diese ABM-Maßnahmen usw. reingebracht. Das war notwendig. Ich habe jetzt nicht im einzelnen eine Effizienzkontrolle im Kopf, wo wir die Abwicklungsausgaben sozusagen im einzelnen irgendwo nachvollzogen haben, aber wir haben die Kontrolle, Aufsicht über die einzelnen Fälle versucht, dafür zu sorgen, daß das alles rechtmäßig zugeht und daß das auch im Rahmen der finanziellen Möglichkeiten liegt.«

(BewProt 42, S. 158/159)

Auf die Frage, ob die Vergütung der Liquidatoren der Treuhandunternehmen im Bundesministerium der Finanzen eine Rolle gespielt habe, erklärte Herr Dr. Köhler: »Ich gehe davon aus, daß das im Rahmen unserer Kontakte mit der Treuhandanstalt auch geprüft und bearbeitet wurde. Ich selber habe mich um die Liquidatorenhonorare nicht gekümmert.«

(BewProt 42, S. 159)

Weitere Angaben konnte Herr Dr. Köhler zu dem Bereich Abwicklung nicht machen, weil »das war nicht mein Thema ... ich habe es nicht im einzelnen für mich aufgenommen.«

(BewProt42, S. 160)

Demgegenüber erklärte der Bundesfinanzminister Dr. Waigel, auf die Frage, ob das Bundesfinanzministerium im Rahmen der Fach- und Rechtsaufsicht auch im Bereich der Abwicklung, insbesondere im Hinblick auf die aufgewendeten Kosten, tätig geworden sei: »Natürlich [...] sobald es da Hinweise gegeben hat in der Presse oder wo auch immer, sind wir den Dingen nachgegangen, und die Vorgänge, die auch kontrovers und negativ hier beschrieben werden, haben uns natürlich in ganz besonderer Weise berührt, auch die Frage der Gebühren für die Liquidatoren und dem, was da zusammengekommen ist an der einen oder anderen Stelle. Das ist gar keine Frage. Sie wissen selber, daß man sich bei der Abwicklung der Fachleute bedienen mußte, daß dafür nicht Fachleute in unbeschränkter Zahl zur Verfügung standen, daß dies nicht nur aus dem Bestand heraus erfolgen konnte, daß man dazu Rechtsanwälte und andere ausgebildete Kräfte benötigte und daß es da in dem einen oder anderen Fall auch zu Kumulierungen von Gebühren gekommen ist, die ich in der Größenordnung nicht befürworte und die, wenn ich sie vorher gewußt hätte, auch so nicht stattgefunden hätten [...]

Als es zum ersten Mal da Hinweise oder Verdachtsmomente gegeben hat, hat sich sofort – wenn ich mich recht erinnere – Herr von Freyend und eine Mitarbeiterin – ich glaube Frau Otto – um das Thema gekümmert, sofort mit der Treuhandanstalt Kontakt aufgenommen, aber es gab nichts Vorwerfbares zu dem Zeitpunkt und auch danach. Ob es das heute gibt und ob dies zu einem anderen Ergebnis führt, ist dem Ausgang des Ermittlungs- oder Gerichtsverfahrens vorbehalten.«

(BewProt 49, S. 112 und 115)

Auf die Frage, ob die Vergabe von Liquidationsaufträgen oder anderen Dienstleistungen von den Insider-Grundsätzen der Treuhandanstalt umfaßt war, erklärte Herr Dr. Waigel: »Es gab hier genaue Regeln. Ich kann das – ob das jetzt in den Regeln drin stand auch ganz gezielt, das Insider-Ding – ich gehe davon aus. Ich gehe davon aus, weil dies ja doch wohl üblich ist, nicht nur im Bankenbereich, sondern auch im Liquidationsbereich.

(BewProt49, S. 116)

Auf den Vorhalt des Schreibens des Insider-Panel vom 29. 10. 1992 (s. o. unter 4.4.4.1), in dem die Insider-Regeln für nicht anwendbar erklärt werden, gleichzeitig aber im Hinblick auf den Grundsatz der Wirtschaftlichkeit und Sparsamkeit von einer Vergabe an ehemalige Mitarbeiter abgeraten wird, erklärte Herr Dr. Waigel: »Es geht mir jetzt nicht darum [...] Herrn Tränkner zu verteidigen oder zu rechtfertigen, aber aus der Tatsache, daß er dies nicht getan hat, ohne eine Mitteilung zu machen, geht natürlich auch hervor, daß er in dem Fall jedenfalls überlegt hat. Geht das, ist das rechtlich gedeckt, und kann ich das verantworten? Sonst hätte er das hier nicht mitgeteilt [...] Was daraus nun geworden ist oder nicht, das kann ich natürlich jetzt nicht sagen, ob der Herr Tränkner sich daran gehalten hat. Vor allen Dingen steht ja im letzten Satz, daß ihm geraten wird, das Vorhaben unter Bezugnahme auf diesen Hinweis im einzelnen mit den Vorgesetzten zu erörtern. Also, da kann man natürlich sagen. Es wäre vielleicht besser gewesen, wenn es im Wortlaut enthalten gewesen wäre, und daraus Konsequenzen zu ziehen. Ob das erfolgt ist, das kann ich im Moment nicht sagen.«

(BewProt49, S. 125)

5.4 Zur Durchführung der Abwicklung

[...] Vor dem Untersuchungsausschuß erklärte die seit Anfang 1993 für Grundsatzfragen der Abwicklung zuständige Referatsleiterin im BMF, Frau Dr. Otto, daß sich das BNW im Rahmen der Rechts- und Fachaufsicht vor allem bemüht habe, die Finanzkontrolle, die Transparenz und das kaufmännische Controlling der Abwicklung zu verbessern.

(BewProt37, S. 258)

Zum Erfolg dieser Anstrengung, insbesondere im Bereich der Finanzkontrolle, erklärte Frau Dr. Otto: »[...] dann haben wir gebeten, daß sich die Revision den Bereich einmal anguckt und überprüft. Dann haben wir auch gebeten, daß eine Wirtschaftsprüfungsgesellschaft [...] sich die Finanzkontrolle anguckt. Sie haben auch sehr präzise Fragen dazu gestellt und praktisch gesagt, wo Verbesserungen erforderlich sind.

Dieses Gutachten wird zur Zeit umgesetzt. Es läuft auch noch weiter. Wir haben den Wunsch, daß bis Anfang '95, wenn die Treuhandanstalt in den Bundeshaushalt überführt wird, daß es praktisch so läuft, wie es normalerweise bei anderen Zuwendungsempfängern läuft, und hoffen eigentlich auch, daß wir das hinkriegen.«

(BewProt37, S. 259)

Auf die Frage, ob und in welcher Weise sich das Bundesministerium der Finanzen mit der Auswahl und Vergütung von Liquidatoren der Treuhandanstalt befaßt habe, erklärte Frau Dr. Otto: »[...] an sich war bei uns im Haus von Anfang an oder seit längerer Zeit, bevor ich kam, ein Problem, daß die Liquidatoren hoch vergütet werden. Und zwar ist es so: An sich hätten wir davon gar nichts erfahren, also die Abteilung VIII. Die Liquidatorenvergütung muß mit uns nicht abgestimmt werden. Das kann die Treuhandanstalt in eigener Zuständigkeit machen […] aber wir haben dann – unsere Abteilung VII, die für die Abrechnung der AHB, der Außenhandelsbetriebe, zuständig ist, hat Rechnungen bekommen, auch Rechnungen für Liquidatorenvergütung, und hat uns dann gefragt – die Höhe schien ihnen sehr hoch –, ob wir das für angemessen halten. […] Und da haben wir bei der Treuhandanstalt nachgefragt, und nach mehrmaligem Befragen, wie sich das für mich aus den Akten ergibt – da war ich aber noch nicht zuständig –, hat uns dann die Treuhandanstalt Ende '92 eine Übersicht gegeben, was an Liquidatorenvergütung bezahlt wird. Sie ist angelehnt an die Vergütungsverordnung, wenn es nach der Teilungsmasse geht, ansonsten ist es ein Stundensatz. Also, wir wissen das seit Ende '92 […]

Als ich dann zuständig wurde im Februar '93, habe ich mir überlegt: Wie gehe ich jetzt an diesen Problembereich ran? Und ich habe im Grunde genommen so sortiert, daß ich, sagen wir einmal, die Prioritäten bei den Treuhandpositionen setze und die zuerst praktisch angehe oder forciert angehe und weniger teure Positionen nicht als erste Priorität gesetzt habe. Aber ich habe gleichwohl, obwohl mir schon klar war, daß es vielleicht jetzt vom Aufwand her, wenn man den Gesamtaufwand der Liquidation nimmt – das ist ja ein Milliardenbetrag – […] habe ich mich trotzdem um die Liquidatorenvergütung gekümmert, habe im BMJ beim zuständigen Referat angerufen, habe das denen einmal vorgelesen und mit denen besprochen. Und da sagten die mir […] im Grunde genommen, das wäre o. k., das wäre richtig so, da könne man nichts dagegen sagen ... Der stellte mir also dieses schwierige Leben der Liquidatoren dar, die von einem Flugzeug ins nächste steigen müssen und sich dann immer in aller Schnelle um die Angelegenheiten kümmern müssen, daß ich mir danach dachte: Wenn ich mich länger mit ihm unterhalte und ihn einschalte, wird die Sache wahrscheinlich eher teurer [...]

Dann dachte ich [...] lassen wir die Sache einmal ruhen; es scheint doch gar nicht so unangemessen zu sein.

Das war der erste Schritt... und dann dachte ich: [...] schicke ich das mal dem BMJ zur Mitzeichnung. Dann können die Herren im Grunde genommen klarlegen, daß alles richtig läuft. Und da war jetzt ein anderer Beamter befaßt im BMJ, und der sagte: Nein, das ist viel zu hoch, das ist zu hoch. Daraufhin – das war so Mitte letzten Jahres – habe ich dann die Treuhandanstalt angeschrieben und gesagt, die müssen einmal zu einem Gespräch kommen, ob die Liquidatorenvergütung nicht deutlich zu hoch ist. Seit dieser Zeit sind wir in der Diskussion, und wir haben jetzt gerade kürzlich ein neues Liquidatorenvergütungsmodell beschlossen, das also deutlich niedriger ist... der Bundesjustizminister sagte: Im Westen werden Liquidatoren grundsätzlich wie Geschäftsführer besoldet. Das ist natürlich ein Problem, bei so einer Masse wie bei der Treuhandanstalt immer ein vergleichbares Geschäftsführergehalt festzusetzen.« (BewProt 3 7, S. 269ff)

Auf die Frage, ob dem BMF bekanntgewesen sei, daß es zum Teil eine hohe Kumulation von Liquidationen gegeben habe, erklärte Frau Dr. Otto: »Wir haben erbeten eine Liste der Liquidatorenvergütung und haben die dann auch für die Zentrale bekommen. Daraus geht also hervor, welcher Liquidator welches Unternehmen der

Zentrale betreut und damit auch, wieviele Unternehmen ein Liquidator betreut – es waren teilweise sehr viele –, [...] und nach einer Analyse dieser Liste sind wir zu dem Ergebnis gekommen, daß das System geändert werden muß [...]

Aber dann ist uns auch aufgefallen, und hat uns mißfallen, daß z. B. 10 Liquidatoren die Hälfte der Masse praktisch betreuen.«

(BewProt37, S. 273)

Auf die Frage, ob das neue Vergütungssystem denn bereits umgesetzt sei, erklärte Frau Dr. Otto, daß bis jetzt noch nach dem alten System vergütet werde.

(BewProt37, S. 275)

Soweit Auszüge aus dem Bericht des 2. Untersuchungsausschusses »Treuhandanstalt«.

Statt eines Kommentars eine einzige Ergänzung: Der mit XXX gekennzeichnete Liquidator erhielt für die Liquidation des nicht näher genannten Unternehmens 3.231.758 DM – der dort über 20 Jahre beschäftigte Schleifer ein monatliches Arbeitslosengeld von 912,37 DM.

Im Artikel 3, Absatz 1 des Grundgesetzes der Bundesrepublik Deutschland heißt es: »Alle Menschen sind vor dem Gesetz gleich.«

Der Dank des Vaterlandes

»Wenn man in dieser herrlichen Zeit eine wahre Geschichte erzählt, meinen viele, der Teufel habe sie diktiert.« Die Geschichte der Liquidatoren, der Abwicklung der DDR-Industrie ist eine der teuflischen Geschichten, von denen Heinrich Heines Freund und Bewunderer Barbey d'Aurevilly einst sprach. Und so ist es verständlich, daß sich die Abgeordneten der sich christlich nennenden Parteien scheuten, darüber zu berichten.

Als der Bundestag am 21. September 1994 den Bericht des THA-Untersuchungsausschusses behandelte, ging kein einziger Redner der Regierungsparteien auf die Tätigkeit der Liquidatoren ein. Auch in ihrem schriftlichen Rapport finden sich darüber nur Bruchstücke. Die wahre Geschichte der Liquidatoren wie auch des gesamten Wirkens der Treuhand, die das Sekretariat des Ausschusses auf Hunderten von Seiten seines Abschlußberichtes erzählte, paßte nicht in die »herrliche Zeit« des ostdeutschen Aufschwungs. Deshalb wurde sie von der Bundestagsmehrheit umgeschrieben und per Parlamentsbeschluß zur gültigen Wahrheit erklärt.

Für den Ausschußvorsitzenden Otto Schily (SPD) jedenfalls war es »ungewöhnlich und eine herbe Enttäuschung, daß sich die Koalitionsmehrheit im Untersuchungsausschuß mit Händen und Füßen dagegen sträubt, die Tatbestände, die der Untersuchungsausschuß in der Beweisaufnahme ermittelt hat, ungekürzt und ungeschminkt in den Bericht aufzunehmen.«[119] An die Koalitionsparteien CDU/CSU/FDP gewandt, machte er seiner »Enttäuschung« Luft: »Mein Eindruck ist, bei Ihnen herrscht panische Angst vor den Tatsachen, sonst hätten sie sich nicht so eifrig um Bemänteln, Verkleiden und schlichtes Weglassen in der Sachverhaltsdarstellung bemüht.

Es scheint, geschätzte Kollegen aus den Koalitionsfraktionen, Sie haben sich die drei indischen Affen für die Mitwirkung in dem Untersuchungsausschuß zum Vorbild genommen, die bekanntlich nichts sehen, nichts hören und nichts sagen. Aber ein Untersuchungsausschuß, den drei indische Affen bilden, wird kaum etwas zutage fördern. Sie werden mit ihren Beschönigungen, mit ihren Retuschen, mit Ihren – leider muß ich das so deutlich aussprechen – Verfälschungen der Tatsachen keinen Erfolg haben, weil die Menschen, vor allem in den neuen Bundesländern, an ihren eigenen Erfahrungen überprüfen und feststellen werden, wie wirklichkeitsfremd Ihre Sachverhaltsdarstellung ist.«[120]

Verständlicherweise stieß diese Einschätzung bei den Parlamentariern der Koalitionsparteien auf keinen Beifall, aber mit ihren eigenen Darlegungen erweckten sie den Eindruck, als wollten sie mit aller Macht ihre Wirklichkeitsferne unter Beweis stellen. Ihr Hauptsprecher, der CDU-Abgeordnete Dr. Dieter Schulte aus Schwäbisch Gmünd, zog in fünf Punkten eine ergreifend schöne Treuhandbilanz:

»*Erstens.* Die Strategie der schnellen Privatisierung ist im Untersuchungsverfahren durch die Aussagen der Zeugen und Sachverständigen sowie durch den Inhalt der zahlreichen beigezogenen Akten in seltener Deutlichkeit bestätigt worden. In den neuen Ländern sind moderne Unternehmen und Industrieanlagen mit zukunfts- und wettbewerbsfähigen Arbeitsplätzen entstanden, und sie entstehen weiterhin. Sie sind deshalb in kürzester Zeit zum größten Wachstumsgebiet mit der höchsten Erneuerungsdynamik in Europa geworden.

Zweitens. Der Bundesminister der Finanzen hat die ihm zufallende Rechtsaufsicht sowie die Fachaufsicht im Einvernehmen mit dem Bundesminister für Wirtschaft und dem jeweils zuständigen Bundesminister in ordnungsgemäßer Weise wahrgenommen [...]

Drittens. Den Mitarbeitern der Treuhandanstalt ist im Untersuchungsverfahren eine erfolgreiche Arbeit bestätigt worden.

Viertens. Fehlerhaftes und gesetzwidriges Verhalten wurde alsbald aufgedeckt und durch die Treuhandanstalt selbst zur Anzeige gebracht [...]

Fünftens. Die Tätigkeit der Treuhandanstalt wird zukünftig von Ökonomen als gelungenes Beispiel für die erfolgreiche Überführung einer sozialistischen Planwirtschaft in die Soziale Marktwirtschaft gewürdigt werden und als eine einmalige Leistung in die Wirtschaftsgeschichte eingehen.

Meine Damen und Herren, wenn der Wahlkampf vorbei ist, wird man viel freier, ungeachtet ihrer parteipolitischen Heimat, vor allem denen danken, die sich aus vaterländischer Gesinnung verpflichten ließen und mutig Verantwortung übernommen haben. Ich tue dies schon heute.«[121]

Da war er, der Dank des Vaterlandes, das immer dann herhalten muß, wenn es um die Heimat schlecht bestellt ist. Im Verlaufe der Debatte zum Bericht des Untersuchungsausschusses sollte es noch mehrfach und aus noch berufenerem Munde als oberster Richter über die Treuhand angerufen werden.

Ganz sicher schien sich die Koalitionsmehrheit des grandiosen Erfolges der Treuhandanstalt allerdings auch nicht zu sein. Wie anders wäre ihr Versuch zu erklären, die Verantwortung für das Wirken der Anstalt gerecht aufzuteilen und nicht allein bei der Regierung und ihrer parlamentarischen Mehrheit zu belassen? Carl-Ludwig Thiele, Abgeordneter der FDP, unternahm diesen Versuch, und die Bundestagsstenographen notierten ihn im Sitzungsprotokoll wie folgt:

»Carl-Ludwig Thiele (F.D.P.) [...] Wie sind denn die Entscheidungen in der Treuhandanstalt eigentlich getroffen worden? Der Vorsitzende des Verwaltungsrates, Dr. Lennings, hat vor dem Ausschuß ausgesagt, daß fast alle Entscheidungen des Verwaltungsrates einvernehmlich oder, wenn dies nicht der Fall war, mit weit überwiegender Mehrheit getroffen wurden. Dies bedeutet, daß auch die Verwaltungsratsmitglieder Rappe, SPD,

(Dr. Jürgen Rüttgers (CDU/CSU): Hört! Hört!)

Ministerpräsident Dr. Stolpe, SPD,

(Dr. Jürgen Rüttgers (CDU/CSU): Hört! Hört!)

der DAG-Vorsitzende Issen,

(Dr. Jürgen Rüttgers (CDU/CSU): Hört! Hört!)

der verstorbene DGB-Vorsitzende Meyer

(Dr. Jürgen Rüttgers (CDU/CSU): Hört! Hört!)

sowie der jetzige DGB-Vorsitzende Schulte

(Dr. Jürgen Rüttgers (CDU/CSU): Hört! Hört!)

die Entscheidungen fast alle mitgetragen haben.«[122]

Welche Regierung teilt schon gern den eigenen Erfolg mit der Opposition?

Mit der Abfassung eines eigenen, maßlos geschönten Berichtes des Untersuchungsausschusses setzten die Regierungsparteien nur den Kurs fort, den sie von Anfang an gegenüber dem ungeliebten Ausschuß verfolgt hatten. Die »politische Veranstaltung« Treuhandanstalt war ein Jahrhundertskandal. Der Versuch, ihre Aufklärung zu behindern, war nicht viel weniger skandalös.

Nachdem es der Bundesregierung und der Treuhandanstalt nicht gelungen war, die Einsetzung des Untersuchungsausschusses zu vereiteln, war ihr ganzes Sinnen und Trachten darauf gerichtet, seine Arbeit zu erschweren.

Beharrlich weigerten sich die Koalitionsfraktionen, einen solchen Sitzungsrhythmus des Ausschusses festzulegen, der eine zügige Beweiserhebung ermöglicht hätte. Regierung und Treuhand legten angeforderte Dokumente und Unterlagen nur zögerlich und zum Teil so spät vor, daß sie zur Vorbereitung der Vernehmung von Zeugen und der Anhörung von Sachverständigen nicht zur Verfügung standen. Der Bundesfinanzminister veranlaßte, daß Akten seines Ministeriums und der Treuhand als vertrauliche Verschlußsachen zu behandeln waren, und die Bundesregierung entschied, ihren Mitarbeiterinnen und Mitarbeitern und denen der Treuhand Aussagegenehmigungen nur im beschränkten Umfang zu erteilen.

Jede dieser und anderer Maßnahmen zog eine Kette weiterer Behinderungen nach sich. Allein der Umstand, daß das Bundesfinanzministerium bis zu 80 Prozent der Akten als geheimzuhaltende Verschlußsachen einstufte, erschwerte die Arbeit des Ausschusses beachtlich: Die Herausgabe von Kopien als VS-eingestufte Unterlagen an Abgeordnete setzte einen entsprechenden Ausschußbeschluß sowie besondere technische Sicherheitsvorkehrungen voraus. In den von den Fraktionen und dem Sekretariat des Ausschusses eigens dafür zur Verfügung gestellten Räumen mußten sogenannte Sicherheitsbereiche mit speziellen »VS-Verwahrgelassen« und einer technisch abgesicherten Raumzugangskontrolle eingerichtet werden. Dafür wurde – u. a. wegen der Lieferfristen – jeweils ein Zeitraum von vier bis sechs Wochen benötigt.

Aufgrund der unterschiedlichen VS-Einstufung durch das Finanzministerium mußten einheitliche Vorgänge in unterschiedliche Aktenordner bzw. -kartons aufgesplittert werden – »VS-VERTRAULICH« für die Geheimnisschutzstelle des Bundestages und »offen« oder »VS – nur für den Dienstgebrauch« für das Ausschußsekretariat, die später zur eigentlichen Bearbeitung in mühevoller Kleinarbeit wieder zusammengeführt werden mußten. Bei Zeugenbefragungen auf der Grundlage von Unterlagen, die als VS-VERTRAULICH eingestuft worden waren, durften nur zum Umgang mit Verschlußsachen ermächtigte Personen im Sitzungsraum des Untersuchungsausschusses verbleiben. Das galt sogar für die Stenographen. Soweit ein auswärtiger, nicht VS-ermächtigter Stenograph anwesend war, mußte auch er den Raum verlassen und der weitere Verlauf der Sitzung mußte auf einem speziellen Tonband aufgezeichnet werden, das anschließend nur von einer VS-ermächtigten Schreibkraft auf einer besonderen Schreibmaschine in einem dafür eigens hergerichteten Raum abgeschrieben werden durfte.[123]

Welche Ziele mit derartigen Geheimhaltungspraktiken verfolgt wurden, läßt sich auch daran ablesen, daß die Kriterien der Einstufung der Akten des öfteren beim besten Willen nicht nachvollziehbar waren. So wurden das bereits im Gesetzblatt der DDR veröffentlichte Treuhandgesetz und die allseits zugängliche Antwort eines parlamentarischen Staatssekretärs auf eine Abgeordnetenfrage zur Treuhandproblematik als »VS – nur für den Dienstgebrauch« eingestuft.

Ein solches Vorgehen war nicht nur Torheit, es hatte auch Methode, was die »Süddeutsche Zeitung« zu folgender Einschätzung veranlaßte: »Die Bundesregierung behinderte diesen Untersuchungsausschuß auf eine

Weise, die das gewöhnliche Maß an Tricksereien in solchen Ausschüssen bei weitem überstieg. Finanzministerium und Treuhand zogen an einem Strang, damit die meisten Akten, die die Volksvertreter zu sehen bekamen, einen Geheim-Stempel trugen – und der Öffentlichkeit somit vorenthalten blieben. Es kommt aber noch dreister: Finanzministerium und Treuhand weigern sich bis heute, den gewählten Abgeordneten die Beratungsprotokolle des Treuhandvorstands und -verwaltungsrates, der wichtigsten Organe der Behörde, vorzulegen. Die Abgeordneten müssen deshalb vor dem Bundesverfassungsgericht klagen.«[124]

Tatsächlich, die Weigerung der Bundesregierung und der Treuhand, dem Untersuchungsausschuß die Protokolle des THA-Vorstandes und des -Verwaltungsrates zur Verfügung zu stellen, war schon ein besonders gelungener Streich.

Auf seiner 10. Sitzung am 9. Dezember 1993 hatte der Untersuchungsausschuß einstimmig beschlossen, alle Protokolle der beiden Leitungsgremien der Treuhand als Untersuchungsmaterial beizuziehen. Ein selbst für Laien verständlicher Beschluß, denn wie sollte ein parlamentarischer Untersuchungsausschuß die Arbeit der Treuhand umfassend bewerten, wenn nicht durch die Einsichtnahme in die Protokolle der Sitzungen ihrer beiden höchsten Organe?

Treuhandanstalt und Regierung sahen das anders. Vier Wochen nach dem Beweisbeschluß schrieb der Vorsitzende des THA-Verwaltungsrates, Dr. Lennings, an den Ausschußvorsitzenden Schily einen Brief, in dem er ihm »leider mitteilen« mußte, daß er sich »aus Rechtsgründen gehindert sehe, die angeforderten Unterlagen, insbesondere auch die Protokolle des Verwaltungsrates, zu übergeben.«[125] Zur Begründung fügte er ein Gutachten des THA-Rechtsberaters, Dr. Manfred Balz, bei, dessen Rechtsauffassung von ihm und Frau Breuel vollinhaltlich geteilt werde.

In seiner Stellungnahme verwies Rechtsanwalt Balz zunächst auf eine frühere Entscheidung des Bundesverfassungsgerichtes, nach der es für die Regierung einen »Kernbereich exekutiver Eigenverantwortung« gebe, der parlamentarischen Untersuchungsausschüssen grundsätzlich nicht zugänglich sei, um dann auszuführen: »Es entspricht den Erwägungen des Bundesverfassungsgerichts durchaus, auch der Treuhandanstalt, die staatliche Aufgaben von höchstem staatspolitischem Rang mit einem einzigartigen Maße völkerrechtlich und gesetzlich gesicherter Autonomie zu erfüllen hat, einen Kernbereich exekutiver Eigenverantwortung zuzuerkennen [...] Die Treuhandanstalt nimmt im übrigen – anders als andere öffentlichrechtliche Anstalten – funktional eine Regierungsaufgabe wahr. Auch aus diesem Grund muß ihr ebenso wie der Regierung im engeren Sinne ein Kernbereich exekutiver Eigenverantwortung zugesprochen werden. Die der Treuhandanstalt übertragenen Aufgaben werden anderwärts von den Regierungen unmittelbar wahrgenommen. Etwa in Polen oder in Frankreich ist die Privatisierung von Staatsunternehmen eine Angelegenheit, die auf Kabinettsebene entschieden wird.«[126] Daraus zog Dr. Balz den Schluß, daß die angeforderten Unterlagen eben diesen »Kernbereich exekutiver Eigenverantwortung« der Treuhandanstalt beträfen und folglich nicht herausgegeben werden müßten.

Ob solcher Rechtsgelehrtheit konnte der Laie nur staunen. Und sogar der Fachmann, Rechtsanwalt Schily, wunderte sich nicht wenig. Nachdem auch die Bundesregierung die These vom »Kernbereich exekutiver Eigenverantwortung« der Treuhandanstalt, in den der Untersuchungsausschuß des Bundestages keine Einsicht nehmen könne, übernommen hatte und die Ausschußmitglieder aus den Reihen der CDU/CSU und FDP flugs umgeschwenkt waren, blieb ihm nach umfangreichen Schriftverkehr und hitzigen Diskussionen nichts anderes übrig, als mit Hilfe der SPD-Fraktion Klage beim Bundesverfassungsgericht wegen der Verweigerung der Herausgabe der Protokolle von Vorstand und Verwaltungsrat der Treuhand Klage einzureichen. Das hohe Gericht wies die Klage nicht zurück, teilte aber mit, daß mit einer Entscheidung vor dem Ende der Legislaturperiode des 12. Bundestages – also vor Beendigung der Arbeit des Untersuchungsausschusses – nicht zu rechnen sei.

Dem Rechtsstaat war Genüge getan, und der Untersuchungsausschuß hatte genügend zu tun, um zu versuchen, seinem Auftrag ohne die wichtigsten Dokumente nachzugehen.

Wie sagte doch Johann Gottfried Seume, der Publizist und Schriftsteller, der es abgelehnt hatte, die Obrigkeit durch patriotische Gesänge und Lieder zu unterstützen, vor rund 200 Jahren? »Wo Geheimnisse sind, fürchte ich Gaunerei. Die Wahrheit kann und darf vor Männern das Licht nicht scheuen. Es gibt keine Wahrheit, die man vor Vernünftigen verbergen müßte.«[127] Man kann sicher sein, daß die volle Wahrheit über die Treuhand, die Freigabe ihrer wichtigsten Dokumente, ihr Bild nicht heller, sondern gewiß dunkler gemacht hätte.

Aber – Götz von Berlichingen möge die Umkehrung eines seiner klassischen Sätze verzeihen –, wo starker Schatten ist, ist auch viel Licht. Der Spuk mit dem »Kernbereich exekutiver Eigenverantwortung« hüllte das Handeln der Treuhandanstalt zusätzlich in starkes Dunkel, aber schlagartig erhellte er noch einmal, wer dafür die eigentliche Verantwortung trug: Die Regierung der

Bundesrepublik Deutschland. Die Treuhand erfüllte einen politischen Auftrag der Regierung, »staatliche Aufgaben von höchstem staatspolitischem Rang« und mehr noch: eine »genuine Regierungsaufgabe«, wie Prof. Dr. Schuppert in einem anderen Gutachten zur Begründung der Verweigerungshaltung von Treuhand und Regierung betonte.[128] Mit dem gleichen Ziel unterstrich Dr. Lennings, daß der von ihm geleitete THA-Verwaltungsrat Beschlüsse zu einer »Fülle von hochbrisanten politischen Fragen« faßte, um wörtlich hinzuzufügen: »Ich darf darauf hinweisen, daß jeder Beschluß, und ich betone, jeder Beschluß des Verwaltungsrates, mit dem Zusatz versehen ist: ›Dieser Beschluß bedarf zu seiner Wirksamkeit der Zustimmung des Bundesministers der Finanzen.‹«[129]

Von Rechts wegen und zuständigkeitshalber hätten die Proteste der sächsischen Metall- und Textilarbeiter, der mehr als 500 Betriebs- und Personalräte ostdeutscher Unternehmen, der Bergarbeiter aus Bischofferode und vieler anderer nicht vor dem Treuhandgebäude in der Berliner Leipziger Straße, sondern vor dem Bundeskanzleramt in der Bonner Adenauer-Allee stattfinden müssen. Die Treuhandanstalt, die meistgehaßte Institution im staatlich vereinten Deutschland, war nur ein Instrument der Regierung. Ihre Bilanz – die Vernichtung von Millionen Arbeitsplätzen, die Verwandlung eines großen Industriebesitzes in einen Schuldenberg von 256 Milliarden DM, die weitgehende Deindustrialisierung Ostdeutschlands, die enorme Belastung der Staatsfinanzen auf unabsehbare Zeit durch unvermeidliche West-Ost-Transferleistungen, der Vermögenstransfer von Ost nach West zugunsten einer kleinen Minderheit, der neue tiefe Riß durch Deutschland – ist die Bilanz der Bundesregierung. Sie ist so passiv und miserabel, daß sie selbst das Vorstellungsvermögen der Mitglieder des »Forschungsbeirates für die Fragen der Wiedervereinigung Deutschlands« und ihres ersten Chefs und Spezialisten für »feindliches Vermögen«, Dr. Friedrich Ernst, überstiegen hätte.

»Es ist eine Bilanz der menschlichen Gemeinheit und der ökonomischen Ignoranz«, erklärte kurz, aber treffend der Bundesminister der Finanzen, Theodor Waigel, in der Debatte des Bundestages zum Bericht des Treuhand-Untersuchungsausschusses. Allerdings meinte er nicht die Treuhand, sondern die »traurige Schlußbilanz der sozialistischen Herrschaft«. Der Treuhand sprach er den Dank des Vaterlandes aus: »Die Treuhandanstalt hatte im Auftrag der Bundesregierung den größten und wahrscheinlich schwierigsten Teil der Aufgabe zu übernehmen, nämlich die gescheiterte Planwirtschaft der DDR in die Soziale Marktwirtschaft zu transformieren. Es galt vor allem, das staatliche Eigentum an Produktionsmitteln in privates, unternehmerisches Eigentum zu überführen... Wir danken allen, die innerhalb und außerhalb der Treuhandanstalt ihre Pflicht und noch viel mehr getan haben. Das war und ist Einsatz für Deutschland und Hingabe an unser Vaterland, das wir wiedergewonnen haben.«[130]

119 Stenographischer Bericht der 243. Sitzung des 12. Deutschen Bundestages, Plenarprotokoll 12/243, S. 21593

120 Ebd.

121 Ebd. S. 21599 und 21600

122 Ebd. S. 21601 und 21602

123 siehe Bundestagsdrucksache 12/8404, S. 176 und 177

124 *Süddeutsche Zeitung*, 24. August 1994

125 Bundestagsdrucksache 12/8404 S. 178

126 Ebd. S. 179

127 J. G. Seume, Ein Lesebuch für unsere Zeit, Weimar 1954, S. 415

128 siehe Ebd. S. 179

129 Ebd. S. 185

130 Stenographischer Bericht der 243. Sitzung des Deutschen Bundestages, Plenarprotokoll 12/243, S. 21619

Epilog

»Lieb Vaterland, magst ruhig sein: fest steht und treu die Wacht am Rhein!« Was einst Max Schneckenburger dichte und Karl Wilhelm vertonte, erkor man 1870/71 zur Nationalhymne des geeinten deutschen Reiches. Für die Wächter am Rhein gilt es heute noch als Credo.

Das bundesdeutsche Vaterland vergißt die seinen nicht, und schon gar nicht seine Kommissare. Birgit Breuel* wurde nach getaner treuhänderischer Arbeit von der Bundesregierung als EXPO-Generalkommissarin mit der Vorbereitung der Weltausstellung EXPO 2000 in Hannover betraut und mit einem Jahresgehalt von 700.000 DM plus 325.000 DM Reise- und 100.000 DM Bewirtungsspesen versehen.

Ihr geistiger Vorgänger, Ministerialdirigent a. D. und ehemaliger Reichskommissar für die Verwaltung des »feindlichen Vermögens« Dr. Friedrich Ernst, war 1951 in Bonn mit dem großen Bundesverdienstkreuz dekoriert worden. Als Präsident des »Forschungsbeirates für Fragen der Wiedervereinigung Deutschlands« hatte er es 1956 erneut erhalten, dieses Mal »mit Stern«.

* Zu ihrem 70. Geburtstag am 7. September 2007 wurde auch die Ex-Präsidentin der Treuhandanstalt – in dieser Funktion von *Le Monde* als »mächtigste Frau Deutschlands« bezeichnet – von dem in Hannover ansässigen Institut für Frauen-Biographieforschung gewürdigt. Im Beitrag von Almut Nitzsche (*www.fembio.org/biographie.php/frau/biographie/birgit-breuel/*) heißt es zu ihrem Wirken an der Spitze der Treuhandanstalt: »Breuel fährt eine andere Linie als Rohwedder. Unter ihrer Ägide gilt: Privatisieren vor Sanieren – die Treuhand verkauft, die KäuferInnen sollen sanieren. Mit erhöhtem Tempo wird privatisiert. Unzählige Entlassungen, teils durch die Treu-

hand, teils durch die neuen EigentümerInnen, bringen den sozialen Frieden in Ostdeutschland massiv in Gefahr.
Mitte Mai, nach einem Monat, hat die Treuhand-Chefin sechshundert Betriebe verkauft, so viel wie Rohwedder in sieben Monaten. Ende 1991 sind es fünftausend, im Juli 1992 sechstausendfünfhundert verkaufte Betriebe. Wenn die neuen BesitzerInnen den Erhalt von Arbeitsplätzen versprechen, bekommen sie die Betriebe oft für eine symbolische Mark geschenkt. Obendrein gibt es Zuschüsse und Fördermittel zur Sanierung der Betriebe. [...]
Die mangelnde Kontrolle ermöglicht und fördert eine immense Geldverschwendung. ManagerInnen, SpekulantInnen und BeraterInnen schanzen sich Aufträge, Fördermittel und Positionen zu, ganze Branchen werden in den Ruin getrieben, und die Arbeitslosigkeit steigt regional höher als zur Zeit der Weltwirtschaftskrise. [...]
So steht am Ende statt des einst von Rohwedder geschätzten vorhandenen Treuhandvermögens von 600 Milliarden D-Mark ein Defizit von etwa 250 Milliarden D-Mark bei der Treuhand-Nachfolgerin, der Bundesanstalt für vereinigungsbedingte Sonderaufgaben (BvS), zu Buche. Innerhalb kurzer Zeit war eine komplette Volkswirtschaft in einen Schuldenberg verwandelt worden. [...]
Birgit Breuel vertritt bis heute die Meinung, die unter den gegebenen Umständen bestmögliche Arbeit geleistet zu haben. Diese Meinung wird von hochrangigen VertreterInnen der Wirtschaft und des Bankenwesens geteilt, was nicht verwundert, da die Geschäfte mit der Treuhand der westdeutschen Wirtschaft einen enormen Aufschwung beschert haben. Immerhin bedauert sie die Menschen, die arbeitslos geworden sind, aber Schuld daran hat in ihren Augen einzig und allein die Mißwirtschaft der DDR.
1994 verleiht die Rechtswissenschaftliche Fakultät der Universität Köln Birgit Breuel die Ehrendoktorwürde mit folgender Begründung: ›In der Amtsführung hat Frau Breuel Prinzipienfestigkeit hinsichtlich des Privatisierungsauftrags mit Flexibilität, auch bei der Abfederung sozialer Härten, verbunden. Zugleich hat sie das Problem einer angemessenen Außendarstellung der Treuhand trotz der ständigen und vielfältigen Kritik erfolgreich gelöst.‹ [...]«

Eine Abendgesellschaft im »Adlon«

Seit der offiziellen Schließung der Treuhandanstalt (THA) am 31. Dezember 1994 sind viele Jahre ins Land gegangen. Auch die Nachfolgeeinrichtung, die »Bundesanstalt für vereinigungsbedingte Sonderaufgaben« (BvS), hat ihre Tätigkeit eingestellt. Die Initiatoren und Akteure blicken zufrieden auf ihr Wirken zurück, sie ziehen Bilanz und freuen sich auf die 20. Jahrestage der »friedlichen Revolution« und des Anschlusses der DDR an die Bundesrepublik. Das ist die rechte Zeit für ein Treffen, wenn auch ein fiktives, einiger Anstaltshelden und ihrer Förderer. Standesgemäß und symbolträchtig findet es im direkt am Brandenburger Tor und unweit des Reichstages gelegenen Hotel »Adlon Kempinski« statt.

Gekommen sind: der Ex-Kanzler und Schmied der deutschen Einheit, Helmut Kohl, der Verfasser des »Einigungsvertrages« und jetzige Bundesinnenminister Wolfgang Schäuble, der ehemalige Bundesfinanzminister und verdienstvolle Polit-Rentner Theo Waigel, der als Finanzstaatssekretär Verantwortliche für die Rechts- und Fachaufsicht über die Treuhand, Horst Köhler, jetzt Bundespräsident, die unermüdliche Ex-Treuhand-Chefin und Trägerin des Bundesverdienstkreuzes Birgit Breuel sowie der ehemalige *Bild*-Redakteur und spätere selbstlose Leiter des Treuhand-Direktorats Abwicklung, Chefliquidator Ludwig M. Tränkner.

Sie sitzen in gemütlicher Runde in der Präsidenten Suite in der fünften Etage mit Blick auf das Tor mit der

Quadriga und den Pariser Platz und erinnern sich plaudernd an vergangene Zeiten und Taten.

Kohl, der die läppischen 7.700 Euro für die Suite aus einer seiner Kassen bezahlt, erzählt mit nahezu verklärten Gesicht, wie er sich im Dezember 1989 in Dresden beim Treffen mit dem DDR-Ministerpräsidenten Hans Modrow über den Jubel der Einheimischen und die vielen aus Bayern besorgten bundesdeutschen schwarz-rot-goldenen Flaggen gefreut und mit welcher Entschiedenheit er die dreiste Forderung nach einem »Lastenausgleich« abgelehnt hat, die der ostdeutsche Hoffnungsträger unter anderem mit den von der DDR für ganz Deutschland geleisteten Reparationszahlungen begründete. Seine Freude über den ihm vor der Ruine der Frauenkirche bereiteten Empfang könne im nachhinein auch nicht dadurch getrübt werden, daß ein gewisser Volker Braun noch 15 Jahre danach meinte, die »Dresdner (machten) nicht so viel her wie die Heldenstadt, und übten auch wieder vor Kohl den Diener«.[1]

Schäuble schmunzelt, bringt die prächtige Idee mit den 100-DM-Begrüßungsgeld für die Brüder und Schwestern im Osten in Erinnerung und die noch prächtigere, mit de Maizières Staatsekretär Günther Krause und damit mit sich selbst den »Einigungsvertrag« auszuhandeln.

Waigel grummelt, er hat nicht verwunden, daß man ihn, den exzellenten Finanzminister, schon kurz nach der Wiedervereinigung als »Herrn der Löcher« bezeichnete, obwohl er doch noch vor der Währungsreform ständig versichert hatte, daß die Bundesrepublik finanzpolitisch bestens auf die Einheit vorbereitet sei.

1 Volker Braun: Die dresdner Denkart, Festrede am 31. März 2006 in der Semperoper Dresden zum Festakt anläßlich der Ersterwähnung Dresdens vor 800 Jahren

Köhler erinnert noch einmal bescheiden und stolz, eben so, wie es seine Art ist, daran, wie er namens des Finanzministeriums das volle Kostenrisiko für die THA-Privatisierer übernahm und vor dem THA-Untersuchungsausschuß des Bundestages die Treuhandanstalt freimütig als eine »politische Veranstaltung« bezeichnete.

Frau Breuel verweist darauf, daß sie in nur einem Monat nach ihrer Ernennung zur THA-Präsidentin sechshundert Betriebe verkaufte, so viel wie ihr Vorgänger Rohwedder in sieben Monaten, und es vermochte, in kurzer Zeit die letzten hochbezahlten Ossis aus der Anstalt zu entlassen und den darbenden Beraterfirmen Roland Berger und McKinsey, Boston Consult und Arthur D. Little fette Millionenaufträge zu verschaffen. Tränker schließlich, gefragt nach seinen schönsten Erinnerungen, meint, daß dazu seine weise Personalpolitik gehört, mit der er zum Beispiel den 28jährigen völlig unerfahrenen Sparkassen-Betriebswirt Zinsmeister gefördert, mit der Liquidation von 76 ostdeutschen Betrieben betraut und ihm Honorare von mehr als 10,5 Millionen verschaft hatte. Selbstredend habe er sich seinerzeit auch über den Billigerwerb einer Millionen-Villa am Zeuthener See aus dem Bestand der Treuhandimmobilien mächtig gefreut.

Alle sind sich einig: Die »Wiedervereinigung« und die Treuhand-Veranstaltung waren ein voller Erfolg. Deutschland ist zwar noch nicht zusammengewachsen, aber größer, einflußreicher, ja, endlich auch militärisch normal und kriegsfähig ist es geworden. So ist die Stimmung aufgeräumt. Sie wird noch besser, als Schröder – nicht der Ex-Bundeskanzler, sondern der Beinahe-Bundespräsident, also nicht der Gerhard, sondern der Richard, DDR- und Anschlußsachverständiger Prof. Dr. h.c. Dr. theol. habil Richard Schröder – zur Runde stößt und ihr ein statistisches Material über die Entwicklung in Ostdeutschland in den zurückliegenden 15 Jahren vorlegt, die die zuweilen angezweifelte Einschätzung des ehemaligen CDU-Generalsekretärs Peter Hintze, der Ende der 90er Jahre auf dem CDU-Parteitag in Bremen den »Aufbau Ost« als die »beeindruckendste Erfolgsgeschichte des Jahrhunderts«[2] bezeichnet hatte, und die wunderbaren Spätfolgen des segensreichen Wirkens der Treuhand auf das Glänzendste bestätige. Schröder bringt daraus einige Fakten zu Gehör: Innerhalb von 15 Jahren wuchs die Industrieproduktion um mehr als 400 Prozent. Allein in den letzten zehn Jahren verdreifachte sie sich. Das gesellschaftliche Bruttoprodukt stieg im gleichen Zeitraum von 50 Milliarden auf 150 Milliarden DM. Im Prozeß dieses Aufschwungs wurden zahlreiche neue Großbetriebe der Petrolchemie, der Metallurgie, des Maschinen- und Schiffbaues, Talsperren, Elektrizitätswerke und ein moderner Überseehafen errichtet. Es herrscht ein akuter Arbeitskräftemangel. Auf dem ostdeutschen Territorium, das nicht einmal ein Viertel der Gesamtfläche des untergegangenen früheren Deutschen Reiches umfaßt, werden 90 Prozent der Industrieproduktion ganz Deutschlands vom Jahre 1936 hergestellt. In fünf Jahren und zwei Monaten wurde in der Industrie der Vorkriegsstand erreicht …[3]

An dieser Stelle seines Vortrages angelangt, gerät der Überbringer dieser freudigen Kunde ins Stocken. Nach einer kurzen Pause entschuldigt er sich. Leider habe er in der Eile zum falschen Papier gegriffen. Bei den vorgetragenen Angaben handele es sich zwar um die wirt-

2 Zitiert nach Claudia Schreyer: Union hofiert den Osten, *Neues Deutschland*, 4. August 1998

3 Zahlen und Fakten aus: Handbuch der Deutschen Demokratischen Republik, Berlin, 1963

schaftliche Entwicklung in Ostdeutschland innerhalb von 15 Jahren, allerdings nicht im Zeitraum von 1990 bis 2005, sondern in dem von 1945 bis 1960. Die sich darin widerspiegelnde Entwicklung sei zwar einigermaßen beachtlich, aber sie sei, so fügt er erläuternd hinzu, unter besonders günstigen, mit den heutigen Verhältnissen nicht zu vergleichenden Umständen erfolgt. Schließlich hätten die ostdeutschen Machthaber für den Aufbau die Industriebrachen und die Trümmer nutzen können, die der Zweite Weltkrieg hinterlassen hatte. Stark belebend, ja regelrecht stimulierend für den Aufbau hätten sich auch die Demontagen und Reparationsleistungen an die UdSSR, die im Osten besonders großen volkswirtschaftlichen Disproportionen nach der Aufspaltung des gesamtdeutschen Wirtschaftsraumes und nicht zuletzt die allseitige Hilfe seitens der größeren und reicheren westdeutschen Bundesrepublik ausgewirkt, die die kommunistische Propaganda allerdings als »permanenten Wirtschaftskrieg« diffamiert habe.

Alsogleich einigermaßen beruhigt, bitten die Versammelten um exakte Angaben über die Bilanz des Aufbaues Ost infolge der erfolgreichen Arbeit der Treuhandanstalt.

Schröder wühlt erneut in seinen Papieren, findet das Gesuchte, den »Jahresbericht zum Stand der deutschen Einheit« von 2006, und zitiert der Kürze halber aus der bei seiner Vorstellung gehaltenen Rede des Beauftragten für die neuen Länder, Bundesverkehrsminister Wolfgang Tiefensee: »Die Lage in den neuen Ländern muß klar und realistisch betrachtet werden. Vielen positiven Entwicklungen stehen eine Reihe von Fehlentwicklungen und Problemen gegenüber. Wir dürfen unsere Augen vor den Schwierigkeiten nicht verschließen. Der heute vorgelegte Jahresbericht ist keine Schönfärberei, er stellt die Entwicklung im Osten nüchtern und differenziert dar.

Insgesamt ist Ostdeutschland noch immer ein Wirtschaftsgebiet mit zahlreichen strukturellen Problemen. Neben der schwierigen demographischen Entwicklung drücken die Probleme auf dem Arbeitsmarkt. Noch gibt es kein selbst tragendes wirtschaftliches Wachstum. Die Arbeitslosigkeit ist rund doppelt so hoch wie in den alten Ländern. Das trifft rund 1,6 Millionen Menschen, die arbeiten wollen, aber keine Angebote erhalten. Die Arbeitslosenquote Ost liegt im Schnitt bei 18,7 Prozent. Das ist bedrückend und hinterlässt gesellschaftliche Spuren. In fast jeder Familie ist wenigstens einer mit Arbeitslosigkeit konfrontiert.

Trotz positiver Entwicklungen im verarbeitenden Gewerbe ist der Strukturwandel in Ostdeutschland noch nicht abgeschlossen: In den vergangenen fünf Jahren lag das Wirtschaftswachstum im Schnitt bei nur einem Prozent, im Jahr 2005 stagnierte die ostdeutsche Wirtschaft sogar. Wir brauchen deshalb im Osten ein deutlich höheres Wachstum als bisher.«[4]

Ausgerechnet hier wird Schröder, der gerade zu einigen Leuchtturmschilderungen aus dem Tiefensee-Bericht übergehen will, vom ziemlich zornigen Verkünder der »blühenden Landschaften« mit der Forderung unterbrochen, endlich mit dem Gesülze des ostdeutschen Sozen aufzuhören und sich seriöseren Quellen, die mehr von Wirtschaft und Finanzen verstünden, zuzuwenden.

Der Professor, leicht konsterniert, aber immer noch von tiefer Achtung für Kohl, den Kanzler der Einheit, erfüllt, greift eilig zum nächstliegenden Dokument, und das ist, welch glücklicher Zufall, ein Bericht der Deut-

4 Wolfgang Tiefensee: Rede bei der Vorstellung des Jahresberichtes zum Stand der deutschen Einheit 2006, www.bmvbs.de/Beauftragter/Zukunft-Ostdeutschland

schen Bank Research, zwar leicht veraltet, aus dem Jahr 2004, aber mit dem verheißungsvollen Titel »Perspektiven Ostdeutschlands 15 Jahre danach«. Aber kaum hat Schröder einige Passagen vorgetragen, da wird er vom Altkanzler erneut erregt unterbrochen und aufgefordert, statt des Gelabers der Banken, die bekanntlich schon seine Wirtschafts- und Währungsreform sabotieren wollten, endlich etwas Solides, möglichst von Leuten, die Ahnung von der Arbeit der Treuhandanstalt hätten, vorzutragen. Kohls Erregung ist verständlich, denn das vorgetragene Untersuchungsergebnis der Deutschen Bank war auch nicht gerade Musik in seinen Ohren, denn es klang so: »Das langfristige Wachstumspotential der östlichen Bundesländer liegt aufgrund demographischer Faktoren spürbar unter demjenigen der westlichen Bundesländer. Der Lebensstandard wird zwar weiterhin zunehmen, aber der Abstand zum Westen dürfte anwachsen. Bis 2050 dürfte er sogar eher wieder auf das Niveau von Mitte der 90er Jahre (rund 60 Prozent des westdeutschen Pro-Kopf-Einkommens) zurückfallen.«[5]

Nach der erneuten Unmutsbekundung will Schröder schon resignieren, da aber im letzten Moment fällt ihm ein, daß sich in seinen Unterlagen ein Bericht befindet, der auch die Unterschrift des ausgewiesenen Treuhandspezialisten Klaus von Dohnanyi trägt, der bekanntlich Sonderberater und -beauftragter der Anstalt für die Privatisierung ostdeutscher Industriekombinate war. Er sucht, findet und trägt ohne zu zögern vor: »Die Wertschöpfung der neuen Länder stagniert bei etwa 60 % des Westens … Rechnerisch fehlen dem Osten im Vergleich zum Westen allein im verarbeitenden Gewerbe etwa 3.000 mittelständische Unternehmen und etwa 600.000

5 Deutsche Bank Research: Perspektiven Ostdeutschlands – 15 Jahre danach –, Nr. 306, 10. November 2004

Beschäftigte … Die Arbeitslosigkeit … von durchschnittlich 18 % erreicht in einigen Regionen katastrophale Größen bei 40-50% … Fortdauernde Abwanderung, insbesondere junger Menschen, erfolgt aus allen Neuen Ländern; es droht eine … dramatische Überalterung der Gesellschaft … und ein gefährlicher Verlust besonders gut ausgebildeter Menschen und kreativer Köpfe.«[6]

Nun resignieren neben Kohl auch die anderen und die Stimmung nähert sich dem Nullpunkt. Doch der Lehrstuhlinhaber für Theologie und Philosophie an der Berliner Humboldt-Universität, Mitglied des Nationalen Ethikrates und Vorsitzender des Fördervereins Berliner Schloß wäre nicht Schröder, wenn er in dieser vertrackten Lage keinen Ausweg wüßte. Er erinnert sich an seinen Vortrag zum Stand der deutschen Einheit, den er vor nicht allzu langer Zeit auf einem evangelischen Kirchentag in Mecklenburg-Vorpommern gehalten und in dem er die unter den Gläubigen aufkommende Resignation durch einen Vergleich der Lage in Ostdeutschland mit der in anderen Teilen der Welt in allgemeine Zufriedenheit und Zuversicht verwandelt hatte.

Nach diesem Muster bittet er nun auch die in der Präsidenten Suite Versammelten, doch nicht aus dem Auge zu verlieren, daß Ostdeutschland dank der Treuhand und des Aufbaues Ost »von allen ehemaligen sozialistischen Ländern … den höchsten Lebensstandard und die beste Infrastruktur hat«[7]. Dieser Beweis erreichten Fortschrittes sei umso überzeugender, da die DDR im osteuropäischen Wirtschaftsverbund RGW, wie den

6 Klaus von Dohnanyi/Edgar Most: Für eine Kurskorrektur des Aufbau-Ost, Denkschrift vom 10. Februar 2004, S. 1

7 Richard Schröder: Über Deutschland, Vortrag auf Evangelischem Kirchentag in Mecklenburg-Vorpommern, Schwerin, 3. September 2006, www.kirche-mv.de/ Schroeder

Anwesenden gut bekannt, das ärmste und unterentwickelste Land war. Und als der geübte Theologe noch einen Vergleich mit den Entwicklungsländern und das Argument hinterherschiebt, daß Europa, »Ostdeutschland inbegriffen«, anderswo beneidet wird und die meisten Menschen dieser Welt sofort »ihre Probleme gegen unsere eintauschen« würden und deshalb viele versuchten, unter Lebensgefahr hierher zu kommen[8], hellt sich die Stimmung endlich wieder auf.

Sie wird noch besser als Schröder Dohnanyis Kassandrarufe über die fortdauernde Abwanderung, insbesondere junger Menschen, aus allen Neuen Ländern und zur dramatischen Überalterung der Gesellschaft mit dem schlagendem Argument, »wir vermischen uns, und das ist gut so«[9], zurückweist. Hier, so meint er, drohe keine Gefahr, auch wenn behauptet würde, daß seit 1990 mehr als 1,5 Millionen ostdeutsche Bürger, vor allem junge, gut ausgebildete, auf der Suche nach Arbeit in Richtung Westen gezogen seien, eine weitere Million zwar (noch) im Osten wohne, aber schon im Westen arbeite und ganze Landstriche, wie in Vorpommern, der Uckermark, der Prignitz, der Altmark, der Oberlausitz und im Mansfelder Land, veröden und sich ins Altersheim Deutschlands verwandeln würden. Sein ehemaliger Kirchenkollege und SPD-Genosse wie er selbst, Pfarrer Steffen Reiche, habe sich 2003 als damaliger brandenburgischer Bildungsminister sogar zu der schier unglaublichen Äußerung: »Wir verzeichnen die dramatischsten Bevölkerungseinschnitte seit dem 30jährigen Krieg«[10] verstiegen.

8 Ebenda

9 Ebenda

10 zitiert nach Winfried Wolf: Stürzt der Osten ins Bodenlose, in: *Ossietzky* 23/2004

Natürlich, so Schröder weiter, sei das für manche Regionen ein Problem, aber man dürfe doch bei solcher Schwarzmalerei nicht außer Acht lassen, daß darin auch Riesenchancen lägen, denn wo Schatten sei, sei auch Licht. Übrigens sei das nicht seine unwichtige persönliche Meinung, sondern die Auffassung namhafter Verödungskoryphäen. Zum Beweis fischt er aus seinen Unterlagen einen Beitrag aus der Hamburger Illustrierten *Stern* unter der Überschrift: »Laßt die Wölfe rein. Die Menschen gehen, die Natur erobert sich große Teile Ostdeutschlands zurück. Das ist nicht schlimm. Es hilft der Umwelt und spart Steuergelder.«[11]

Flugs zitiert er daraus den Experten für den Strukturwandel am Institut für Wirtschaftsforschung in Halle Joachim Ragnitz, der in der Ost-West-Wanderung keinen Grund zum Wehklagen sieht, sondern eben das Gegenteil: »Wir sollten das als Riesenchance und nicht als Problem begreifen.« Nach seiner Meinung brauche Deutschland solche »blühende Landschaften« – bei diesem Wort hellt sich die Miene Kohls sichtbar auf – als »ökologische Ausgleichsgebiete für den Klimawandel«[12]. Kleine Dörfer würden über kurz oder lang von der Landkarte verschwinden.

Und weiter zitiert der vortragende Theologe den Direktor des Berlin-Instituts für Bevölkerung und Entwicklung, Rainer Klingholz, der zum Thema bemerke: »Die Menschen stimmen selbst seit der Wende mit den Füßen ab, wo die Zukunft solcher Landstriche liegt – in der Renaturierung.« Rund ein Drittel der ehemaligen DDR könne, so meine der Institutsdirektor, getrost der Schöpfung zurückgegeben werden.[13]

11 Laßt die Wölfe rein, in: *Stern*, 30. März 2007

12 Ebenda

13 Ebenda

Schließlich berichtet Schröder noch über die Meinung einer dritten im *Stern* zu Wort gekommenen Autorität in Sachen Verödung: Thomas Straubhaar, Chef des Hamburger Weltwirtschaftsinstitutes. Dieser trete dafür ein, den Prozeß der Entvölkerung nicht zu stoppen, sondern noch zu beschleunigen. Außerdem, weise der Hamburger Institutschef darauf hin, daß die Zweidrittelmehrheit der Großen Koalition die Gelegenheit biete, den Anspruch auf die »Einheitlichkeit der Lebensverhältnisse« aus dem Grundgesetz zu streichen.[14]

Hier mischt sich erstmals das Staatsoberhaupt ein und stimmt letzterem nachdrücklich zu. Immerhin habe er schon vor einiger Zeit darauf hingewiesen, daß »es nun einmal überall in der Republik große Unterschiede in den Lebensverhältnissen« gibt.[15] Obwohl er, so der Bundespräsident, ausdrücklich davon gesprochen habe, daß das »von Nord nach Süd wie von West nach Ost« geht und unterstrichen habe, »wer sie einebnen will, zementiert den Subventionsstaat«[16], sei ihm von verantwortungslosen ostdeutschen Bundestagsabgeordneten unterstellt worden, daß er damit Kritik an der Subventionierung der neuen Bundesländer geübt hätte. Das sei eine üble Unterstellung, denn »worauf es ankommt, ist, den Menschen Freiräume für ihre Ideen und Initiativen zu schaffen«.[17]

»Freiräume« – das ist ein weiteres Stichwort für den bramarbasierenden Alleswisser und Ostspezialisten Schröder, um in seinem Vortrag fortzufahren und daran zu erinnern, welchen »sozialistischen Trümmerhaufen«[18]

14 Ebenda
15 Interview mit Bundespräsident Horst Köhler in: *Focus*, 13. 9. 2004
16 Ebenda
17 Ebenda
18 Detlev Rohwedder, zitiert nach Richard Schröder: Ansprache bei der Gedenkstunde zum 10. Todestag von Detlev Rohwedder am 1. April 2001 im Schloß Bellevue, Presseinformation

SED und Sozialismus hinterließen, den die Treuhand freiräumen mußte: »Daß die Treuhandanstalt die DDR-Wirtschaft ruiniert habe, ist eine Legende. Es war die SED.«[19] Zur Illustration zitiert er noch einmal aus dem *Stern*, in dem nicht nur die Vorteile der »Renaturierung«, sondern am Beispiel des nordthüringischen Städtchens Artern, aus dem in den letzten Jahren 20 Prozent der Einwohner, vor allem die jungen, gut ausgebildeten, weggezogen seien und auf 100 Gestorbene 50 Geburten kämen, auch die eigentlichen Verursacher der Entvölkerung des Ostens benannt würden: »Im Sozialismus war die Region künstlich proletarisiert worden – wie so viele Gebiete der ehemaligen DDR. Die SED erschuf eine ökonomische Scheinwelt, siedelte Industriearbeitsplätze an, weil es politisch opportun war. Ob ein Standort rentabel war, galt als zweitrangig. Viele Bürger Arterns schafften in der Kyffhäuserhütte, einer Landmaschinenfabrik, der Zuckerfabrik, den volkseigenen Möbel-, Schuh- und Knopfherstellern sowie in der kollektivierten Landwirtschaft. All diese Industrien konnten nach der Wende in der Marktwirtschaft nicht bestehen. Die Scheinwelt ging unter, und die Werktätigen blieben zurück. Nun ist jeder Zweite ohne Job.«[20]

Der Kurzbericht ruft bei den Anwesenden zwiespältige Reaktionen hervor, aber letzlich bestärkt er sie in der gemeinsamen Überzeugung, daß die von der SED erschaffene »ökonomische Scheinwelt« unter den Bedingungen der realen Marktwirtschaft zusammenbrechen mußte und die aufopferungsvoll arbeitenden Treuhänder nur das retten konnten, was noch zu retten war.

19 Richard Schröder: Über Deutschland, Vortrag auf Evangelischem Kirchentag in Mecklenburg-Vorpommern, Schwerin, 3. September 2006, www.kirche-mv.de/Schroeder

20 Laßt die Wölfe rein, in *Stern*, 30. 3. 2007

Nun endlich mischt sich auch Birgit Breuel ins Gespräch. Dankbar blickt sie in die Runde und erinnert daran, daß nicht wenige die Treuhand »als effizient arbeitende Privatisierungsagentur« rühmen, »die die schnellste Privatisierung einer Volkswirtschaft hervorbrachte, die es weltweit je gegeben hat – und das unter sehr schwierigen Rahmenbedingungen«[21]. Zugleich verwahrt sie sich noch einmal gegen den in der Öffentlichkeit immer wieder erhobenen Vorwurf, die von ihr geleitete Anstalt habe im Osten Millionen von Arbeitsplätzen vernichtet und damit die anhaltende Massenarbeitslosigkeit in den neuen Bundesländern verursacht.

Zu ihrem Entlastungszeugen ruft sie keinen Geringeren als den Ex-Wirtschafts- und Arbeitsminister Wolfgang Clement, die ökonomische Wunderwaffe von Ex-Kanzler Schröder, auf, der 2004, als die Massenproteste gegen die Hartz-Gesetze an Stärke gewannen, bei *Sabine Christiansen* als bekannter Tele-Haudegen unzweideutig festgestellt habe: »Womit wir in Deutschland als empfindlichstes Übel zu tun haben, gehört zur Hinterlassenschaft der Kommunisten: eine marode Staatswirtschaft, deren Zusammenbruch geradewegs in die Arbeitslosigkeit führte.«[22]

Ob solch klarer Aussage ist die Abendgesellschaft drauf und dran, spontan in Beifall auszubrechen, da aber öffnet sich die Tür und hereinkommt ein weiterer Gast, der Überraschungsgast des Abends: Michael Jürgs, Autor des Buches »Die Treuhändler. Wie Helden und Halunken die DDR verkauften«, in dem man die »Helden« vergeblich sucht; es sei denn in der endlos langen Eloge

21 Birgit Breuel: Treuhandanstalt: Bilanz und Perspektiven, aus: »Aus Politik und Zeitgeschichte«, Beilage zur Wochenzeitung *Das Parlament*, B 43-44/94, vom 28. Oktober 1994, S. 14

22 Wolfgang Clement in: ARD *Sabine Christiansen*, 8. August 2004

auf Detlev Karsten Rohwedder, den am Ostermontag 1991 in seiner Villa in Oberkassel ermordeten zweiten Chef der Treuhandanstalt, der laut Jürgs nicht einmal »die Spur eines Rüchleins von Korruption« aufkommen ließ und sich mit einem läppischen Jahresgehalt von 1.300.000 DM begnügte, denn: »Rohwedder dachte da nicht nur preußisch korrekt, wollte auch Zeichen nach außen setzen, eben weil das alte System so korrupt war und eben weil sich dessen Protagonisten so schamlos am Volkseigentum bedient hatten.«[23]

Freilich hat er nicht so viel eingestrichen wie die Liquidatoren seiner Nachfolgerin, aber ein wenig höher war sein Gehalt schon als das der Führungskräfte unterschiedlicher Ebenen in der DDR. Deren »korrupte Protagonisten«, zum Beispiel die Mitglieder des Politbüros des ZK der SED, bezogen ein monatliches Gehalt von rund 4.600 Mark, und der Generaldirektor des Volkseigenen Betriebes Kombinat Schiffbau Rostock, eines Unternehmens, das Ende der 80er Jahre 56.000 Beschäftigte zählte, bei Fischfangschiffen den ersten und bei Stückgutfrachtern den zweiten Platz im Weltschiffbau belegte und dessen Erzeugnisse zu 90 Prozent exportiert wurden, hatte, wie seine Kollegen in den anderen 120 Kombinaten, ein Monatsgehalt zwischen 2.850 und 3.500 Mark. Dagegen war der ermordete Treuhandchef tatsächlich ein bescheidener selbstloser Held, ein Patriot und vor allem ein wahrer Ostmenschenfreund, was Jürgs in seinem Buch in die Worte kleidet: »Rohwedder verteidigt vor allem gegen die ewigen Besserwessis die Ostdeutschen wie ein Vater seine Kinder. Die sind zwar ein bißchen zurückgeblieben, allerdings ohne eigenes Verschulden, die gehören aber zur Familie und müssen des-

23 Michael Jürgs: Die Treuhändler. Wie Helden und Halunken die DDR verkauften, München 1997, S. 247

halb von ihm, dem Familienvorstand, besonders gepflegt werden.«[24]

Doch der Überraschungsgast ist erst einmal schlau genug, angesichts der argwöhnisch blickenden Birgit Breuel und der anderen überraschten Nichtfreunde des Toten, nicht diese und andere Passagen aus seinem Treuhändler-Buch zu Gehör zu bringen. Er nimmt die gerade noch gehörten Worte von der »Hinterlassenschaft der Kommunisten« und der »maroden Staatswirtschaft« auf, stimmt als versierter Treuhandexperte dieser Einschätzung lebhaft zu und erklärt, daß auch nach seiner eigenen tiefschürfenden Analyse der alles entscheidende Grund für die 247-Milliarden-Minus-Bilanz der Treuhandanstalt und für die bis heute anhaltenden Verzögerungen beim »Aufschwung Ost« einzig und allein in der kommunistischen Mißwirtschaft zu suchen ist. Mit gnädiger Erlaubnis des Herrn Bundespräsidenten und der anderen geschätzten Persönlichkeiten wolle er das gern mit einigen Feststellungen aus seinem epochalen Helden-und Halunken-Epos illustrieren.

Da er die aufmunternden Blicke der Angesprochenen sieht, hebt er an: »Die real existierende DDR war ... ein Sanierungsfall, der bis Ende 1996 rund 1.000 Milliarden DM gekostet hat.«[25] „

»Das Volk (der DDR) ist ein Volk ohne Vermögen und die meisten Volkseigenen Betrieb sind Potemkinsche Dörfer.«[26]

»Die meisten Maschinen der Betriebe sind ... eigentlich ein Fall für den Schrotthändler.«[27] Ostdeutschland

24 Ebenda, S. 253

25 Michael Jürgs: Die Treuhändler. Wie Helden und Halunken die DDR verkauften, München 1997, S. 9

26 Ebenda, S. 18

27 Ebenda, S. 19

war ein »Pleiteunternehmen«[28], und Aufgabe der Treuhand war der »Umbau einer Volkswirtschaft ohne eigentlichen Ertragswert«, »einer über Jahrzehnte verwahrlosten Volkswirtschaft«[29].

»Die DDR ist kein Lust-, sondern ein Lastobjekt, nichts fürs Lotterbett, sondern fürs Sterbelager.«[30]

Weshalb sich die bundesdeutsche Zuhälter und Freier so gierig auf das Nicht-Lustobjekt stürzten, z. B. Siemens allein 1991 auf elf Werke der Elektroindustrie und des Anlagenbaus, die BASF auf das Synthesewerk Schwarzheide, die VEBA OEL AG auf das Petrolchemische Kombinat Schwedt, die Henkel AG auf das Waschmittelwerk Genthin, die Allianz AG auf die Staatliche Versicherung der DDR, die Westberliner Groenke und Guttmann GmbH auf 28 Interhotels, die Bindung Gruppe aus Frankfurt am Main auf die Radeberge Exportbrauerei und so weiter, und so fort, darauf geht Jürgs nicht ein. Auch nicht darauf, wie in einem solchen »Pleiteunternehmen« wie der DDR zum Zeitpunkt der Währungsunion die Pro-Kopf-Verschuldung mit 5.298 DM mehr als dreimal geringer war als in der Bundesrepublik, auf deren Bürgern schon damals eine Schuldenlast von 16.586 DM pro Kopf drückte.

Stattdessen, durch anerkennende Blicke und hörbare Zustimmung zu seiner tiefschürfenden Analyse der ostdeutschen kommunistischen Mißwirtschaft mutig gemacht, reitet den Überraschungsgast der Teufel und er preist nun doch zum sichtbaren Mißvergnügen der Frau Breuel ihren Vorgänger im Amt des Treuhandpräsidenten: »Man hatte für die größte Industrieholding der Welt keinen besseren Manager gefunden, man hätte auch kei-

28 Ebenda, S. 32
29 Ebenda, S. 21
30 Ebenda, S. 56

nen besseren finden können als ihn. Einen mit Erfahrung in der Politik und mit Erfolgen in der Wirtschaft … Mit seinen Fähigkeiten hat er nie kokettiert, auch wenn das auf andere so wirkte, er war sich ihrer sicher. Drüben, im Land seiner Kindheit, denn Rohwedder ist im thüringischen Gotha geboren, war er anfangs die große Hoffnung, bald die einzige, und kurz vor seinem Tod, als es nur wenig Hoffnung zu geben schien für viele Ostdeutsche, deshalb ein Verräter. Die Treuhandanstalt als Watschenmann der Politik, und ihr höchster Repräsentant erst recht ein Sündenbock. Wohl eher das Opferlamm.«[31]

Bei diesen seinen eigenen Worten zuckt Jürgs zusammen, denn wer hat das Lamm geopfert, wer sollte damit beruhigt, versöhnt, wohlgestimmt werden? Ein höheres Wesen, Gott selbst oder gar die aufmüpfigen Ostdeutschen, die ob der Zertrümmerung ihrer Betriebe schon wieder an den Montagen zu Zehntausenden auf die Straße gingen?

Entschieden schiebt er diese Gedanken beiseite. Schließlich weiß er, wer das Lamm geschlachtet hat, hat er doch das Kapitel zu diesem Thema mit »Im Visier der RAF: Detlev Rohwedder« überschrieben. Und damit auch die ob des Lobgesanges auf den Toten allmählich ungeduldig werdenden Zuhörer nicht auf ähnliche Gedanken wie er selbst kommen, nennt er die Täter: »Daß Rohwedders Mörder zur Rote Armee Fraktion gehören, wissen die Fahnder allerdings sicher aufgrund des Bekennerschreibens mit dem rotgezackten Stern … In ihrem Wahn glaubte die RAF, mit den Schüssen vom Rhein den richtigen und damit die Stimmung des Volkes drüben zu treffen. Wahnsinn. Die selbsternannten Rächer der Enterbten bleiben erst recht nach diesem Mord nur eine versprengte Bande von Desperados. Sympathi-

31 Ebenda, S. 232

santen haben die Terroristen allenfalls unter den Stasibütteln, ihren Brüdern im Geiste.«[32]

Doch da, das letzte Wort des Treuhand- und offensichtlich auch Stasi-Experten ist noch nicht verklungen, geschieht ein Wunder. Noch einmal öffnet sich die Tür, und ein weiterer Gast betritt den Raum, elastischen Schritts, aber leichenblaß, über 1,90 Meter groß: Detlev Karsten Rohwedder. Den Versammelten stockt der Atem, sie trauen ihren Augen nicht. Sollte es ein Geist sein, immerhin hatte die Pendeluhr in der Präsidenten Suite zu mitternächtlicher Stunde gerade zwölfmal geschlagen, oder war es tatsächlich der leibhaftige ehemalige Vorstandsvorsitzende der Hoesch-AG und spätere Treuhandchef? Seine ersten Worte geben keinen klaren Aufschluß:

Schön, daß Ihr meiner gedenkt. Habe ich mich doch fürs Vaterland, fürs teure, geopfert, oder wurde ich geopfert? Was wäre denn geschehen, wenn mich am 1. April 1991, am Ostermontag, nicht die tötlichen Kugeln getroffen hätten? Schließlich hatten unsere ostdeutschen Landsleute die uns einst so erfreuenden Montagsdemonstrationen wieder aufleben lassen und für die bevorstehenden Wochen bedrohliche Massenproteste angekündigt, gegen die von mir geleitete Anstalt, aber gleichermaßen gegen die Vereinigungspolitik der Bundesregierung, die Sie, und nun wendet er sich direkt an die erstarrten, bleich gewordenen Kohl, Schäuble, Waigel und Köhler, zu verantworten hatten.

Als die Angesprochenen, denen es vor Schreck und Verwunderung die Sprache verschlagen hat, schweigen, richtet der Hüne seinen Blick auf den ebenfalls geschockten, sonst mit allen Wassern gewaschenen Journalisten und Treuhändler-Autor Jürgs:

32 Ebenda, S. 238 und 242

Du, mein lieber Freund und Bewunderer, der Du bewiesen hast, daß die DDR so marode wie ich ich tüchtig, kurz, der edelste der Edlen war, hast in Deinem glänzenden Buch die Antwort gegeben. Sie ist so treffend, daß ich sie noch heute auswendig weiß. Und zum neuerlichen Erstaunen aller rezidiert er aus dem Kopf Jürgs Einschätzung: »Die Ermordung ihres Präsidenten nimmt im wahrsten Sinn des Wortes die Treuhandanstalt aus der Schußlinie. Nach dem Attentat auf Rohwedder gibt es zwar noch eine Großdemonstration, aber die endet mit einer Gedenkminute für ihn. Danach herrscht Ruhe im Land, denn der Schock sitzt tief. Selbst die Kritiker der Treuhändler sind totenstill … Er hat sich geopfert für die Treuhandanstalt, natürlich nicht bewußt. Aber vom Ergebnis her ist das egal. Es ist so. In einem Nachruf schreibt der britische *Economist*: ›Der Mord wird nichts an der Arbeit der Treuhand ändern. Aber er dürfte die lautesten Kritiker der Agentur zum Schweigen bringen.‹ Der Staatsakt in Berlin war in diesem Sinne ein Befreiungsakt für die Treuhandanstalt.«[33]

Wie Du, mein Verehrer, und erneut wendet er sich an den verblüfften Buchautor, allerdings angesichts solcher Folgen und solchen Nutzens aus meiner Ermordung zum unumstößlichen Schluß kommst, daß ich ein Opfer der RAF geworden bin, erschließt sich mir nicht. Ich weiß bis heute nicht, wer die tödlichen Schüsse auf mich abgefeuert hat, und unsere tüchtigen BKA- und andere Fahnder haben sich auch nicht gerade überschlagen, das Geheimnis zu lüften. Noch heute, selbst in meinem Grab, läßt mich die Frage »Cui bono?« nicht ruhig und sanft ruhen.

Bei diesen Worten wird der unermüdliche Terroristenjäger, Innenminister Schäuble, unruhig. Doch noch

33 Ebenda S. 265

ehe er seine Dienste in Schutz nehmen kann, fährt der unheimliche Gast, der Rohwedder wie aus dem Gesicht geschnitten ist, fort:

Freilich ganz ohne Freude ruhe ich nicht. Es ehrt mich, daß ich auch in die schöngeistige Literatur Eingang gefunden habe, auch wenn mir der Inhalt nicht so übermäßig gefällt. Daß Günter Grass in seinem Roman »Ein weites Feld« den bei der Treuhand beschäftigten Aktenboten Theo Wuttke, Fonty genannt, in einem Brief an seine Tochter Martha über mich sagen läßt: »Sah kürzlich unseren Chef aus dem Paternoster steigen ... Eine kolossale Machtfülle, die eigentlich niemand gutheißen kann. Letzte Entscheidungen über Menschen und Eigentum, auf die – da bin ich mir sicher – Haß antworten wird. Mit erstem Blick gesehen: ein forscher Kerl. Ist Erfolg gewohnt. Versteht es zuzupacken«[34], das mag noch angehen, es schmeichelt mir sogar. Aber daß eine gewisse Hildegard in Rolf Hochhuths »Wessis in Weimar. Szenen aus einem besetzten Land« mich beschimpft und verleumdet, das geht zu weit. Allein schon der Untertitel! Wo wir doch nur unsere alte Heimat zurückgewonnen haben. Und dann wagt dieser Hochhuth es doch, mir über diese dahergelaufene Hildegard wortwörtlich vorzuwerfen: »Sie berauben die Bürger ... jetzt durch Ihre Treuhand.... Nie kam Ihnen offenbar die Idee, daß die Maßstäbe unserer westlichen Industriegesellschaft auf die des Ostens nur übertragen werden dürfen, wenn das Volk im Osten den Nutzen davon hat – nicht aber unsre Wirtschaftshaie! ... Sie sind es, der diesem Land die Massenarbeitslosigkeit beschert.«[35]

Sichtlich erbost fährt der Gescholtenen fort.

34 Günter Grass: Ein weites Feld, Göttingen 1995, S. 568

35 Rolf Hochhuth: Wessis in Weimar. Szenen aus einem besetztem Land, München 1994, S. 27

Ein solcher Vorwurf ist doch im höchsten Maße ungerecht. Bis zu meiner Ermordung, also Ende März 1991, hatte sich die Zahl der Beschäftigten in der ostdeutschen Industrie gegenüber 1989 lediglich um eine knappe Million, exakt um 975.000 verringert, während – und nun richtet er den Blick auf seine berühmte Nachfolgerin – unter Ihrer Treuhandführung, sehr geehrte Frau Breuel, noch einmal 1,6 Millionen Arbeitsplätze verloren gingen. Aber was soll's? Wir beide hatten einen klaren, vom Gesetzgeber und von der Regierung vorgegeben Auftrag.

Ziemlich respektlos wendet er sich an dieser Stelle dem Bundespräsidenten zu und erinnert ihn daran, daß dieser, allerdings noch nicht in seinem jetzigen hohen Amt, aber als für die Treuhand zuständiger Staatssekretär im Bundesfinanzministerium Anfang 1991 auf einer Sitzung des Treuhandpräsidialausschusses ausdrücklich verlangte, es müsse in der ehemaligen DDR-Industrie »auch mal gestorben« werden.[36] Als das konsternierte Staatsoberhaupt auf diese etwas dreiste Bemerkung nicht reagiert – an diese Sitzung im Kölner Hotel *Excelsior* und an diesen Ausspruch wird er nur ungern erinnert – fährt der seltsame Hüne, der, obwohl freie bequeme Sessel zum Sitzen einladen, immer noch im Eingangsbereich der Suite steht, fort:

Eigentlich stirbt jeder für sich allein, aber auf die ostdeutschen Betriebe traf diese schlichte Wahrheit nicht zu, sie sind zu Tausenden gestorben, es war schon ein Massensterben, für das die Betroffenen der Treuhand die Schuld geben, obwohl sie doch nur das ausführende Organ der Politik und höherer Wirtschaftsmächte war. Der Tod ist ein abscheuliches Übel, ich weiß, wovon ich

36 zitiert nach Michael Jürgs: Die Treuhändler. Wie Helden und Halunken die DDR verkauften, München 1997, S. 262

spreche, und meinen noch immer unbekannten Mördern werde ich nie verzeihen. Aber der Trauerstaatsakt im Schauspielhaus am Gendarmenmarkt war schön und würdig. Am besten hat mir die Rede des damaligen Bundespräsidenten Richard von Weizsäcker gefallen, der im Unterschied zu der vor allem in Ostdeutschland weit verbreiteten Meinung, ich sei ein kurzsichtiger Vernichter von Arbeitsplätzen und eiskalter Industrieboss gewesen, meinen Weitblick und meine soziale Ader mit folgenden zu Herzen gehenden Worten hervorhob: »Kaum einer sah von Beginn an die Schwierigkeiten so deutlich wie Rohwedder. Ihm war das gewaltige Ausmaß der notwendigen Umstellungen mit ihrem Zeitbedarf und ihren tief einschneidenden sozialen Wirkungen vollkommen bewußt. Umso kraftvoller bemühte er sich darum, die Menschen materiell und seelisch nicht unter die Räder kommen zu lassen.«[37] Auch war der Herr Bundespräsident so freundlich, aus meinem letzten Brief an die Mitarbeiter der Treuhandanstalt, den Ihr meinen »Osterbrief« genannt und zu meinem »Vermächtnis« gemacht habt, zu zitieren: »Schnelle Privatisierung, entschlossene Sanierung, behutsame Stillegung«.[38] Nicht zufällig steht Privatisierung an erster Stelle, das andere hat sowieso nicht geklappt. Vielleicht hätten Frau Breuel, die als damaliges Vorstandsmitglied an seiner Formulierung mitgewirkt hat, und ich die Adjektive austauschen sollen und ehrlicherweise von »entschlossener Privatisierung, behutsamer Sanierung und schneller Stillegung« sprechen sollen?

Da niemand auf die Frage antwortet, und alle sich weiter in Schweigen hüllen, wird der Hüne zornig. Arro-

37zitiert nach Peter Fiedler: Detlev Karsten Rohwedder, Dortmund, o. J., S. 75

38 Detlev Karsten Rohwedder: Osterbrief an die Mitarbeiter der THA vom 27. März 1991, in: Birgit Breuel (Hrsg): Treuhand intern, Frankfurt Main/Berlin, 1993, S.224-226

gant und belehrend, Eigenschaften, die Rohwedder nach Meinung selbst seiner Vertrauten auszeichneten, fährt er die Versammelten an:

Was guckt Ihr wie die Trauerklöße? Weshalb beklagt Ihr Kleingeister die komplizierte Lage in Ostdeutschland? Die angeblich schlechten Lageberichte sind Gewäsch, Nebensache, Peanats, wie unser Freund der ehemalige Deutsche Bank-Chef Hilmar Kopper sagen würde. Entscheidend ist doch, daß die Privatisierung gelungen ist. Das war der erste und entscheidende Satz im Treuhandgesetz: »Das volkseigen Vermögen ist zu privatisieren.« Daran habe ich mich gehalten. Schon in meinem Brief vom 26. November 1990 an alle Geschäftsführer und Vorstände meiner ostdeutschen Firmen habe ich Klartext gesprochen: »Es kann und darf nicht die Erwartung geben, ehemals volkseigene Betriebe könnten in der Obhut der Treuhandanstalt und eines öffentlichen Eigentümers auf Dauer bleiben...Es gibt nur die eine Zielgröße und die heißt, Überführen der Unternehmen in privates Eigentum.«[39]

Auch in meinem »Osterbrief«, meinem sogenannten Testament, habe ich unterstrichen, daß Priorität »auch weiterhin die Überführung von Unternehmen in privates Eigentum haben« wird.[40] Nach diesen Maximen haben wir gemeinsam gehandelt, und gemeinsam waren wir erfolgreich. Im Osten Deutschlands ist das volkseigen Vermögen privatisiert, das sogenannte Volksvermögen befindet sich wieder da, wo es hingehört: in privaten Händen. Das sozialistische Experiment auf deutschen

39 zitiert nach Michael Jürgs: Die Treuhändler. Wie Helden und Halunken die DDR verkauften, München 1997, S. 264/265

40 Detlev Karsten Rohwedder: Osterbrief an die Mitarbeiter der THA vom 27. März 1991, in: Birgit Breuel (Hrsg): Treuhand intern, Frankfurt Main/Berlin, 1993, S.224-226

Boden ist ein für alle Male beendet. Das ist das Entscheidende. Wenn das kein Grund zur Freude ist, was dann?

Spricht's und verschwindet.

Die Zurückgebliebenen atmen auf, sie fühlen sich, wenn auch gescholten, getröstet und verabreden, dazu beizutragen, daß der 20. Jahrestag der »friedlichen Revolution« würdig begangen wird. Aus gutem Grund, und darin sind sich alle einig, sollte dabei die entscheidende Rolle der Treuhand keine sonderliche Erwähnung finden. Dies gelobend, gehen sie friedlich und zufrieden auseinander.

*

Das Treffen in der Präsidenten Suite des »Adlon« war, wie anfangs eingestanden, eine fiktive Veranstaltung. Real und wirklich ist die Absicht, bei den umfänglichen Vorbereitungen auf den 20. Revolutionsfeiertag der Treuhandanstalt nicht den ihr gebührenden Platz einzuräumen. Selbst in den Plänen für das große »Geschichtsfeuerwerk«, das die Eppelmannsche »Stiftung zur Aufarbeitung der SED-Diktatur« aus diesem hehren Anlaß abbrennen will, wird sie bisher nicht erwähnt. Überraschend ist das nicht. Nichts zeigt deutlicher als das Wirken und Wüten der Treuhandanstalt, daß die »friedliche Revolution« von 1989/90 das genaue Gegenteil von dem war, wofür sie ausgegeben und gepriesen wird.

Die Treuhandanstalt hat das gemeinsame Eigentum von 17 Millionen DDR-Bürgern entschädigungslos enteignet und es in gierig ausgestreckte Hände einer Minderheit gegeben. Sie hat die früheren Eigentümer, so sie denn einen Arbeitsplatz haben, wieder zu sogenannten

Arbeitnehmern, die ihre Arbeitskraft verkaufen, gemacht, kapitalistische Produktionsverhältnisse restauriert und Gesellschaftsverhältnisse geschaffen, in der der Profit oberste Handlungsmaxime ist. Die Tätigkeit der Treuhandanstalt war, wie Rolf Hochhuth in seinen »Wessis in Weimar« anklagte, eine »Variante des Kolonialismus, wie er nirgendwo gegen Menschen des eigenen Kontinents, geschweige denn des eigenen Volkes je praktiziert wurde«.[41] Mehr noch: Die Treuhandanstalt war das Hauptwerkzeug der Konterrevolution.

Aus Anlaß ihres 20. Jahrestages soll im Herzen Berlins, auf dem zeitweiligen Marx-Engels-, heute wieder Schloßplatz, und hier auf dem leeren Sockel, auf dem einst Kaiser Wilhelm I. stand, ein »Einheits- und Freiheitsdenkmal« errichtet werden. Gerade weil dessen Initiatoren, darunter solche famosen Revolutionsheroen wie Rainer Eppelmann und Günter Nooke, die Schandtaten der Treuhandanstalt in Vergessenheit geraten lassen wollen, sollten die Namen der »Treuhänder«, der »Sanierer«, der »Privatisierer« und nicht zuletzt der »Liquidatoren« mit goldenen Lettern in das Monument eingraviert werden. Ihr aufopferungsvolles Wirken für den Sieg der »friedlichen Revolution« soll unvergessen bleiben.

41 Rolf Hochhuth: Wessis in Weimar. Szenen aus einem besetztem Land, München 1994, S. 58

Anlagen

Dokument 1

Das Bonner Kabinett verabschiedet im Dezember 1952 das Konzept des Forschungsbeirates. Bundeskanzler Adenauer dankt dem Beiratspräsidenten, Hitlers Reichskommissar für die Verwaltung des »feindlichen Vermögens«, für seine »verdienstvolle Arbeit«.

F. Forschungsbeirat für die Wiedervereinigung Deutschlands

Der Bundesminister für gesamtdeutsche Fragen trägt den wesentlichen Inhalt seiner Kabinettsvorlage vom 21. November 1952 betreffend den Forschungsbeirat für die Wiedervereinigung Deutschlands vor. Dr. Ernst unterrichtet das Kabinett im einzelnen über die Organisation, Ziele und Methoden des Forschungsbeirates. Das Kabinett beschließt gemäß dem in der Vorlage formulierten Beschlußentwurf. Es besteht Einverständnis darüber, daß Presseverlautbarungen über das Vorhandensein und die Tätigkeit des Forschungsbeirates zwar grundsätzlich nicht ausgeschlossen seien, aber doch nur selten herausgegeben werden sollen.

Der Bundeskanzler bringt Dr. Ernst den Dank des Kabinetts für seine notwendige und verdienstvolle Arbeit zum Ausdruck.

Quelle: Die Kabinettsprotokolle der Bundesregierung. Band 5. 1952, Harald Boldt Verlag, Boppard am Rhein, S. 742 f.

Dokument 2

Der vom ehemaligen Reichskommissar für die Verwaltung des »feindlichen Vermögens« geleitete »Forschungsbeirat für Fragen der Wiedervereinigung Deutschlands« beginnt, die Liquidierung des Volkseigentums in der DDR zu planen.

Erster Tätigkeitsbericht (1952/1953)

[...] Ein weiterer wichtiger Gesichtspunkt für die Erörterungen im Forschungsbeirat ergab sich aus der Prüfung der Gestaltung der Eigentumsverhältnisse nach der Wiedervereinigung. Der Forschungsbeirat war sich darüber im klaren, daß gerade auf diesem Gebiet die letzte Entscheidung dem gesamtdeutschen Gesetzgeber vorbehalten bleiben müsse. Trotzdem glaubte er, sich unter dem Gesichtspunkt der wirtschaftlichen Prüfung dieser Probleme auch diesen Fragen nicht versagen zu dürfen. Dies war insbesondere im Zusammenhang mit der Bodenreform nötig.

In engem Zusammenhang mit der Gestaltung der Eigentumsverhältnisse ergab sich die Einsicht, daß jedenfalls für eine Übergangszeit die Einsetzung von Treuhändern in weitem Umfange notwendig werden würde. Die Ausgestaltung der Befugnisse dieser Treuhänder, auf deren Entschlußfähigkeit und Arbeitsmöglichkeit es gerade in der Übergangszeit viel ankommt, die Auswahl der geeigneten Persönlichkeiten, die Frage, wer die Bestellungen vorzunehmen habe, bildeten weitere wichtige Punkte der Erörterungen [...]

Der Forschungsbeirat steht auf dem Standpunkt, daß im Falle einer Wiedervereinigung der Sowjetzone mit dem westdeutschen Bundesgebiet in einer großen Anzahl von Fällen der sofortige Ersatz der bisherigen Betriebsleitungen vorbereitet werden muß. Die Auswahl der hierfür geeigneten Personen muß im einzelnen den zuständigen Ministerien überlassen bleiben. In den Fällen, in denen fraglich ist, ob die früheren Eigentümer die Betriebe zurückerhalten werden oder in denen andere schwerwiegende Gründe dagegen sprechen, dem früheren Eigentümer sogleich die Leitung des Betriebes zu überantworten, glaubt der Forschungsbeirat, für die Auswahl der Betriebsleitungen den Ministerien folgende Richtlinien empfehlen zu sollen:

1. Ausschlaggebend muß in jedem Falle die Qualifikation der einzelnen Persönlichkeiten für den einzelnen Posten sein. Diese Qualifikation setzt voraus, daß diese Persönlichkeit die erforderlichen volkswirtschaftlichen, betriebswirtschaftlichen und fachlichen Kenntnisse besitzt und charakterlich geeignet ist. Bedenken gegen die politische Zuverlässigkeit dürfen natürlich nicht bestehen.

2. Unter mehreren gleichqualifizierten Persönlichkeiten wird solchen Personen der Vorzug zu geben sein, die auf Grund der Vergangenheit eine besondere Kenntnis der von ihnen zu lösenden Aufgaben mit sich bringen. Eine solche Kenntnis kann erworben sein

a) dadurch, daß der Betreffende bereits früher den gleichen Betrieb geleitet hat oder in ihm an maßgebender Stelle tätig gewesen ist...

Auf der anderen Seite erscheint eine Regelung unerträglich, welche die Treuhänder von jeder Haftung für ihre Maßnahmen freistellt.

Quelle: Forschungsbeirat für Fragen der Wiedervereinigung Deutschlands beim Bundesminister für Gesamtdeutsche Fragen, Erster Tätigkeitsbericht, 1952/1953 (Auszug), hrsg. Vom Bundesminister für Gesamtdeutsche Fragen, Bonn 1954, S. 14 ff.

Dokument 3

Der Forschungsbeirat plant bis ins Detail. Bereits auf seiner Plenarsitzung im Oktober 1956 gerät der Kalibergbau in Bischofferode ins Visier.

Richtlinien für Übergangsmaßnahmen im Bereich Düngemittel
1. Die Düngemittelindustrie in der sowjetischen Besatzungszone weist bei Stickstoff und Kali bereits jetzt Kapazitäten auf, die im Falle der Wiedervereinigung eine Ausweitung unter den gegebenen Umständen nicht erfordern. [...]

4. Wieweit und wie rasch die Lieferung von Investitionsgütern zur Rationalisierung und Modernisierung der mitteldeutschen Düngemittelindustrie von seiten Westdeutschlands güterwirtschaftlich möglich sein wird, hängt von der Konjunkturlage im Zeitpunkt der Wiedervereinigung ab. Darüber hinaus hat der neue Fünfjahrplan auch expansive Investitionen in erheblichem Umfange vorgesehen, um Mitteldeutschland zum Versorgerland des Ostblocks für Stickstoff und besonders Kali zu machen. Hieraus würden sich nach der Wiedervereinigung Überkapazitäten für Gesamtdeutschland ergeben, falls die jetzt vorgesehenen sowjetzonalen Lieferungen an die Ostblockländer dann nicht mehr möglich sein sollten [...] In Westdeutschland dagegen sind die Kriegs- und Demontageverluste weitgehend aufgeholt worden. Die Stickstoff- und Phosphatkapazitäten weisen zur Zeit große Reserven auf. Auch die Kapazität der Kaliindustrie ist in Westdeutschland sehr groß.

Quelle: Richtlinien für Übergangsmaßnahmen im Bereich Düngemittel, verabschiedet auf der Plenarsitzung des Forschungsrates am 17. 10. 1956, S. 29, 66

Dokument 4

Am Vorabend der Volkskammerwahlen vom 18. März 1990 machte Bundeskanzler Kohl die überstürzte Währungsunion schmackhaft. Nicht nur auf seinen Wahlkampftouren in der DDR, auch vor dem Bundestag in Bonn geizte er nicht mit Versprechungen. Am 15. Februar 1990 protokollierten die Stenografen des Bundestages:

Erklärung der Bundesregierung über die Gespräche des Bundeskanzlers mit Generalsekretär Gorbatschow und DDR-Ministerpräsident Modrow
[...] Die krisenhafte Zuspitzung der Lage in der DDR macht mutige Antworten erforderlich. Politische und gesellschaftliche Umwälzungen haben zu einer dramatischen Verkürzung des Zeithorizonts geführt, so daß für – wie auch immer definierte und auch ökonomisch begründete – Stufenpläne aus meiner Sicht die Voraussetzungen entfallen sind.

In einer solchen Situation geht es um mehr als um Ökonomie, so wichtig Ökonomie ist. Es geht jetzt darum, ein klares Signal der Hoffnung und der Ermutigung für die Menschen in der DDR zu setzen [...]

Das eklatante Versagen der sozialistischen Planwirtschaft der DDR kann nur mit einer marktwirtschaftlichen und zugleich sozial und ökologisch begleiteten Umgestaltung beseitigt werden. Nur so kann der Zustrom privaten Kapitals in Gang kommen. Nur so können neue zukunftsträchtige Betriebe und Arbeitsplätze geschaffen werden. Es gibt keinen Zweifel: Dieser Weg verlangt große Anpassungen und Anstrengungen. Es gibt Risiken. Wir als Bundesrepublik Deutschland können der DDR dieses Angebot einer Währungsunion und Wirtschaftsgemeinschaft machen, weil die wirtschaftliche Situation der Bundesrepublik in vieler Hinsicht ungewöhnlich günstig ist [...]

Quelle: Texte zur Deutschlandpolitik, Reihe III/Bd. 8a – 1990, hrsg. vom Bundesministerium für innerdeutsche Fragen, 1991, S. 115 ff.

Dokument 5

Mit dem Niedergang der DDR und dem Fall der Mauer, 38 Jahre nach der Gründung des »Forschungsbeirates für Fragen der Wiedervereinigung Deutschlands« wurde der nie aufgegebene Traum von der Beseitigung des Volkseigentums in Ostdeutschland greifbare Realität. Während sich Kanzler Kohl angesichts der bevorstehenden Volkskammerwahl am 18. März 1990 bis zuletzt Zurückhaltung auferlegte, formulierten seine Minister in verschlüsselter Form bereits das Hauptziel bundesdeutscher Vereinigungspolitik.

In einem Bericht über die Beratung des Bundeskabinetts vom 7. Februar 1990 erklärte Dr. Helmut Haussmann, Bundesminister für Wirtschaft:
[...] Wir haben zum Ziel, unmittelbar nach dem Wahltag am 18. März entscheidende marktwirtschaftliche Reformen mit der DDR zu vereinbaren... Es ist dringend notwendig, daß eine stärkere währungspolitische Integration eng und unumkehrbar mit marktwirtschaftlichen Reformen auf folgenden Gebieten gekoppelt wird: erstens Herstellung von wirklicher Gewerbefreiheit, zweitens uneingeschränktes Bekenntnis zum Privateigentum, drittens Investitionsfreiheit, viertens Steuerreform und fünftens eine Preisreform.

Ich bin der Meinung, daß die DDR gute Voraussetzungen, die besten Voraussetzungen in Osteuropa hat. Sie hat die Menschen, sie hat die Motivation. Wir, die Bundesrepublik, haben das Wissen. Die Privatwirtschaft hat das Kapital, so daß nach einer nicht einfachen Übergangsphase ein deutsch-deutsches Wirtschaftswunder durchaus möglich ist...

Quelle: Protokoll der 193. Sitzung des Deutschen Bundestages vom 7. Februar 1990, zit. nach: Texte zur Deutschlandpolitik, a. a. O., S. 56

In einer Regierungserklärung zur »Rechtspolitik im Jahr des deutsch-deutschen Aufbruchs« am 8. Februar 1990 erklärte Hans A. Engelhard, Bundesminister der Justiz:

[...] Meine Damen und Herren, demokratische Freiheit heißt auch wirtschaftliche Freiheit. Ich wende mich ganz entschieden gegen diejenigen bei uns, die in dem Streben nach mehr Wohlstand und Konsum so etwas wie eine anrüchige Angelegenheit sehen; denn gerade wer bei uns im Wohlstand lebt, zumindest aber sein Auskommen in unserem Sozialstaat hat, sollte derartige Reden unterlassen. Den erwarteten Wohlstand kann den Bürgern in der DDR nur die Soziale Marktwirtschaft bringen [...]

Die soziale Marktwirtschaft ist eine Wirtschaftsreform, aber sie ist zugleich eine gesellschaftliche Ordnung und damit notwendigerweise eine Rechtsordnung. Zunächst setzt die Marktwirtschaft ohne jedes Wenn und Aber das private Eigentum voraus, auch Eigentum an Produktionsmitteln. Eine entschädigungslose Enteignung in der DDR war mit die Kardinalsünde der Vergangenheit. Mit Recht erwarten die Betroffenen eine befriedigende Lösung [...]

Quelle: Protokoll der 194 Sitzung des Bundestages v. 8. 2. 1990, zit. nach: Texte zur Deutschlandpolitik, a. a. O., S. 71 f.

Dokument 6

Während des in Gang gekommenen Vereinigungsprozesses zeichnen sich Gefahren für das in der DDR geschaffene Volkseigentum wie für die Eigentumsverhältnisse insgesamt ab. Das veranlaßt die »Regierung der nationalen Verantwortung« am 1. März 1990 zur Abgabe folgender Erklärung:

Erklärung der Regierung der DDR
zu den Eigentumsverhältnissen, 1. März 1990

Die Regierung der Deutschen Demokratischen Republik hält es im Zusammenhang mit dem angestrebten Zusammenwachsen beider deutscher Staaten sowie insbesondere mit den Verhandlungen zur Schaffung einer Währungsunion und Wirtschaftsgemeinschaft zwischen der Deutschen Demokratischen Republik mit der Bundesrepublik Deutschland für erforderlich, nachfolgende Erklärung zu den Eigentumsverhältnissen in der Deutschen Demokratischen Republik abzugeben.

Sie geht davon aus, daß es im unmittelbaren Interesse aller Bürger der Deutschen Demokratischen Republik liegt, aber auch Anliegen der Regierung der Bundesrepublik Deutschland sein sollte, die Eigentumsverhältnisse in der Deutschen Demokratischen Republik, wie sie sich nach dem Zweiten Weltkrieg auf Grund völkerrechtlicher Abkommen, der Gesetze des Alliierten Kontrollrates für Deutschland und Bestimmungen in der ehemaligen sowjetischen

Besatzungszone sowie der Gesetze und Rechtsvorschriften der Deutschen Demokratischen Republik herausgebildet haben, nicht in Frage zu stellen.

Dabei handelt es sich letztlich darum, das von den Bürgern der Deutschen Demokratischen Republik in über 40jähriger Arbeit geschaffene Volksvermögen in seinen wesentlichen Rechtskategorien zu wahren. Es geht um Rechtssicherheit, die mit wirtschaftlicher und sozialer Sicherheit verbunden sein muß.

Die Herausbildung und Entwicklung des Volkseigentums auf dem heutigen Gebiet der Deutschen Demokratischen Republik vollzog sich im Ergebnis des Zweiten Weltkrieges und hat seine Grundlage im Potsdamer Abkommen vom 2. August 1945 mit der Zielrichtung der Entmilitarisierung und Entnazifizierung in Deutschland sowie der Bestrafung der Kriegsverbrecher. In Durchführung des Potsdamer Abkommens bestimmten Befehle der sowjetischen Militäradministration in Deutschland und Gesetze der Länder, die teilweise auf Volksentscheiden beruhten, die Überführung von Vermögenswerten in Volkseigentum. Dabei ist auch zu berücksichtigen, daß es sich um weitgehend kriegszerstörte Betriebe, Institutionen und Anlagen handelte.

Die von der damaligen Besatzungsmacht im Zusammenhang mit der Befriedigung von Reparationsansprüchen in sowjetisches Eigentum übernommenen Betriebe wurden bis 1953 in das Eigentum des Volkes der Deutschen Demokratischen Republik übergeben.

Hauptquelle der Schaffung von Volkseigentum war und ist die produktive Arbeit der Bürger der Deutschen Demokratischen Republik. Volkseigentum entstand weiterhin durch rechtsgeschäftlichen Erwerb von Grundstücken sowie im Wege der Inanspruchnahme auf gesetzlicher Grundlage.

Auf dem Lande werden die Eigentumsverhältnisse auf dem heutigen Gebiet der Deutschen Demokratischen Republik maßgeblich durch die 1945 durchgeführte Bodenreform bestimmt. Auf der Grundlage von Gesetzen bzw. Verordnungen der Länder wurden der Grundbesitz der Kriegsverbrecher und Naziaktivisten sowie der gesamte ländliche Großgrundbesitz über 100 Hektar entschädigungslos enteignet. Die Bodenreform entsprach voll inhaltlich den Zielen der Potsdamer Abkommens.

Die demokratische Bodenreform ermöglichte, landarmen und landlosen Bauern, die zum großen Teil Umsiedler waren, 3,3 Millionen Hektar Grund und Boden zur Verfügung zu stellen. Der enteignete Boden und mit ihm Gebäude und Inventar gingen in das Eigentum der Kleinbauern und Landarbeiter über. Die Verfassungen der Länder garantierten den Bauern ihre auf dem Wege der Bodenreform erworbenen Eigentumsrechte. Diese Rechte wurden durch Artikel 24 der ersten Verfassung der Deutschen Demokratischen Republik vom 7. Oktober 1949 ausdrücklich bekräftigt.

Gleiche Beachtung verdient der Schutz der Eigentums-, Mieter- und Nutzerrechte der Bürger der Deutschen Demokratischen Republik an Grundstücken, Gebäuden und Wohnungen. Entsprechend den international geltenden rechtsstaatlichen Grundsätzen unterliegen Grundstücke und Gebäude, die sich auf dem Territorium eines Staates befinden, ausschließlich seiner Rechtshoheit. Das bedeutet, daß alle Bürger der Deutschen Demokratischen Republik, die auf der Grundlage des in der Deutschen Demokratischen Republik geltenden Rechts in den vergangenen vier Jahrzehnten Eigentums-, Nutzungs- und Mietrechte begründet haben, einen legitimen Anspruch auf den Fortbestand und die Stabilität ihrer erworbenen Rechte haben und darauf vertrauen.

Auf der Grundlade der Verfassung und des Zivilgesetzbuches der Deutschen Demokratischen Republik besteht für alle Wohnungsmietverhältnisse ein umfassender Kündigungsschutz. Er gilt auch für die Nutzung von Grundstücken und Gebäuden zum Wohnen und zur Erholung. Gegen den Willen der berechtigten Nutzer kann das Vertragsverhältnis nur durch Entscheidung ordentlicher Gerichte bei Vorliegen der gesetzlichen Voraussetzungen aufgehoben werden.

Diese im Zivilgesetzbuch festgeschriebenen Schutzvorschriften für Mieter von Wohnungen und Nutzer von Bodenflächen gehören zu den elementaren sozialen Rechten der Bürger. Jeder neue Eigentümer oder Verwalter muß – unabhängig von der Art des Eigentumserwerbs und der Verwaltung – die Rechte und Pflichten der Mieter von Wohnungen und der berechtigten Nutzer von Bodenflächen wahren. Dazu kann jeder Bürger den Rechtsschutz durch die Gerichte in Anspruch nehmen.

Die Regierung der Deutschen Demokratischen Republik sieht diese Rechtsposition als unverzichtbaren Bestandteil der Verhandlungen mit der Bundesrepublik Deutschland über eine Währungsunion und Wirtschaftsgemeinschaft sowie über die Schritte zum Zusammenschluß beider deutscher Staaten an. Bei einer Rechtsangleichung im Zuge der Vereinigung beider deutscher Staaten ist diesem historisch gewachsenen Rechtszustand Rechnung zu tragen.

Quelle: Regierungspressedienst der DDR, Berlin, 6. März 1990,
zit. nach: Texte zur Deutschlandpolitik, a. a. O., S. 131 ff.

DDR-Ministerpräsident Hans Modrow übermittelte diese Erklärung am 2. März 1990 an Bundeskanzler Kohl mit folgendem Schreiben:

Sehr geehrter Herr Bundeskanzler!

Ausgehend von unserer gemeinsamen nationalen Verantwortung für die angestrebte Herbeiführung der deutschen Einheit in Übereinstimmung mit den vier Mächten und den europäischen Nachbarländern darf ich Ihnen beiliegende Erklärung der Regierung der Deutschen Demokratischen Republik zu den Eigentumsverhältnissen zur Kenntnis geben.

In diesem Zusammenhang möchte ich Sie darüber informieren, daß meine Regierung zunehmend von großer Sorge getragene Fragen von Bürgern, gesellschaftlichen Vereinigungen und Parteien erreichen, in denen Rechtssicherheit zu den Eigentumsverhältnissen in der Deutschen Demokratischen Republik im Zusammenhang mit den aufgenommenen Verhandlungen über eine Währungsunion und Wirtschaftsgemeinschaft gefordert wird.

Darüber hinaus scheint es mir nicht nur unter dem Gesichtspunkt des deutschen Einigungsprozesses, sondern auch im Hinblick auf einen weiteren konstruktiven Verlauf der gesamteuropäischen Zusammenarbeit erforderlich, die nach dem Zweiten Weltkrieg in der Deutschen Demokratischen Republik entstandene Eigentumsordnung nicht in Frage zu stellen.

Ich darf die Erwartung zum Ausdruck bringen, daß auch die Regierung der Bundesrepublik Deutschland unter Beachtung aller Umstände und Konsequenzen sowie in dem Bestreben, die Einigung Deutschlands zu fördern, sich diesem Standpunkt anschließt und ihn in den weiteren Verhandlungen zwischen beiden deutschen Staaten mit zugrunde legen wird.

Quelle: ADN vom 7. März 1990,
zit. nach: Texte zur Deutschlandpolitik, a. a. O., S. 133 f.

Dokument 7

Wenige Tage vor der Volkskammerwahl am 18. März 1990 beschließt die Modrow-Regierung ein Gesetz zur Gründung einer »treuhänderischen Verwaltung«, deren Hauptziel die »Wahrung des Volkseigentum« ist.

Beschluß des Ministerrats der DDR zur Gründung einer Anstalt zur treuhänderischen Verwaltung des Volkseigentums und Verordnung zur Umwandlung von volkseigenen Kombinaten, Betrieben und Einrichtungen in Kapitalgesellschaften vom 1. März 1990

1. Der Beschluß zur Gründung der Anstalt zur treuhänderischen Verwaltung des Volkseigentums wird bestätigt [...]

Der Beschluß ist im Gesetzblatt zu veröffentlichen.

2. Die Verordnung zur Umwandlung von volkseigenen Kombinaten, Betrieben und Einrichtungen in Kapitalgesellschaften wird bestätigt.

Die Umwandlung ist bis zum 31. Dezember 1990 abzuschließen [...]

3. Die Aufgaben, Rechte und Pflichten der Treuhandanstalt werden in einem Statut festgelegt, das der Regierung zur Bestätigung vorzulegen ist. Gleichzeitig sind unter Berücksichtigung der volkswirtschaftlichen Bereiche die Grobstruktur sowie ein Vorschlag für die Sicherung der Arbeitsbedingungen der Treuhandanstalt vorzulegen...

4. Der Minister der Finanzen und Preise wird berechtigt, im Einzelfall die sich aus der Umwandlung von Kombinaten, Betrieben und Einrichtungen sowie wirtschaftsleitenden Organen in Kapitalgesellschaften für das Jahr 1990 ergebenden ökonomischen Auswirkungen auf die Fondsbildung durch finanzpolitische Maßnahmen zu regulieren.

5. Der Minister der Finanzen und Preise wird beauftragt, in Zusammenarbeit mit dem Leiter der Staatlichen Zentralverwaltung für Statistik Grundsätze zur Bewertung des Grund- und Umlaufvermögens auszuarbeiten ...

6. Durch den Minister für Post- und Fernmeldewesen ist der Regierung der DDR ein Vorschlag zur Ausgestaltung der Generaldirektion und zur Abgrenzung des Sondervermögens der Deutschen Post vorzulegen. Dabei ist auch ein Entscheidungsvorschlag über die Zuordnung der Studiotechniken Rundfunk und Fernsehen (Deutsche Post) zu unterbreiten...

7. Die mit der Umwandlung von Betrieben in Kapitalgesellschaften verbundenen Bodenfragen sind in einer Durchführungsbestimmung zu dieser Verordnung zu regeln [...]

Beschluß des Ministerrats der DDR zur Gründung der Anstalt zur treuhänderischen Verwaltung des Volkseigentums (Treuhandanstalt) vom 1. März 1990

1. Zur Wahrung des Volkseigentums wird mit Wirkung vom 1. März 1990 die Anstalt zur treuhänderischen Verwaltung des Volkseigentums gegründet. Bis zur Annahme einer neuen Verfassung wird die Treuhandanstalt der Regierung unterstellt. Sie ist Anstalt öffentlichen Rechts und territorial gegliedert.

2. Mit der Gründung übernimmt die Treuhandanstalt die Treuhandschaft über das volkseigene Vermögen, das sich in Fondsinhaberschaft von Betrieben, Einrichtungen, Kombinaten sowie wirtschaftsleitenden Organen und sonstigen im Register der volkseigenen Wirtschaft eingetragenen Wirtschaftseinheiten befindet. Diese Vermögenswerte sind nach Rechtsträgern (Fondsinhabern) gegliedert von der Staatlichen Zentralverwaltung für Statistik in Zusammenarbeit mit dem Ministerium der Finanzen und Preise und auf Bezirks- und Kreisebene in Zusammenarbeit mit den Abteilungen Finanzen mit dem Stand vom 31. Dezember 1989 festzustellen.

3. Die Treuhandanstalt ist berechtigt, juristische oder natürliche Personen zu beauftragen, als Gründer und Gesellschafter von Kapitalgesellschaften zu fungieren oder die sich aus den Beteiligungen ergebenden Rechte und Pflichten wahrzunehmen.

4. Die Treuhandanstalt ist berechtigt, Wertpapiere zu emittieren.

5. Die Rechte und Pflichten der Treuhandanstalt werden in einem Statut festgelegt. Das Statut ist zu veröffentlichen. Die Treuhandanstalt übt keine wirtschaftsleitenden Funktionen aus.

6. Der Verantwortungsbereich der Anstalt umfaßt nicht das volkseigene Vermögen, das sich in Rechtsträgerschaft der den Städten und Gemeinden unterstellten Betriebe und Einrichtungen befindet sowie das volkseigene Vermögen der als Staatsunternehmen zu organisierenden Bereiche und durch LPG genutztes Volkseigentum.

Verordnung zur Umwandlung von volkseigenen Kombinaten, Betrieben und Einrichtungen in Kapitalgesellschaften vom 1. März 1990

§ 1 Geltungsbereich

(1) Diese Verordnung gilt für volkseigene Kombinate, Betriebe, juristisch

selbständige Einrichtungen und wirtschaftsleitende Organe sowie sonstige, im Register der volkseigenen Wirtschaft eingetragene Wirtschaftseinheiten, nachfolgend Betriebe genannt.

(2) Diese Verordnung gilt nicht für das Staatsunternehmen Deutsche Post mit seiner Generaldirektion, die Eisenbahn, die Verwaltung der Wasserstraßen und die Verwaltung des öffentlichen Straßennetzes.

§ 2 Verfahren der Umwandlung

(1) Betriebe sind in eine Gesellschaft mit beschränkter Haftung (GmbH) oder eine Aktiengesellschaft (AG) umzuwandeln. Über Ausnahmen, z. B. die Umwandlung in Genossenschaften, Personengesellschaften oder anderen Organisationsformen im Bereich der Land-, Forst- und Nahrungsgüterwirtschaft, entscheidet die Anstalt zur treuhänderischen Verwaltung des Volkseigentums (Treuhandanstalt). Sie hat die vermögensrechtliche Stellung von nicht umgewandelten Betrieben zu bestimmen und zu sichern.

(2) Die Umwandlung gemäß Absatz 1 bedarf der Stellungnahme des Vertretungsorgans der Beschäftigten des umzuwandelnden Betriebes.

§ 3

(1) Die Geschäftsanteile bzw. Aktien der durch Umwandlung gebildeten Kapitalgesellschaft übernimmt die Treuhandanstalt.

(2) Die Treuhandanstalt beauftragt entsprechend ihrem Statut juristische oder natürliche Personen als Gesellschafter zu fungieren bzw. die sich aus Beteiligung ergebenden Rechte und Pflichten wahrzunehmen.

§ 4

(1) Zur Umwandlung bedarf es einer Umwandlungserklärung des umzuwandelnden Betriebes und der Treuhandanstalt als Übernehmer der Anteile. Vor der Umwandlungserklärung hat die Treuhandanstalt die Stellungnahme des übergeordneten Organs des Betriebes einzuholen. Die notariell zu beurkundende Umwandlungserklärung muß enthalten:

1. die Errichtung einer GmbH oder AG;

2. die Übertragung der Fondsinhaberschaft des Betriebes auf die GmbH oder die AG;

3. die Bezeichnung der Beauftragten gemäß § 3 Abs. 2;

4. den Gesellschaftsvertrag der GmbH oder die Satzung der AG.

(2) Der Umwandlungserklärung ist eine Abschlußbilanz sowie eine vom übernehmenden und Umzuwandelnden unterzeichnete Aufstellung über alle Rechte und Pflichten, Forderungen und Verbindlichkeiten und die mit der Geschäftsbank getroffene Vereinbarung über die Ordnung bestehender Kredite beizufügen.

(3) Für die Gründung und Tätigkeit einer GmbH gilt das GmbH-Gesetz, für die einer AG das Aktiengesetz, soweit in dieser Verordnung keine speziellen Regelungen getroffen sind.

(4) Führt die umgewandelte Gesellschaft das vom Betrieb betriebene Unternehmen weiter, so kann sie die Firma fortführen, wobei statt der Bezeichnung VEB oder VEK die Bezeichnung »Gesellschaft mit beschränkter Haf-

tung« bzw. »Aktiengesellschaft« aufzunehmen ist. Die umgewandelte Gesellschaft kann auch eine neue Firma gemäß den Rechtsvorschriften annehmen.

§ 5 Gründungsbericht, Gründungsprüfung

(1) Für die Umwandlung in eine GmbH oder AG ist eine Eröffnungsbilanz sowie nach § 24 Aktiengesetz ein Gründungsbericht zu erstellen, in dem auch der Geschäftsverlauf und die Lage des Unternehmens darzulegen sind.

(2) Die Prüfung durch einen oder mehrere unabhängige Prüfer nach § 25 Abs. 2 des Aktiengesetzes hat in jedem Fall stattzufinden. Die Prüfung hat sich insbesondere darauf zu erstrecken, ob in der Aufstellung nach § 4 Abs. 2 alle Verbindlichkeiten des Betriebes aufgeführt sind. Die Ergebnisse sind in einem Prüfungsbericht darzustellen.

§ 6 Anmeldung und Eintragung der Umwandlung

(1) Die durch Umwandlung entstandene Gesellschaft ist beim Staatlichen Vertragsgericht zur Eintragung in das Register anzumelden, in dessen Bezirk sich der Sitz der GmbH bzw. AG befindet.

(2) Der Anmeldung sind beizufügen:

1. die Umwandlungserklärung;
2. der Gründungsbericht und die Eröffnungsbilanz;
3. der Prüfungsbericht;
4. die Stellungnahme gemäß § 2;
5. die Aufstellung gemäß § 4 Abs. 2.

(3) Das Staatliche Vertragsgericht nimmt nach Vorlage der im Abs. 2 genannten Dokumente die Eintragung in das Register vor.

§ 7 Wirksamwerden der Umwandlung, Rechtsnachfolge, Erlöschen

Die Umwandlung wird mit der Eintragung der GmbH bzw. der AG in das Register wirksam. Mit der Eintragung wird die GmbH bzw. AG Rechtsnachfolger des umgewandelten Betriebes. Der vor der Umwandlung bestehende Betrieb ist damit erloschen. Das Erlöschen des Betriebes ist von Amts wegen in das Register der volkseigenen Wirtschaft einzutragen.

§ 8

Für die GmbH bzw. AG gelten die Bestimmungen des Steuerrechtes der DDR.

§ 9 Aufsichtsrat

In den GmbH und AG ist innerhalb von 3 Monaten nach Umwandlung ein Aufsichtsrat zu bilden. Der Aufsichtsrat setzt sich zusammen aus mindestens 4 Aufsichtsratsmitgliedern, die durch die Belegschaft (darunter 1 leitender Mitarbeiter) entsandt werden;

4 Aufsichtsratsmitgliedern, die durch die Anteilseigner bestimmt werden und

1 Aufsichtsratsmitglied, das durch die vorgenannten Aufsichtsratsmitglieder gewählt wird.

Bei Unternehmen mit weniger als 500 Beschäftigten kann die Zahl der Aufsichtsratsmitglieder proportional reduziert werden.

§ 10 Verkauf von Anteilen

Der Verkauf von Geschäftsanteilen bzw. Aktien durch die Treuhandanstalt ist zulässig, sofern das durch Gesetz geregelt ist. Der Verkauf bedarf der Zustimmung des Aufsichtsrates der Gesellschaft. Dabei sind die für die Beauftragten im Statut der Treuhandanstalt gesetzten Rechte und Pflichten verbindlich. Im Falle der Veränderung der Beherrschungsverhältnisse in der Gesellschaft, z. B. bei Verkauf von Anteilen oder Erhöhung des Grund- bzw. Stammkapitals, ist die Zustimmung der zuständigen Volksvertretung erforderlich.

§ 11 Schlußbestimmungen

Durchführungsbestimmungen zu dieser Verordnung werden durch die zuständigen Minister und Leiter anderer zentraler Staatsorgane im Einvernehmen mit dem Vorsitzenden des Wirtschaftskomitees erlassen.

§ 12

Diese Verordnung tritt mit ihrer Veröffentlichung in Kraft.

Dokument 8

Zeitgleich mit der Erklärung zu den Eigentumsverhältnissen und dem Gesetz zur Gründung einer »Anstalt zur treuhänderischen Verwaltung des Volkseigentums« verabschiedet die Modrow-Regierung am 15. März 1990 ein Statut, in dem die Rechte und Pflichten der Anstalt niedergelegt werden.

Beschluß des Ministerrats der DDR über Statut, Grobstruktur und Sicherung der Arbeitsbedingungen der Anstalt zur treuhänderischen Verwaltung des Volkseigentums vom 15. März 1990

1. Das Statut der Anstalt zur treuhänderischen Verwaltung des Volkseigentums – Treuhandanstalt – wird bestätigt.

Das Statut ist im Gesetzblatt zu veröffentlichen.

2. In den Bezirken sind territoriale Außenstellen der Treuhandanstalt einzurichten.

Die Aufgaben, Rechte und Pflichten dieser Außenstellen werden durch die Treuhandanstalt bestimmt [...]

3. Für die ordnungsgemäße Durchführung der Umwandlung von volkseigenen Kombinaten, Betrieben und Einrichtungen in Kapitalgesellschaften entsprechend der Verordnung vom 1. 3. 1990 sind zur Unterstützung der Treuhandanstalt durch die Minister im Rahmen ihres Stellenplanes zeitweilige Arbeitsgruppen einzusetzen [...]

4. Es ist zu prüfen, welche Institute, Einrichtungen bzw. Betriebe der Akademien der DDR in die Umwandlung zu Kapitalgesellschaften einbezogen werden sollen. Entsprechende Vorschläge sind bis 20. April 1990 der Treuhandanstalt zu übergeben [...]

5. Die Aufgaben unabhängiger Prüfer bei der Umwandlung sind durch die Staatliche Finanzrevision wahrzunehmen [...]

6. Für die Beziehungen der Kapitalgesellschaften zum Staatshaushalt sind Übergangsregelungen zu erlassen [...]

7. Bei den Abteilungen Finanzen der Räte der Kreise sind die Voraussetzungen für die ordnungsgemäße Erfassung der Haushaltsabführungen der umgewandelten Betriebe sowie der Ausreichung von Förderungsmitteln zu schaffen [...]

8. Der Vorschlag für die Grobstruktur und die Sicherung der Arbeitsbedingungen der Treuhandanstalt sowie der territorialen Außenstellen [...] wird bestätigt.

9. Mit Wirkung vom 16. März 1990 werden die derzeitigen Leiter der Betriebe gemäß § 1 (1) der Umwandlungsverordnung (Generaldirektoren, Betriebsdirektoren, Hauptdirektoren oder Leiter entsprechend Geltungsbereich) mit der Wahrnehmung der Aufgaben zur Umwandlung von volkseigenen Kombinaten, Betrieben und Einrichtungen beauftragt.

Ihre Rechte und Pflichten werden durch die in der Verordnung festgelegten Bedingungen zur Vorbereitung der Registrierung geregelt und enden mit der Eintragung der Kapitalgesellschaft in das Register. Diese Tätigkeit berührt nicht ihre derzeitigen Rechte und Pflichten als Leiter des Betriebes.

10. Der Treuhandanstalt ist bis zum 25. März 1990 eine namentliche Liste der Leiter dieser Betriebe, nach Kombinaten geordnet, zu übergeben...

11. Über den Abschluß einer Registrierung ist die Treuhandanstalt durch das Staatliche Vertragsgericht zu informieren...

12. Für Rechtsstreitigkeiten beim Abschluß von Verträgen zwischen umgewandelten GmbH und Aktiengesellschaften sowie für Rechtsstreitigkeiten aus diesen Verträgen ist das Staatliche Vertragsgericht zuständig.

13. Die Treuhandschaft über das volkseigene Vermögen, das sich in Rechtsträgerschaft der den Städten und Gemeinden unterstellten juristisch selbständigen Betrieben und Einrichtungen befindet, nehmen die zuständigen kommunalen bzw. territorialen Organe wahr.

In den Kreisen sind dazu Treuhandverwaltungen einzurichten. Für das volkseigene Vermögen, das sich in Rechtsträgerschaft der den kreisfreien Städten unterstellten Betrieben und Einrichtungen befindet, ist die Treuhandverwaltung beim Bezirk einzurichten. Dazu erfolgt eine gesonderte Anleitung durch die Treuhandanstalt [...]

Begründung:

Die am 1. März 1990 durch Beschluß des Ministerrates gegründete Anstalt zur treuhänderischen Verwaltung des Volkseigentums benötigt zur Aufnahme ihrer Arbeit ein rechtskräftiges Statut, in dem die Aufgaben, Rechte und Pflichten dieser Anstalt festgelegt sind.

Mit dem vorgelegten Entwurf des Statuts soll die Rechtssicherheit für die Wahrung des Volkseigentums durch eine Anstalt des öffentlichen Rechts als juristische Person geschaffen werden. Mit der gesetzeskräftigen Übernahme laut Umwandlungsverordnung des Volkseigentums (des »Produktivvermögens des Volkes«) in die Treuhandschaft dieser Anstalt wird juristisch gesichert, daß weder eine andere juristische noch natürliche Person Volksvermögen in Eigentum übernehmen kann, noch verkaufen oder anderweitig in einen anderen Eigentumstitel übertragen kann. Die Treuhandanstalt ist alleiniger Verwalter des Volkseigentums und nur Gesetze der obersten Volksvertretung können Eigentumswechsel zulassen.

Mit der Umwandlung von volkseigenen Betrieben in Kapitalgesellschaften vollzieht auch die Treuhandstelle keinen Eigentumswechsel, sondern nimmt nur die Übertragung einer Rechtsform an diese vor, indem die Treuhandanstalt als bleibender Halter der Geschäftsanteile bzw. Aktien juristische oder natürliche Personen als Gesellschafter beauftragt (nicht als Eigentümer berechtigt), im Namen der Treuhandanstalt im Wirtschaftsverkehr zu handeln. Dafür ist die Rechtsform von GmbH und Aktiengesellschaften auch auf Grund der in der DDR gültigen Gesetze über diese eine international übliche Form.

Mit dem Statut der Treuhandanstalt soll also das Volkseigentum als Eigentumsrecht des Volkes gesichert werden.

Die Möglichkeit, das Volkseigentum auf jeden Bürger durch Anteilscheine (oder andere Arten von Wertpapieren) zu übertragen – in einer Art »personifiziertes Bürgereigentum« zu bringen – ist mit dem Statut der Treuhandanstalt nicht ausgeschlossen.

Bereits der Beschluß des Ministerrates vom 1. März 1990, wonach die »Treuhandanstalt berechtigt ist, Wertpapiere zu emittieren«, weist auf diese weiterhin offenen Möglichkeiten hin.

Dieser Akt, alle Bürger zu Anteilseignern am Volkseigentum zu machen, ist jedoch nicht die Voraussetzung, um die Umwandlung der volkseigenen Betriebe in Kapitalgesellschaften vorzunehmen, weil mit der Umwandlung eben kein Eigentumswechsel stattfindet. Die Umwandlung in Kapitalgesellschaften ist ein dringendes wirtschaftliches Erfordernis, um den Betrieben eine solche Rechtsform für den sofortigen marktwirtschaftlichen Verkehr zu geben, eine effektive Bewirtschaftung unter den derzeitigen und künftigen Bedingungen zu ermöglichen. Das ist ein notwendiger Vorgang, um auch bei Beteiligung von ausländischem privaten Kapital als Rechtsperson auftreten zu können.

Jede Verzögerung dieses Schrittes wäre ein wirtschaftlicher Nachteil in der Sicherung weiterer Perspektiven für die Betriebe, die das Volkseigentum effektiv zu verwerten haben.

Dokument 9

Nur drei Monate nach den Wahlen zur Volkskammer der DDR verkehrte die de-Maizière-Regierung unter bundesdeutschem Druck die von der Modrow-Regierung beschlossenen Aufgaben der Treuhandanstalt in ihr Gegenteil. Statt der »Wahrung des Volkseigentums« wurde dessen Liquidierung zum gesetzlichen Auftrag erhoben.

Im »Gesetz zur Privatisierung und Reorganisation des volkseigenen Vermögens (Treuhandgesetz) vom 17. Juni 1990« hieß es:

Getragen von der Absicht,

– die unternehmerische Tätigkeit des Staates durch Privatisierung so rasch und so weit wie möglich zurückzuführen,

– die Wettbewerbsfähigkeit möglichst vieler Unternehmen herzustellen und somit Arbeitsplätze zu sichern und neue zu schaffen,

– Grund und Boden für wirtschaftliche Zwecke bereitzustellen,

– daß nach einer Bestandsaufnahme des volkseigenen Vermögens und seiner Ertragsfähigkeit sowie nach seiner vorrangigen Nutzung für Strukturanpassung der Wirtschaft und die Sanierung des Staatshaushaltes den Sparern zu einem späteren Zeitpunkt für den bei der Währungsumstellung am 2. Juli 1990 reduzierten Betrag ein verbrieftes Anteilsrecht an volkseigenem Vermögen eingeräumt werden kann,

wird folgendes Gesetz erlassen:

§ 1 Vermögensübertragung

(1) Das volkseigene Vermögen ist zu privatisieren. Volkseigenes Vermögen kann auch in durch Gesetz bestimmten Fällen Gemeinden, Städten, kreisen und Ländern sowie der öffentlichen Hand als Eigentum übertragen werden. Volkseigenes Vermögen, das kommunalen Aufgaben und kommunalen Dienstleistungen dient, ist durch Gesetz den Gemeinden und Städten zu übertragen.

(2) Der Ministerrat trägt für die Privatisierung und Reorganisation des volkseigenen Vermögens die Verantwortung und ist der Volkskammer rechenschaftspflichtig.

(3) Der Ministerrat beauftragt mit der Durchführung der entsprechenden Maßnahmen die Treuhandanstalt.

(4) Die Treuhandanstalt wird nach Maßgabe dieses Gesetzes Inhaber der Anteile der Kapitalgesellschaften, die durch Umwandlung der im Register der volkseigenen Wirtschaft eingetragenen volkseigenen Kombinate, Betriebe, Einrichtungen und sonstigen juristisch selbständigen Wirtschaftseinheiten (nachfolgend Wirtschaftseinheiten genannt) entstehen oder bis zum Inkrafttreten dieses Gesetzes bereits entstanden sind.

(5) Die Vorschriften dieses Paragraphen finden nicht für volkseigenes Vermögen Anwendung, soweit dessen Rechtsträger

– der Staat,

– die Deutsche Post mit ihren Generaldirektoren, die Deutsche Reichsbahn, die Verwaltung von Wasserstraßen, die Verwaltung des öffentlichen Straßennetzes und andere Staatsunternehmen,

– Gemeinden, Städten, Kreisen und Ländern unterstellte Betriebe oder Einrichtungen,

– eine Wirtschaftseinheit, für die bis zum Inkrafttreten dieses Gesetzes ein Liquidationsvermerk im Register der volkseigenen Wirtschaft eingetragen wurde, sind.

(6) Für die Privatisierung und Reorganisation des volkseigenen Vermögens in der Land- und Forstwirtschaft ist die Treuhandschaft so zu gestalten, daß den ökonomischen, ökologischen, strukturellen und eigentumsrechtlichen Besonderheiten dieses Bereiches Rechnung getragen wird.

§ 2 Stellung und Aufgaben der Treuhandanstalt

(1) Die Treuhandanstalt ist eine Anstalt öffentlichen Rechts. Sie dient der Privatisierung und Verwertung volkseigenen Vermögens nach den Prinzipien der sozialen Marktwirtschaft.

(2) Die Treuhandanstalt unterliegt der Aufsicht des Ministerpräsidenten.

(3) Die Satzung der Treuhandanstalt ist durch den Ministerpräsidenten der Volkskammer zur Bestätigung vorzulegen.

(4) Die Geschäftsordnung der Treuhandanstalt bedarf der Bestätigung durch den Ministerrat [...]

Quelle: Gesetzblatt der DDR, Teil I Nr. 33 v. 22. 6. 1990, zit. nach: Texte zur Deutschlandpolitik, a. a. O., S. 383 ff.

Dokument 10

Mit dem »Einigungsvertrag« vom 31. August 1990 wird die Treuhandanstalt unter die Aufsicht des Bundesfinanzministers gestellt. Seit dem 3. Oktober 1990 verfügt die Bundesregierung über das ehemalige Volkseigentum der DDR.

Im »Vertrag zwischen der Bundesrepublik Deutschland und der Deutschen Demokratischen Republik über die Herstellung der Einheit Deutschlands (Einigungsvertrag)« heißt es:

Artikel 25

Treuhandvermögen

Das Gesetz zur Privatisierung und Reorganisation des volkseigenen Vermögens – Treuhandgesetz – vom 17. Juni 1990 (Gbl. I Nr. 33 S. 300) gilt mit Wirksamwerden des Beitritts mit folgender Maßgabe fort:

(1) Die Treuhandanstalt ist auch künftig damit beauftragt, gemäß den Bestimmungen des Treuhandgesetzes die früheren volkseigenen Betriebe wettbewerblich zu strukturieren und zu privatisieren. Sie wird rechtsfähige bundesunmittelbare Anstalt des öffentlichen Rechts. Die Fach- und Rechtsaufsicht obliegt dem Bundesminister der Finanzen, der die Fachaufsicht im Einvernehmen mit dem Bundesminister für Wirtschaft und dem jeweils zuständigen Bundesminister wahrnimmt. Beteiligungen der Treuhandanstalt sind mittelbare Beteiligungen des Bundes. Änderungen der Satzung bedürfen der Zustimmung der Bundesregierung.

(2) Die Zahl der Mitglieder des Verwaltungsrats der Treuhandanstalt wird von 16 auf 20, für den ersten Verwaltungsrat auf 23, erhöht. Anstelle der beiden aus der Mitte der Volkskammer gewählten Vertreter erhalten die in Artikel 1

genannten Länder im Verwaltungsrat der Treuhandanstalt je einen Sitz. Abweichend von § 4 Abs. 2 des Treuhandgesetzes werden der Vorsitzende und die übrigen Mitglieder des Verwaltungsrats von der Bundesregierung berufen[...]

(6) Nach Maßgabe des Artikels 10 Abs. 6 des Vertrags vom 18. Mai 1990 sind Möglichkeiten vorzusehen, daß den Sparern zu einem späteren Zeitpunkt für den bei der Umstellung 2 : 1 reduzierten Betrag ein verbrieftes Anteilrecht am volkseigenen Vermögen eingeräumt werden kann...

Quelle: Die Vereinigung Deutschlands im Jahr 1990. Verträge und Erklärungen, Reihe: Berichte und Dokumente, hrsg. V. Presse- und Informationsamt der Bundesregierung, Bonn 1991, S. 117 f.

Dokument 11

Sechs Monate nach der staatlichen Vereinigung, am 27. März 1991, richtet THA-Präsident Detlev Karsten Rohwedder einen Brief an die Mitarbeiter der Treuhandanstalt, in dem er den Auftrag der Anstalt mit den Worten »*Schnelle Privatisierung – entschlossene Sanierung – behutsame Stillegung*« formulierte. Doch der Wortlaut des programmatischen Briefes und noch mehr die Treuhandpraxis offenbaren, daß die Beseitigung des volkseigenen Vermögens absoluten Vorrang hatten. Der Brief hatte folgenden Wortlaut:

Die Treuhand erfüllt ihren Auftrag.
Schnelle Privatisierung – entschlossene Sanierung – behutsame Stillegung

1. Die Entscheidung für die deutsche Einheit war zugleich eine Entscheidung für die Soziale Marktwirtschaft in ganz Deutschland.

Das macht einen umfangreichen Umbau der Wirtschaft in den neuen Bundesländern erforderlich. Viele Arbeitsplätze mit unzureichender Produktivität sind dadurch verlorengegangen, andere müssen mit hohem Aufwand an Kapital, Kenntnissen und Erfahrungen umgestaltet werden, neue Arbeitsplätze müssen in Bereichen wie dem Bauwesen, den Dienstleistungen etc. entstehen – auf Gebieten, die in der ehemaligen DDR traditionell unterversorgt waren.

2. Zentrale Aufgabe, die der Gesetzgeber der Treuhandanstalt gestellt hat, ist es, diesen Umbau der Unternehmen herbeizuführen und zu begleiten. Das der Treuhandanstalt gesetzte Ziel ist, die Staatswirtschaft so schnell wie möglich zurückzudrängen und neue, unternehmerisch aktive Eigentümer zu finden.

3. Der Weg zu diesem Ziel ist heute verständlicherweise umstritten. Nachdem die Wirtschaft der neuen Bundesländer voll in den Wettbewerb des Weltmarktes integriert ist, haben viele Arbeitsplätze ihre Wettbewerbsfähigkeit verloren, die sie vorher durch Subventionen und Abschottung vom Weltmarkt scheinbar hatten. Die Entscheidung, diese Arbeitsplätze abzubauen, ist schmerzlich für die Betroffenen, sie aufrechtzuerhalten ist teuer für die Gesamtheit und verlangsamt den gewollten Umbau der Volkswirtschaft.

4. Der Treuhandanstalt ist die Verantwortung für die Entscheidungen im Einzelfall übertragen worden. Sie darf nicht das Ziel ändern, aber sie hat das Tempo im Einzelfall und insgesamt unter Berücksichtigung der sozialen, wirtschaftlichen und finanziellen Folgen abzuwägen.

Grundlage ihrer Arbeit sind die Prinzipien, die Bundesregierung, Ministerpräsidenten der neuen Länder und Treuhand-Vorstand im 8-Punkte-Programm für den Aufschwung Ost zur gemeinsamen Basis gemacht haben.

5. Priorität wird auch weiterhin die Überführung von Unternehmen in privates Eigentum haben. Dies ist der beste Weg, um mit neuem Wissen, neuem Kapital und neuen strategischen Unternehmenszielen ein Unternehmen und seine Arbeitsplätze zu erhalten und ihm eine neue Zukunft zu geben.

Privatisierung ist die wirksamste Sanierung.

6. Unternehmen, die Zukunftschancen haben, die aber noch nicht privatisiert sind, wird die Treuhandanstalt weiterhin in der unternehmerischen Verantwortung des Eigentümers entschlossen unterstützen, ihre Sanierung ebenso wie ihr Wachstum finanziell absichern und tragen. Sie wird bei der Anpassung an die neue Markt- und Wettbewerbslage die sozialen Belange der Mitarbeiter berücksichtigen, muß jedoch auch darauf achten, daß nicht die Zukunftschancen des Betriebes – und dazu gehört die Privatisierung – gefährdet werden. Hier sind Arbeitsplatzverluste so wenig zu vermeiden wie bei der Privatisierung oder bei der Stillegung. Sanierung ist ständiger Auftrag der Treuhandanstalt für die Unternehmen auf dem Weg zur Privatisierung.

7. Es gibt in den neuen Bundesländern Betriebe, die keine Chance haben, Wettbewerbsfähigkeit zu erreichen; vielfach sind dies Fertigungen, die in anderen Teilen Europas schon vor vielen Jahren im Strukturwandel aus dem Markt ausgeschieden sind. In diesen Fällen ist die Stillegung unvermeidlich. Die Treuhandanstalt ist bemüht, diesen Stillegungsprozeß behutsam zu strecken, um Zeit für das Aufwachsen neuer Arbeitsplätze zu gewinnen. Sie wird sich insbesondere dafür einsetzen, daß Gebäude und Infrastruktur für deren zügige Ansiedlung genutzt werden, auch wenn dies nur Übergangslösungen bis zur Fertigstellung von Neubauten sind.

Stillegungen sollen zum Kristallisationskern neuer Aktivitäten werden.

8. Die Treuhandanstalt hat einen gesetzlichen Auftrag, und sie leistet ihre Dienste in Erfüllung dieses Auftrages. Sie ist verpflichtet, unternehmerisch zu handeln – aber nicht im Eigeninteresse: Ihre Aufgabe ist Dienstleistung für das ganze Volk.

9. In einem Prozeß, den das ganze deutsche Volk wollte, hat die Treuhandanstalt eine schwere Aufgabe, schmerzliche aber unvermeidliche Umstellungen zu verantworten, die nötig sind, um das gemeinsame Ziel zu erreichen.

10. Vorstand und Mitarbeiter müssen wohl volles Verständnis dafür haben, daß diese Arbeit mit kritischer Aufmerksamkeit begleitet wird. Anfeindungen und Verleumdungen sind aber keine Kritik und können uns daher nicht treffen.

Quelle: Bundestagsdrucksache 12/8404 »Beschlußempfehlung und Bericht des 2. Untersuchungsausschusses ›Treuhandanstalt‹«, Anlage 26

Personenregister

ISBN 978-3-360-01091-9

4. ergänzte und aktualisierte Auflage
Umschlaggestaltung: www.buchgestalter.net
Titel: Ecke Leipziger-/Wilhelmstraße – in der DDR Haus der Ministerien, 1990/91 Sitz der Treuhandanstalt, seit 1992 Detlev-Rohwedder-Haus mit dem Wandbild des Malers, Graphikers und antifaschistischen Widerstandskämpfers Max Lingner »Aufbau der Republik« (1952/53), Foto: picture-alliance/ZB (Jan Bauer)
Satz: edition ost
Druck und Bindung: CPI Moravia Books, Pohorelice

Ein Verlagsverzeichnis schicken wir Ihnen gern:
Das Neue Berlin Verlagsgesellschaft mbH
Neue Grünstr. 18, 10179 Berlin
Tel. 01805/30 99 99
(0,14 Euro/Min. aus dem deutschen Festnetz, abweichende Preise für Mobilfunkteilnehmer)

Die Bücher des Verlags Das Neue Berlin und der edition ost erscheinen in der Eulenspiegel Verlagsgruppe.

www.edition-ost.de